La otra casa

Uriel Buitrago

720 Sixth Street, Unit # 5
New Westminster, BC
CANADA   V3L-3C5

Título: La otra casa
Autor: Uriel Buitrago
Casa Editorial: Silver Bow Publishing
Portada: "Integer GXOy45" Artista © Candice James
Diseño y adaptación: Candice James

ISBN: 9781774032374
ISBN: 9781774032381
© Silver Bow Publishing

Todos los derechos son reservados, incluidos el derecho a reproducir o traducir este libro o cualquier parte del mismo, en cualquier forma sin el permiso de La Casa Editorial/Compañía Publicitaria. Excepto para el uso de pasajes breves con fines de revisión, ninguna parte de este libro puede reproducirse, en parte o en su totalidad, ni transmitirse de ninguna manera o medio, electrónico o mecánicamente, incluidas fotocopias, grabaciones o cualquier sistema de información o almacenamiento sin un permiso previo por escrito de la Casa Editorial/Compañía Publicitaria o una licencia de la Agencia Canadiense de Derechos de Autor (Access Copyright.)

NOTA: Este libro es una obra de ficción. Los nombres, personajes, instituciones, lugares y eventos son producto de la imaginación del autor o son ficticios. Cualquier parecido con personas reales, vivas o muertas, eventos o lugares es pura coincidencia.

Library and Archives Canada Cataloguing in Publication

Title: La otra casa / Uriel Buitrago.
Other titles: The Other House. English.
Names: Buitrago, Uriel, author.
Description: Translation of: The Other House.
Identifiers: Canadiana (print) 20220418012 | Canadiana (ebook) 20220418020 | ISBN 9781774032374 (softcover) | ISBN 9781774032381 (Kindle) Classification: LCC PS3602.U42 O8518 2022 | DDC 813/.6—dc23.

"Entre hombres y mujeres no existe amistad posible;
solo delirio, rencor, adoración, y amor sin compasión."

Oscar Wilde

**A
Elena Iriarte,
quien hace muchos años
tuvo la paciencia de leer mi primera historia...**

Cinco de la mañana

Capítulo 1

La despertaron tres golpes en la pared muy de madrugada. Diferentes a los que estaba acostumbrada cuando le pedía que lo llevara al baño o su medicina, los golpes fueron tan débiles que parecían de un lugar ya muy remoto. Ella buscó sus pantuflas debajo de la cama, se las puso y luego fue a su cuarto.

—Dime que todos estos años he estado equivocada —dijo tomándole la mano. Encendió la lámpara de la mesa de noche y entonces se dio cuenta de que Joe estaba muerto—. No puedes morir sin darme una respuesta —siguió hablando.

Solo quería confirmar la sospecha de que Joe, su esposo que vivía con otra mujer, estaba involucrado en el asesinato de Antonio. Era una pregunta que la había atormentado durante todos esos años y era la razón por la cual les había prometido a sus hijas que cuidaría a su padre durante su último año de vida con la esperanza de que le confesara la verdad.

Abrió las cortinas y la ventana para ventilar su cuarto y —antes de salir— le tapó la cara. En ese año que Joe vivió en su casa, había contemplado la idea de que cuando él muriera, nunca le daría la noticia a Rose, la otra mujer. No tenía ninguna conexión con ella, solo que habían compartido el mismo hombre durante todos esos años. Así que, por derecho propio y por todo el tiempo que atendió su enfermedad, pensó en algunas decisiones que debía tomar ese día. Primero, se aseguraría de que su sepelio fuera en el pabellón de los veteranos de guerra, con la debida ceremonia y protocolo militar. Luego, como él lo hubiera deseado, lo sepultaría junto a los soldados caídos en guerra.

Tomó el teléfono y llamó a Sarah, su hija, para contarle lo sucedido.

—Tu padre murió hace unos minutos —. Le dijo unas palabras de consuelo y que tenían que discutir algunos asuntos familiares antes de su entierro, y colgó el teléfono.

Encendió la cafetera como todos los días y —distraídamente— preparó dos tazas. Sacó del estante todos los frascos de medicinas, con letra diminuta que apenas lograba leer y que explicaba el tipo de medicamento y cómo se debía administrar cada uno. Luego recopiló fórmulas médicas, pruebas de biopsias y diagnósticos médicos que había acumulado a lo largo de ese año; después amontonó todo en la mesa del comedor y lo tiró a la basura.

Siguió la rutina como todos los días, solo que entonces comenzó unas horas antes. Humedeció el paño con loción para madera, procedió a limpiar el piano al que le dio más brillo, subió las escaleras limpiando el pasamanos y bajó barriendo cada escalón. Cuando llegó a la sala, miró hacia el cuarto de Joe. Nunca le había visto los pies y apenas si recordaba algún rasgo de su cuerpo a pesar de los diez años que vivió con él. Cubrió sus pies con la manta y luego cerró la puerta de su habitación.

Casi a las once llegaron sus tres hijas, Sarah la mayor, Linda y Rosario.

—Antes de que entren a su habitación, quiero pedirles un favor —les dijo—. Lo cuidé durante todo este año y, por lo tanto, tengo algunos derechos.

—Explícate, mamá —dijo Sarah.

—No quiero que ella sepa de su muerte.

—Madre, ¿no crees que es tarde para andar con remordimientos?

—Soy su esposa —respondió Emily.

—Y ella es la madre de su hijo.

—Si quiere saber, que venga y lo averigüe.

—¡Oh, Madre! Ya decidimos que ella necesita saber.

No hubo más palabras.

Emily llamó a la funeraria para el funeral de Joe y luego se sentó junto a la ventana a recordar.

Vió a Sarah cruzando la Oak Street —antes de entrar al patio de la casa de Rose— se detuvo en el pequeño puente cubierto de lilas, bambús y arbustos, señal del abandono en que estaba aquel lugar. La casa no tenía nada que llamara la atención para quien pasara por la calle, excepto una columna de humo que se elevaba de la chimenea. El roble en el patio se alzaba como la única autoridad que custodiaba la casa. Sarah miró también el pequeño parque que su padre les había construido cuando eran niñas para que jugaran con su hermano autista. El parque había perdido el túnel de madera y la araña de hierro en la que montaba con su hermano, todo estaba cubierto de hierba. El carrusel, cuyos colores habían perdido su brillo, estaba inclinado hacia un lado y uno de los asientos del columpio se balanceaba de un lado a otro cuando hacía viento. Quien pasara por la Oak Street y mirara el parque no creería que mucho tiempo atrás el griterío de los niños animaba las tardes de aquel lugar.

Capítulo 2

Cuando se conocieron, Joe tenía veinticuatro años y Emily solo diecisiete. El pueblo entonces era un caos, uno de esos lugares que nadie sabe de su existencia poque un periodista del *New York Times,* lo había condenado al ostracismo cuando reportó una masacre ocurrida allí en 1932. Ese hecho fue una maldición que cambió el nombre del pueblo y su destino. Little York, su nombre, lo cambió el periodista por No-town, solo para recordarle a la nación que nunca había existido. Luego de aquella noticia, el pueblo fue invadido por gente mala, mafiosos de la *Cosa Nostra* de Kansas City, Saint Louis y Chicago, y algunos reductos de la mafia del whiskey y tabaco de New York. Su presencia fue como un cáncer que se apoderó de No-town, porque se tomaron el Edificio Municipal, la oficina de la alcaldía y los bancos. Benjamin Crompton Primero, quien se apoderó de la oficina del alcalde, fue elegido por un Concejo Municipal *ad hoc* cuyos miembros eran sus camaradas. Desde entonces, los miembros del Concejo eran nombrados por Crompton Primero quienes —a su vez— lo reelegían en cada elección: un círculo vicioso que siguió funcionando durante más de setenta años. Fue un período largo de negligencia y nepotismo porque Crompton Primero le pasó el cargo a su hijo Ben Crompton Segundo, y éste a Ben Crompton Tercero, nieto de Crompton Primero. En todo ese tiempo, No-town se convirtió en una alegoría, una broma, un sueño frustrado para quienes fueron los fundadores, gente trabajadora y buena; entre ellos, la bisabuela de Emily. No-town era, como dijo alguien: "la tierra de lo irrazonable donde Frank Kafka debió inspirarse para escribir *El Proceso*".

Así que Emily vivía en No-town, en la casa grande que construyó su bisabuela Marie después de venderle su banco a Crompton Primero. Emily vivía con sus padres John Fletcher y Maggie, sus tías Katherine, Jennifer y Lisa, y su tío Mark, todos ellos hermanos de Maggie. A su tío Mark lo llamaban JR o Mark Junior para no confundirlo con su abuelo que también se llamaba Mark.

La casa era la misma desde que su bisabuela Marie la construyó y allí Emily vivió una infancia feliz. Era grande, con muchas habitaciones, un desván y un balcón en la parte de atrás donde sus tías se reunían en las tardes de verano. Además, tenía dos patios, uno al frente y otro trasero con muchos robles, así como un césped muy bien mantenido. El patio trasero tenía unos visitantes muy asiduos en el verano. Estos no eran los jóvenes del pueblo en edad de matrimonio que venían a visitar a sus tías, sino gatos que, a principios de mayo, salían del bosque aledaño. Los gatos eran dóciles y se echaban en los escalones de la entrada de la casa o se subían a los robles. Nadie sabía por qué venían a ese patio y no a los de los vecinos. El fenómeno era conocido en el pueblo y la casa había ganado cierta notoriedad, no por las fiestas, sino por los gatos; tanto que la llamaban "la casa de los gatos". Sus tías le daban poca importancia a esta situación. No era problema para ellas encontrarlos en el balcón o en sus habitaciones y, cuando salían de casa, tenían que asustarlos para abrirse camino.

Las tías de Emily no trabajaban ni habían ido a la universidad, eran ricas y —lo mismo que su tío Mark y su madre— vivían de la herencia que les dejó Marie, su abuela. Ellas, además, de su belleza, no tenían ninguna habilidad o talento. Katherine tocaba el piano de vez en cuando y —además de ser cariñosa y divertida— se preocupaba por la felicidad y el bienestar de su sobrina.

Emily por su parte, admiraba a su tía, pero ella viajaba a menudo y no permanecía en casa. Las otras tías, Jennifer y Lisa, eran reservadas y de mal genio. Jennifer tenía una risa ruidosa mientras que Lisa era tímida. Lisa era la tía de los secretos que muy raramente compartía con sus hermanas. Cuando esto pasaba, las tres —incluida Maggie- terminaban disgustadas, gritando palabras soeces e insultándose. Cuando Maggie se casó, las discusiones sobre los secretos de Lisa pasaron a un segundo plano. Además de sus secretos, se decía que a Lisa le gustaban los hombres maduros.

Las tías se lamentaban que el pueblo tuviera un burdel al que le echaban la culpa de sus noches de soledad y de la incapacidad de tener compañía masculina. Si de ellas hubiera dependido, lo habrían eliminado del mapa; en cambio, para su tío Mark, Colton (el nombre del burdel), era el cielo.

Mark era perezoso, dormía hasta tarde y en las noches frecuentaba Colton. Él era amable con sus hermanas, aunque descaradamente contaba historias del burdel a la hora de las comidas. Maggie lo regañaba o le exigía que no contara esas historias cuando la pequeña Emily estuviera presente. Pero su tío era olvidadizo y, para compensar sus desacertados comentarios, le traía sorpresas a la sobrina: una muñeca, una cajita de música, una guitarrita y otros regalos que ella ponía en orden en la repisa en su cuarto.

***

Esos eran los tiempos en que Emily fue feliz. Jugaba en el patio con los gatos y con Tandy que vivía en la casa de enfrente, la casa abandonada donde hoy vive Rose.

Los padres de Tandy eran raros —según sus tías— porque decían que los pechos de la mujer eran tan grandes como los de una vaca y las orejas del hombre como las un burro y su cara tan pequeña que parecía un murciélago.

La vida de aquella pareja era en realidad extraña. La mujer se ponía labial rojo y blusas muy ajustadas que hacían más visibles sus senos. Esto —y su andar voluptuoso— llamaba la atención de los hombres y provocaba celos a su esposo. Pero los celos terminaban en la cama haciendo el amor entre gritos y blasfemias que alteraban las tardes tranquilas del vecindario. Después, durante algunos días, la mujer se vestía como una mujer seria, vestidos largos que cubrían su cuerpo del cuello a los pies y sin escote. Esa seriedad y postura de buena dama terminaban cuando descubría a su marido engañándola otra vez con las prostitutas de Colton. Luego, ella como venganza, se vestía de manera provocativa cuando iba a la tienda de comestibles o encontraba excusas para ir a cualquier parte y provocarle celos.

El hombre tenía la costumbre de lavar sus dientes postizos a la vista de los que pasaban por la Oak Street. Era un terror para los niños, porque el hombre —justo cuando los veía pasar— se quitaba las prótesis y su rostro sufría una transformación repentina. Entonces sus orejas eran más grandes y su cabeza más pequeña, como un duende de esos libros infantiles. A veces, cuando los chicos pasaban en grupo, le decían: "hola, diablo", "hola, Quasimodo" u "hola, monstruo". Pero, cuando pasaban solos, corrían sin mirar a la casa.

Aunque sus tías le habían prohibido que jugara con Tandy, quien era unos dos años menor, Emily jugaba con ella. No le importaba lo que la gente dijera de sus padres ni las burlas de los niños al pasar por la calle.

Paralela a la Oak Street bajaba un surco de agua cristalina en la que las dos se metían sin zapatos y caminaban hacia arriba o hacia abajo, capturando insectos y renacuajos que metían en un frasco. Se sentaban en el puente frente a la casa, con los pies en el agua, hablaban.

—Eres mi mejor amiga —le dijo Tandy en una ocasión—. No tengo amigas en la escuela y a veces me llaman la hija del demonio.

—Nunca te llamaré así —la consoló Emily.

—Eres muy buena, y yo una niña loca, muy loca, no sé, pero algo no funciona en mi cabeza. —Tandy miró hacia su casa.
—Bah, no eres loca.
—¿Has visto al diablo?
—No.
—Mi madre dice que todos los hombres son el diablo.
—Mi padre no es el diablo.
—¿Tu padre no va allá?
—A dónde?
—A ese lugar.
—De qué lugar hablas? —Le preguntó Emily.
—Donde están esas mujeres, las mujeres malas.
—Mi padre no va allá, él es bueno.
—El mío va todas las noches y por eso mi mamá pelea con él.
—Tío Mark va siempre, pero es bueno.
—Ah, entonces es un diablo bueno—. Se rieron por un buen rato.

Cuando su tía Katherine estaba de viaje, jugaba toda la tarde con Tandy.

A Emily le gustaba tocar el piano y practicaba las lecciones que le enseñaba su tía. Había aprendido algunas piezas clásicas: *Moonlight* y *For Elise* que tocaba de memoria. Durante el recreo en la escuela, Emily iba al salón de música y —sin que nadie se diera cuenta— tocaba el piano. Temerosa de que alguien la descubriera, tocaba las teclas suavemente para que no la escucharan en los pasillos.

Un día entró la señorita Rita Carter, la profesora de música. Asustada, Emily se disculpó con la instructora y, cuando iba a salir casi corriendo, la señorita Carter le ordenó que volviera al piano y continuara lo que estaba tocando. Asombrada por sus habilidades, la maestra le pidió que asistiera a sus lecciones y prácticas de piano. A partir de ese día, las dos no solo fueron instructora y estudiante, sino amigas. No faltó un solo día y llegó a tener dominio del piano cuando tenía doce años. Era la primera en los concursos en la interpretación de piezas complejas e invitada a animar los transfondos musicales de las obras de teatro en la escuela.

Y llegó el día que Katherine no tenía nada más que enseñarle, pero seguía siendo su tía favorita porque era tan alegre y bella como Glinda en la película *El mago de Oz*. Un día le preguntó, "tía, ¿eres actriz?" Y su tía se rio.

Nadie en casa sabía los motivos de los viajes de la tía Katherine ni nadie le preguntaba porque cada cual vivía en su propio mundo. Emily se inventó la historia de que su tía se iba a ciudades lejanas a tocar el piano con orquestas muy grandes. Le decía a Tandy que su tía era una pianista muy famosa y vivió con esa fantasía por algún tiempo.

Katherine cerraba su habitación con llave cuando se iba de viaje. En una ocasión, Emily giró la aldaba y la puerta se abrió. Entró al cuarto y cerró la puerta detrás de ella. Había tantas cosas que mirar, pero el primer impacto fue el aroma de la habitación que olía a su tía, un dulce aroma de rosas. Tenía curiosidad por abrir los cajones de la cómoda, las mesas al lado de su cama; quería mirar su armario, ponerse sus vestidos y zapatos. Pero el deseo de acostarse en su cama fue más fuerte que su mera curiosidad. Se acostó y pensó: "cuando sea grande, seré como mi tía Katherine, hermosa, inteligente y pianista".

Cuando salió de la habitación, olvidó cerrar la puerta y ese fue su gran error. Las consecuencias de ese simple error fueron enormes y afectaron a Katherine, su tía favorita, por quien habría sacrificado su vida y estaba dispuesta a enmendarlo, costara lo que le costara.

Su tía Lisa, la amargada, entró a la habitación cuando vio que la puerta estaba casi abierta. Lisa, con esa curiosidad enfermiza que la caracterizaba, encontró las cartas de amor de su hermana y las leyó todas. Se enteró de que Katherine viajaba por el mundo con alguien. Pero los viajes de su hermana con un amante no eran lo que a Lisa le interesaba. Supo por las cartas que el hombre era casado, con hijos y vivía en Nueva York.

La misma noche que Lisa leyó las cartas, Katherine llegó de su viaje. A la mañana siguiente, todos se sentaron a la mesa para desayunar: su padre John, Mark, sus tías y su madre, que estaba a cargo de la cocina y la casa.

—¿Cómo estuvo el viaje? —Preguntó John. Nunca nadie le había preguntado de sus viajes, ni mucho menos John, su cuñado.

—Estaba en el sur de Italia.

—¿Sicilia? —Insistió John.

—Cinque Terre —respondió Katherine.

—¿Estaba sola? —Preguntó Lisa.

—Sí, como siempre —respondió Katherine.

—Mentirosa —dijo Lisa.

No hablaron por un momento.

—Nadie en mis años de existencia me ha llamado mentirosa —Katherine rompió el silencio.
—Eres una mentirosa —dijo Lisa de nuevo.
—Lisa, no es tu problema —le reprochó su tío Mark.
—Oh, sí, ¿cómo lo llamarías?, ¿mi secreto?, ¿mi todo?, ¿mi vida?, ¿qué tal mi amante casado? —Dijo Lisa burlonamente—. Pobrecita, tiene que esperar a que la mujer le dé permiso para...
—¡Basta! —Gritó Katerine.
—La próxima vez, no dejes la puerta abierta.
—Nunca he dejado la puerta abierta y, si así fue, no tenías por qué entrar.
Fue cuando Emily sintió un golpe en alguna parte de su cuerpo. Fue un golpe muy doloroso. No se decepcionó al descubrir que su tía no era una pianista famosa que tocaba el piano con las grandes orquestas del mundo. Sintió dolor en el corazón al ver a su tía indefensa, derrotada y a punto de llorar.
—Al menos mis secretos no incluyen a ningún miembro de la familia —continuó Katherine secándose las lágrimas.
—Explícate —le pidió Maggie.
—Nada hermana, el tiempo lo revelará —dijo Katherine mientras se levantaba y subía a su habitación.
Nada extraordinario sucedió después, pero todos evitaron mirarse a los ojos. Las conversaciones fueron cortas y todos tenían una excusa para encerrarse en sus habitaciones. Nadie contestó el teléfono ni salió de su habitación a tomar sus alimentos. El tío Mark fue a Colton más temprano que de costumbre.
Al día siguiente, Katherine anunció que se iba para siempre sin decirle a nadie adónde. Pasó la mañana empacando dos maletas grandes y, cuando estaba a punto de irse, Maggie entró cerrando la puerta.
—¿Qué querías decir cuando dijiste "secretos"? —Le preguntó a su hermana.
—Nada —respondió Katherine.
—Sospecho que sabes algo —insistió Maggie.
Katherine, tratando de ignorar las preguntas de su hermana, fue a los armarios y buscó para asegurarse de que no dejaba nada.
—¿Sabes algo que yo no sé? —Preguntó de nuevo.
—Hermana —dijo Katherine—. Vete de esta casa con tu esposo y tu hija tan pronto como puedas.
—¿Por qué?

—Hazlo.

Cuando eran las diez de la mañana en el gran reloj de la sala, Katherine se despidió de Maggie y su sobrina, pero de nadie más.

* * *

Esa tarde, los padres de Emily le dijeron a Mark que se iban a vivir a otra casa. Las razones por las que habían tomado esa decisión también fueron un secreto, aunque le dieron a entender que el ambiente no era bueno para Emily, quien estaba en la edad en que debía tener una imagen ejemplar, pero no la de sus tías. Pero ese no fue el motivo, y Emily no lo supo hasta mucho tiempo después, cuando ya estaba casada y con hijas.

Se mudaron a una casa unas cuadras más arriba en la Oak Street. La comunicación con sus tías Jennifer y Lisa fue casi nula, no hubo una despedida cuando la familia salió de la casa materna. Maggie se encontraba con sus hermanas en el supermercado muy esporádicamente. Era el tío Mark quien venía a menudo a ver a Emily, pero ni Jennifer ni Lisa tenían la intención de olvidar el pasado y no iban a visitar a su sobrina.

La casa era pequeña, pero lo suficientemente grande para los tres. Tenía un patio que lindaba con la calle principal del pueblo y un porche cubierto de malla fina en el que se sentaban a conversar. Jamás hubo un ambiente tan familiar, seguro y agradable como ése. Sus padres nunca fueron tan felices como entonces y ella el centro de todas sus atenciones. Iba a la escuela y se quedaba a practicar piano bajo la dirección de la señorita Carter hasta el atardecer.

Capítulo 3

Un día su tío Mark vino a decirles que se iba del pueblo, a una ciudad grande donde soplaran otros vientos. Le dijo a su cuñado John que estaba harto del pueblo, del alcalde Crompton, de Colton, de sus contornos y —sobre todo— que estaba cansado de sus hermanas. La casa se había vuelto un lugar de tertulias donde se hablaba de cosas fútiles, chismes; reuniones que terminaban en fiestas todas las noches hasta bien de madrugada. Estaba disgustado con Jennifer y Lisa porque dilapidaban la herencia que les había dejado Marie (bisabuela de Emily). La herencia, toda en dinero líquido en los bancos, la malgastaban sus hermanas en esas fiestas. Sacaban dinero del banco sin control en cualquier momento y cuando se les daba la gana. Así que Mark pensó en él mismo y su sobrina, y cobró una considerable suma de dinero antes de que sus hermanas dilapidaran toda la herencia. Puso el dinero en la mesa del comedor bajo las miradas curiosas de su cuñado y hermana; luego lo dividió en dos partes iguales. "Ésta es para la educación de Emily" —dijo— y guardó la otra mitad. Satisfecho por haber tomado esa decisión, se puso la bufanda alrededor del cuello y se fue sin decir para donde.

Fue una despedida triste para Emily, más triste que la despedida de su tía Katerine. Al otro día fue a la escuela con la sensación de que algo le faltaba. Durante el receso, pasó por la oficina de la señorita Carter. Como siempre, su instructora tenía el radio en FM y sonaba una melodía muy triste. Pero la señorita Carter estaba feliz esa mañana.

—Tengo buenas noticias —le dijo—. El director del Departamento de Música de una universidad en Saint Louis le había escrito una carta en la que le decía que su Departamento estaba abierto para estudiantes talentosos de la escuela y ella había pensado en Emily.

—Aunque te quedan algunos años para terminar, he decidido comenzar tu preparación de inmediato —le dijo.

La señorita Carter comenzó ese día con una carta de respuesta para el director. En la carta describía a su alumna, haciendo énfasis en sus habilidades, la capacidad de adaptarse a nuevos retos y su personalidad, que definió como la más carismática de su aula. Para asegurarse de que el director tuviera una respuesta favorable, la señorita Carter hizo que Emily grabara una pieza para piano de Chopin que envió junto con la carta.

La respuesta del director llegó una semana después, Emily tenía su lugar asegurado en Saint Louis cuando terminara la escuela secundaria.

Sus padres se alegraron mucho por la noticia también. Tenían el dinero que les dejó Mark para su educación guardado debajo del colchón y decidieron abrir una cuenta en un banco. Pero en el pueblo no había bancos, pues nadie hubiera tenido confianza —de haber habido alguno— mientras Crompton Tercero estuviera en la alcaldía. Pensaron abrir la cuenta en el pueblo más cercano, pero con el paso del tiempo se olvidaron de la idea. El dinero permaneció debajo del colchón hasta que empezaron a gastarlo, y para colmo de males, Maggie tenía la mala costumbre de comprar cosas, así no fueran útiles. Ella tenía la misma tendencia de sus hermanas: gastar dinero a manos llenas; además, le gustaba ostentar que era rica. Le había donado una suma nada despreciable a una fundación que se dedicaba a rescatar gatos abandonados por sus dueños, solo con la idea de aparecer en una lista de filántropos de un magazín local de mediocre reputación. De esa donación no supieron ni su esposo, ni su hija.

Entonces, lo que no esperaban, sucedió: Maggie comenzó a sentirse enferma, una condición hereditaria que afectaba su páncreas. Gastaron lo que quedaba del dinero en el diagnóstico, medicamentos y hospitalización que —al final— no dieron ningún resultado. Su enfermedad avanzó, los medicamentos no la ayudaban ni las sesiones de radioterapia. Los médicos le habían dado una última esperanza, un nuevo tratamiento aún en prueba que era costoso y requería un extenso cuidado profesional y observación científica. Y había otro problema aún más serio, los efectos secundarios; si sobrevivía, serían devastadores y las posibilidades de recuperarse eran muy remotas.

***

John Fletcher fue a avisarles a sus cuñadas Jennifer y Lisa sobre la enfermedad de Maggie. Al ingresar al patio frontal, notó el abandono del lugar. La hierba había crecido, la casa había perdido algunas tejas y una de las ramas de los robles se había caído abriendo un gran agujero en el techo. Los gatos se habían apoderado del patio trasero y salían por el agujero. Vio, a través de las ventanas, que la casa estaba vacía y en estado de abandono; concluyó que sus cuñadas se habían ido hacía mucho tiempo.

Padre e hija habían contemplado la idea de traer a Maggie a vivir en la casa materna ahora que no estaban sus hermanas. La casa donde vivían no era adecuada para atender a Maggie que necesitaba un cuarto amplio y cómodo para que pasara sus últimos días y continuar con la tradición de morir en el mismo lugar donde su abuela y madre habían muerto.

Asi que vinieron a hacerle una inspección a la casa. Cuando abrieron la puerta, vieron que los gatos estaban en todas partes, en la cocina, la sala y los dormitorios del segundo piso. Lo primero que hicieron fue sacarlos de la casa. A pesar del abandono, todas las cosas estaban en su lugar: la cristalería en los estantes, la porcelana china en las alacenas, los retratos familiares en la sala desde la primera generación hasta la última, la mesa del comedor y las sillas; todo estaba perfectamente protegido del polvo y de los gatos, porque sus tías habían cubierto todos los muebles con frazadas y sábanas.

Su padre subió al segundo piso con un cuaderno en la mano, anotando lo que faltaba y las reparaciones que necesitaba la casa. Tendría que cubrir el agujero que hizo la rama del roble y reponer las tejas que el viento había dañado.

La reparación y limpieza les llevó varios días. Más tarde, cuando comenzaron a mudarse, vieron que los gatos habían regresado. Los atraparon y los llevaron a un bosque apartado, pero los gatos regresaron de nuevo. Cerraron las puertas y bloquearon la chimenea para evitar que entraran, pero no sirvió de nada, porque aparecían en las alcobas. Al principio encontraban uno; al otro día, dos o más, y así en toda la casa. John hizo una inspección minuciosa con la idea de tapar los agujeros por donde se metían.

Maggie murió un año después.

* * *

La muerte de su madre trajo muchos cambios. Su padre encontró un empleo en una fábrica en las afueras de No-town. Su puesto de trabajo estaba en un cuarto aislado que compartía con tres trabajadores. El cuarto era oscuro y las máquinas —operadas por los tres trabajadores— hacían mucho ruido. Le dieron ese empleo con la promesa de un ascenso después de un corto período. El tiempo pasó y se dió cuenta de que la promesa era solo una ilusión, y que —salir de aquel lugar— era cuestión de suerte. Pero ese fue el único trabajo que encontró y necesitaba dinero para los gastos diarios.

Emily se dió cuenta que, la vida le había dado la responsabilidad de una mujer adulta. Eso significaba hacerse cargo de todos los quehaceres de la casa, incluido el cuidado de su padre.

—¿Cómo te fue hoy? —Le preguntaba al llegar del trabajo cansado y con el rostro cubierto de hollín. Le tenía la bañera llena de agua caliente, ropa limpia y la cena servida. Ponía la ropa de trabajo en la lavadora para el día siguiente mientras su padre se duchaba. Luego se sentaban a cenar, en silencio. A veces le preguntaba:

—Cuándo te van a cambiar de lugar.

—Dicen que muy pronto.

Cuando su padre se iba a descansar, ella tocaba en el piano una pieza lenta que no afectara su descanso.

***

Habían pasado el tiempo y no sabía nada de Katherine. De Jennifer y Lisa tampoco sabía nada, pero no le importaba tanto como el silencio de su tía favorita, a quien recordaba con cariño. De su tío Mark, se enteró que vivía en Filadelfia con una joven guatemalteca, treinta años menor, con la que quería casarse. Emily tuvo correspondencia con él durante unos meses, pero dejó de escribirle, aunque ella siguió mandándole cartas. Ella mantuvo la esperanza de que algún día vendría a visitarla. De las otras tías solo tenía memoria de la risa escandalosa de Jennifer y el temperamento agrio de Lisa; nada que una adolescente pudiera recordar con cariño.

Capítulo 4

Emily tocaba el piano con más dedicación ahora que le quedaba solo un año para terminar la escuela. Se matricularía entonces en el Departamento de Música y el sueño de ser pianista se haría realidad. Estaba feliz a pesar de que su padre llegaba todas las tardes cansado y con el deseo de no volver al trabajo. La señorita Carter pensó llevarla a presentaciones públicas y festivales de música para lograra algún reconocimiento y experiencia antes de entrar a la universidad.

Una tarde le dijo a su padre que iba a tocar el piano el día que Ben Crompton Tercero celebraba su primer año como alcalde del pueblo.

—No me gusta —le dijo él. Donde quiera que aparece ese hombre, hay problemas.

John Fletcher había oído en la fábrica que a Crompton le gustaban las adolescentes, y cuando escuchó que su hija iba a tocar el piano en su presencia, se preocupó.

El día de la celebración, había ruido por todas partes, pero —curiosamente— no había gente en las calles. Si bien se escuchaba el ruido, nadie podía determinar su origen. Algunos creían que venía de los patios de las casas y decían que era todo menos una celebración. La verdad era que el ruido era una señal de inconformidad; por momentos era tan fuerte que parecía un motín a punto de estallar. La gente se quejaba de Ben Crompton Tercero de la misma manera que lo había hecho en el pasado con su padre y su abuelo. Tenían la esperanza de que alguien pusiera fin a la hegemonía corrupta de los Crompton, quienes había llevado al pueblo al ostracismo. Aunque nadie lo decía, todos sabían que matar al alcalde era la única solución al problema.

En la tarde, cuando Emily volvió de su presentación, estaba nerviosa y disgustada. No quería contarle a su padre en detalle lo que había sucedido, pero le dio una breve descripción del incidente. El alcalde había subido al escenario para agradecerle la actuación y le había dado un efusivo abrazo en el que le tocó los senos. En respuesta, ella lo llamó "alcalde de mierda", una exclamación en voz baja que nadie escuchó, solo él, que a su vez le respondió: "me las pagarás, perrita". No volvería a tocar el piano en ninguna presentación pública, en ningún lugar donde el alcalde estuviera presente.

John Fletcher pensó que la amenaza del alcalde a su hija no era en serio, pero estaba equivocado.

Una mañana sonó el teléfono y cuando John contestó, colgaron. Comenzó de esa manera, llamadas telefónicas en las mañanas y a la media noche. John no tenía dudas de que era el alcalde. Pensó que pretendía saber cuándo él estaba en casa y cuándo no; en otras palabras, estaba interesado en Emily. Le dio a su hija recomendaciones: cerrar las puertas con llave y no abrirle a nadie, bajar las cortinas y no salir de la casa, aunque fuera necesario, solo para subirse al bus escolar. También había considerado comprar un arma para que su hija se defendiera. Sacó los bates de béisbol de debajo de la cama y los colocó en puntos estratégicos de la casa.

* * *

Pasaron los días y una tarde, después de regresar de la escuela, Emily se olvidó de cerrar la puerta y los gatos entraron sin hacer ruido. Se sentó a tocar el piano cuando —de pronto— sintió que alguien la miraba. Giró en su asiento y, en la puerta, vio a un hombre alto de hombros anchos que eclipsaban la luz del sol. El hombre era joven y se parecía a esos héroes de las historietas del periódico, mandíbulas cuadradas y un mechón de cabello negro en la frente. Vestía jeans ajustados y una camiseta blanca con la frase *Make Love, not War*.

—Me orienté por los gatos —dijo el hombre.

Nerviosa, Emily se puso de pie y, pensando que el alcalde lo había enviado, le pidió que se fuera.

—Me dijeron que caminara por la Oak Street hasta encontrar "la casa de los gatos" —dijo ignorándola—. Por cierto, mi nombre es Joe Romano. Estoy buscando al señor Fletcher.

—Él está tomando la siesta —mintió.

El hombre miró a los gatos que se agolmeraban en la sala.

—Qué coincidencia —dijo—. Anoche soñé que mataba gatos.

—Puede volver más tarde cuando esté despierto —le dijo ella mirando hacia las escaleras que subían al segundo piso.

Sin más palabras, el hombre se fue.

Cuando su padre regresó al atardecer, Emily estaba nerviosa. No había sacado a los gatos porque se sentía más segura con ellos en la habitación. Le dijo que un hombre había venido a buscarlo.

—¿Dijo su nombre?

—Se llama Joe Romano.
—¿Cómo era?
—Alto, con la sonrisa de Dick Tracy.

Además de las llamadas, un hombre lo buscaba. En la peluquería le habían dicho que alguien había venido a preguntar por él y que se iba sin dejar ningún mensaje. El hombre no solo sabía que frecuentaba la peluquería, sino que ahora también sabía dónde vivía. Los peluqueros le habían dicho que, a juzgar por su actitud, el hombre no representaba ningún peligro. Excepto por la descripción caricaturesca de su hija, no sabía nada más de él. No tenía dudas de que el alcalde lo había enviado.

Emily escuchaba a su padre que se levantaba a medianoche y caminaba en su habitación hasta el amanecer. No se bebía el café que le dejaba en la mesa y, por la tarde, encontraba la taza intacta en el mismo lugar. Su padre estaba muy preocupado y ella tenía miedo.

***

En el trabajo, John pensaba que nunca iba a salir de aquel cuarto, sin embargo, tenía esperanza. Pensaba que algún día el supervisor vendría al "cuarto", como lo llamaban los demás, a darle la buena noticia de una promoción. Una mañana, John no había terminado de ponerse su casco y máscara protectora cuando el supervisor apareció en la puerta. Le hizo señas de que saliera porque el ruido de las máquinas y el humo eran insoportables. Venía a darle la mala noticia, no lo iban a cambiar de lugar.

—En primer lugar, quiero que sepas que no es mi decisión —le dijo el supervisor.
—¿El gerente?
—No, viene de arriba.
—El alcalde.
—Sabes, John, soy tu amigo. No prestaron atención a mis razones para promoverte.
—¿Qué razones les diste?
—Les dí todas: tu edad...
—Entonces, debo continuar en este infierno.

Salía del "cuarto" una nube gruesa de humo y polvo que luchaba con el viento en la puerta. Era como si el viento intentara empujarla hacia dentro, pero la nube lograba escurrirse hacia el patio.

—Me temo que sí, John; no es mi decisión. Si de mi dependiera, te habría promovido inmediatamente.

—¿Así que fue el alcalde? —Preguntó de nuevo.

—Ciertamente el alcalde tiene resentimientos contra todo el mundo —le dijo para consolarlo. El supervisor guardó silencio y miró para otro lado. Se rascó la cabeza y luego se acomodó el casco protector como si estuviera a punto de emprender una misión que requeriría toda su determinación —. Lo siento mucho, John. Mantente a salvo y no pierdas la esperanza.

El "cuarto" estaba unido a la parte trasera de la fábrica y no tenía comunicación con ninguna de sus secciones. Era un lugar aislado, construido con un propósito que nadie sabía exactamente cuál era. Parecía uno de esos lugares sórdidos de los tiempos de la esclavitud. Esa habitación tenía diferentes nombres, entre ellos, "la sala de capacitación", un apelativo que usaban los empleados de alto rango. Este nombre, sin embargo, no describía las características del "cuarto". Otros, quizás más optimistas, lo llamaban "el cielo", y decían: "gracias a Dios estoy fuera de allí" o "gracias a Dios que me ascendieron".

Lo que se producía en el "cuarto" no tenía ningún uso ni era parte del proceso de producción de la fábrica. Era una pieza de acero que —luego de pulida— quedaba tan brillante como un espejo y se parecía a un juguete de niños, a un animal diminuto sin forma, a un pequeño elefante o a cualquier animal de la selva. John las llamaba así, con nombres de animales, pero nadie —ni él mismo— podía asociar aquellas piezas con algo material. Él repetía los nombres para esquivar el hormigueo en su piel, así como el ardor en su nariz, pulmones y ojos; en otras palabras, para olvidarse de dónde estaba. El ardor lo producía la nube espesa que se escurría por los filtros de la máscara cubriendo su rostro de hollín y afectaba sus pulmones.

Los tres trabajadores, incluido John, amontonaban las piezas pulidas a la entrada del "cuarto" y aprovechaban para tomar aire antes de regresar a sus máquinas. Al día siguiente, cuando regresaban, el montón de piezas ya no estaba y había otro cuyas barras cuadrangulares eran de acero en bruto. Se decía que las piezas —luego de pulidas— las llevaban a algún lugar donde las fundían hasta convertirlas en las barras que luego traían de nuevo al "cuarto". Si aquel ir y venir de las barras de acero era cierto o no, no le importaba a nadie, porque estaban acostumbrados a los extraños eventos que pasaban en No-town, un pueblo donde ocurría lo improbable, casi como aquel pueblo caribeño donde la magia hace que la gente se olvide del nombre de las cosas. En No-town no había magia, solo ocurrían cosas extrañas.

Capítulo 5

Una mañana, John tuvo un ataque de tos y salió del "cuarto". De espaldas contra la pared, vio a un hombre alto con una carpeta gruesa bajo el brazo.

—Señor Fletcher, finalmente —dijo el hombre.
—¿Cómo sabe mi nombre?
—Todo el mundo lo conce.
—Entonces, ¿usted es quien me está buscando?
—Sí, yo soy —se presentó como Joe Romano, de Chicago.
—Tiene nombre de boxeador.
—Me temo que está pensando que vengo de parte del alcade?
—Sí —dijo John.
—Pues no se equivoca, lo he llamado y buscado todos los días en todas partes.

Las razones por las que lo buscaba eran, por supuesto, una jugada sucia que el alcalde le había hecho a Joe Romano, quien tenía en Chicago un pequeño depósito de distribución de artículos para oficina, un negocio que había construido con los ahorros de cinco años de arduo trabajo en una mina de carbón en Carolina del Sur. El depósito estaba ubicado en un suburbio de inmigrantes prósperos de esa ciudad y le daba para vivir y darse algunos lujos. Un día Joe Romano recibió una llamada en la que le pedían que sirviera como proveedor de las oficinas de la alcaldía de un pueblo en algún lugar del sur de Illinois. La propuesta no podía ser más tentadora, pero cuando Joe tuvo un mapa en sus manos para buscar el pueblo, no recordó su nombre, pero encontró un lugar, casi en la punta extrema del estado, donde el río Ohio se junta con el Mississippi. Estaba seguro de que era el pueblo de nombre misterioso. La oferta era tan grande que pensó que era su mina de oro a unas trescientas millas al sur de Chicago. Joe fue a encontrarse en persona con quien lo había llamado. Esta persona era Benjamin Crompton Tercero, quien desde hacía un año era el alcalde del pueblo. Los apodos de "mentiroso", "pendenciero", "defraudador", "timador", "transfuga" y todos los demás con los que llamaban al alcalde, eran desconocidos para Joe, quien inocentemente aceptó la propuesta sin más garantías que el honor de su palabra.

En un solo viaje, Joe surtió las oficinas de la alcaldía, pero nunca le pagaron. Su pequeño depósito se quedó sin sustento, con deudas atrasadas, arriendo sin cubrir y sin dinero para pagar el salario a los tres empleados que tenía. Luego de llamar al alcalde muchas veces y ver que no daba la cara, se presentó en su despacho. Pero al alcalde, conocedor de artimañas y contando que por aquellos días guardaba un resentimiento con John Fletcher por los motivos ya conocidos, se le ocurrió de buenas a primeras decirle a Joe Romano que aquel era el pagador de la alcaldía. Y así fue como empezó a buscarlo.

Le dijo que le debía trecientos mil dólares.
—¿Qué? —Gritó John.
—Me debe trecientos mil dólares.
—¿Estoy soñando o qué es esto? —John empezó a toser.

Joe tenía una carpeta con recibos, facturas y actas notariales que demostraban la legalidad de los documentos. Le mostró los recibos, uno por uno, de los artículos que le había vendido a Crompton, con duplicados, sellos notariales y el membrete de su pequeño depósito. Finalmente, le mostró los documentos con los que cerró su negocio en Chicago y en los que que constaba que era acreedor de John Fletcher. Este último documento se lo habían dado en el departamento de cobranzas de la alcaldía.

John tomó el documento y lo miró para asegurarse de que era su nombre.

—Lo siento, pero ése no soy yo; puede haber otro John Fletcher en el pueblo.
—Estoy en bancarrota y endeudado —Joe suspiró profundo. Cerró la carpeta y volvió a apoyarse contra la pared. Miró a lo lejos pensativo y luego sacó un paquete de cigarrillos del bolsillo de la camisa y le ofreció uno a Fletcher.
—No, gracias, el humo que respiro a diario es suficiente —John miró a la nube de humo que salía del "cuarto".
—Crompton es un bastardo —dijo Joe.
—No tengo un solo vínculo con el alcalde —dijo Fletcher—. Hace algún tiempo insultó a mi hija.
—Solo ahora me doy cuenta de su juego. ¡Cinco años de trabajo! —Exclamó con desesperación.
—¿Que piensa hacer?
—Lo voy a matar.
—Ni lo piense, tendrá a todos sus perros detrás —Fletcher se puso la máscara y el casco. No quería escuchar los planes del hombre

que podrían causarle más problemas —. Ya deben estar buscándolo —le advirtió.

—No lo voy a matar; va a ser peor que eso.

***

Una mañana John vio desde la distancia que el "cuarto" estaba en llamas: "¡Hijo de perra!" —exclamó. Sospechó que Joe le había prendido fuego. Los bomberos intentaban apagar las llamas que se alzaban de los escombros. Habían derribado la pared frontal para tener acceso al "cuarto" y las paredes laterales estaban negras. Con hachas y sierras eléctricas los bomberos habían cortado los travesaños de madera que se resistían a las llamas. El fuego había abierto un boquete grande en la pared principal que separaba el "cuarto" de la fábrica. Arriba, había unos hombres que intentaban cubrir el hueco, pausadamente y sin interrupción, como si fuera una labor a la que estaban acostumbrados. Ellos —quizás— eran los únicos en toda la fábrica que tenían conciencia del incendio a juzgar por el hecho de que nunca miraron hacia abajo ni tuvieron una comunicación con los bomberos ni con los trabajadores del "cuarto". Las máquinas tenían sus poleas y pistones en sus sitios. En una esquina estaba el montón de barras de acero cubierta de cenizas. Los hombres que trabajaban con John se aproximaron cuando lo vieron llegar. "No sé si ésto es el fin del infierno", dijo uno de ellos.

—Lo es —dijo John—. ¿No cree que es mejor así?

Capítulo 6

Lo primero que hizo John fue contar el dinero que tenía debajo del colchón: un billete de 50 dólares, dos de 10 y tres de 5, en total $85; lo que le quedaba del dinero que Mark les había dado. Con eso podía comprar comestibles para una semana, y después tendría que confiar en lo que viniera. No pensó en la providencia como lo haría cualquier cristiano. Fletcher era un hombre bueno y lo era por convicción. En un pueblo donde encontrar trabajo requería lamerle la mano a Crompton, Fletcher estaba perdido. Desde entonces, sobrevivir requeriría algo de suerte, pero Fletcher no la tenía. No había nada que pudiera hacer, y su mayor preocupación era su hija.

Había en el pueblo una pequeña tienda de comestibles cuyo dueño era amable y servicial con John. Le pagó al dueño una pequeña deuda con los 85 dólares y compró algunos víveres. Cuando veía que en el refrigerador quedaban pocas provisiones, regresaba a la tienda para pedirle más crédito al dueño, hasta que un día, se lo negó.

—Le pagaré todo, así tenga que hacer lo imposible —le dijo al tendero.

—No tienes trabajo, John, ¿cómo me vas a pagar?

Por esos días, Emily practicaba uno de los movimientos más difíciles de Chopin. Tenía la misión de alcanzar el nivel de perfección para un concierto de jóvenes talentosos de todo el estado al que la señorita Carter quería llevarla.

Una noche mientras su hija practicaba, John fue a su habitación y cerró la puerta para no escucharla. No quería pensarlo, pues vender el piano era como cortarle las alas a su hija. Lo pensó todas las noches y maldecía al alcalde y a Joe. Sin embargo, no tenía otra solución. También maldijo a su difunta esposa que tuvo joyas valiosas que donó a la Fundación Protectora Gatos Salvajes. Era un tiempo en que la palabra prevención no estaba en el vocabulario de la familia y hubo dinero para despilfarrar. Pero era el pasado, y ahora no había nada más que hacer.

Sin contarle a Emily de su decisión, John vendió el piano. Los nuevos propietarios llegaron por la mañana y lo cargaron en un camión. Cuando su hija volvió de la escuela, no le creyó cuando le dijo que el piano estaba en reparación. Se dio cuenta entonces de que las cosas estaban mal. Triste, se encerró en su habitación y no salió hasta el día siguiente para ir a la escuela.

—Siento que haya tenido que vender el piano de su hija —le decía el barbero cuando John iba a cortarse el pelo o arreglarse el bigote; un comentario que no podía evitar. El barbero anotaba en un libro la deuda de $2.00 por cada afeitada, sabiendo que John nunca le pagaría.

En una ocasión, Fletcher entró a la barbería más deprimido que de costumbre. Se sentó en la silla y mientras esperaba su turno, tomó la revista de la National Geographic. Vio en la primera página la fotografía de una niña de seis años sin piernas. La niña las había perdido al pisar una mina explosiva en Crimea; huérfana de padre y madre, su sueño era ayudar a sus hermanos menores, además de estudiar medicina. Cuando John terminó de leer la historia, sintió que sus problemas no eran nada comparados con los de esa niña. La historia le dió coraje, arrancó la página con la fotografía, la dobló varias veces hasta formar un cuadrado pequeño que guardó en el bolsillo de su camisa. Salió de la peluquería optimista: "¡No pasa nada!" —exclamó. Hacía un día esplendoroso, se frotó las manos y palpó el papel en el bolsillo. Miró la calle Broadway hacia el este, lejos el edificio a donde se habían llevado el piano y se dirigió hacia allá. El piano de Emily estaba en un rincón con el aviso de "vendido", y curioso, John preguntó quién lo había comprado.

—Es confidencial —dijo el vendedor —. Pero puedo decirle que es una donación.

Le contó a su hija y ella le pidió que no se lo recordara porque la señorita Carter estaba molesta por toda la situación. Su instructor había pensado hacer rifas, vender pequeñas piezas de arte: pinturas, porcelanas, cosas con algún valor que los niños de la escuela pudieran donar para conseguir el dinero y devolverle el piano a Emily. Ahora, al enterarse de que lo habían vendido, las cosas se ponían más difíciles y se sintía impotente. No le contaría a la señorita Carter que el piano ya tenía dueño, y simplemente tendría resignación.

Pasaron los días; una tarde John escuchó un camión retrocediendo lentamente hacia entrada de la casa. Salió preguntándose si era otra sorpresa del alcalde que llegaba a su casa. El conductor del camión preguntó por Emily. Ella estaba en la escuela.

—Soy su padre —dijo John.

—Bueno, en ese caso, díganos dónde ponemos el piano.

—Esto es un error —dijo John.

El conductor abrió la carpeta para verificar la dirección y el nombre.

—Esto fue lo que me dieron —le entregó la carpeta para que John confirmara la dirección de la casa y el nombre de su hija; todo era correcto excepto por su apellido, pues habían escrito: señorita Emily Smith en lugar de Emily Fletcher.

—Mire el nombre del comprador, solo para que esté seguro —señaló el conductor en la parte inferior del documento donde John vio una nota que decía "donación para la señorita Emily Smith de JR".

—Hijo de puta —dijo John en voz baja.

El conductor y sus ayudantes descargaron el piano y lo pusieron en el mismo lugar de antes. Cuando Emily regresó esa tarde, vio el piano y no pudo ocultar su emoción. Su padre había dejado la carpeta con los documentos encima del piano y ella curiosa también vio que JR era su benefactor.

—¡*Jesus God!* —Dijo ella, también en voz baja.

Padre e hija supieron que JR había donado el piano, pero no dijeron nada y lo más curioso era que cada uno tenía un nombre diferente adjunto a esas iniciales, un nombre que ni John ni Emily pretendían confesárselo al otro. Y lo más importante era que ambos estaban equivocados.

Para John, JR era Mark, el tío de Emily, su cuñado quien había firmado la donación como Junior para sorprender a su sobrina. Para Emily era Joe Romano, y nunca le contó a su padre al respecto. Pero JR no era ni Joe ni Mark, era la señorita Carter, la profesora de piano, cuyo nombre completo era Jean Rita que a veces firmaba como JR, pero Emily no lo sabía.

Era extraño que Emily pensara que Joe Romano era su benefactor. Además de aquella tarde en la puerta de la casa, lo había visto un par de veces caminando por la Broadway, en una de las cuales sus ojos se encontraron y ambos se saludaron. ¿Por qué pensó que él era su benefactor? Era un misterio que no podía explicar, y esa convicción fue el error que determinaría su futuro, así como el de Joe Romano.

Capítulo 7

El mismo día que se encontraron fuera del "cuarto" Joe había ido por última vez a la oficina de Crompton con la esperanza de recuperar su dinero. Después de varias horas de esperar, el alcalde envió a uno de sus hombres con un mensaje amenazante en el que le advertía de que la próxima vez tendría problemas. Crompton aún insistía en que John Fletcher era su deudor y que no quería volver a verlo.

Joe cerró definitivamente su negocio en Chicago. En bancarrota y sin dinero, pensó vengarse de Crompton. Para eso, tenía que mudarse al pueblo y esconderse en algún lugar.

Se instaló en una casa de la Oak Street enfrente de la de Emily, la misma donde vivió Tandy, la misma donde hoy vive Rose. La casa, que necesitaba arreglos urgentes, estaba detrás de unos robles que la hacían invisible; el lugar perfecto que Joe buscaba para esconderse, un lugar inadvertido para quien pasara por la Oak Street.

Se dejó crecer la barba ni muy corta, ni muy larga, para no llamar la atención: una apariencia que le permitiera camuflarse fácilmente entre la gente del pueblo.

Así fue, y todo funcionó perfectamente, tanto que John Flecher no lo reconoció cuando entraba al patio en su viejo *Cadillac*.

—Buenos días, Míster Fletcher — lo saludo desde su patio.

—¡Usted otra vez!

Lo primero que pensó fue en su hija, a quien le dio algunas recomendaciones y le prohibió hablar con Joe Romano.

Su presencia en el vecindario le preocupaba. Tenía problemas con el alcalde, pero los de su nuevo vecino eran más graves. Su presencia en el pueblo tenía un motivo, Joe estaba planeando un ajuste de cuentas contra el alcalde.

***

Joe iba de incógnito a Colton donde conoció a Rose, mujer hermosa de rostro angelical y cuerpo de diosa, la prostituta de exhibición que todos deseaban. La mayoría de los clientes habrían pagado cualquier cantidad de dinero por una noche con ella, algunos con la intención de hacerla su amante; eso hubiera representado para ella mucho dinero y un futuro estable. Pero Rose nunca se había acostado con ningún hombre desde que llegó al burdel de Ucrania. Joe fue el único con quien ella se fue a la cama, y ella la única a quien le confesó la idea de venganza contra el alcalde. El secreto estaba bien guardado porque Rose, a pesar de su belleza e inteligencia, era antisocial. Ella no se comunicaba con nadie en el burdel, no por las barreras del idioma, sino porque su estilo de vida era vivir en silencio.

Rose era su cómplice en los planes, pues le dio información sobre los días en que el alcalde venía al burdel, con quién se acostaba, y la hora a la que se iban a la habitación. También le informó sobre la marca, el color y el modelo de su auto, el perfume con el que enmascaraba su olor de hombre sedentario, y datos irrelevantes como el mal aliento que controlaba con frascos de *listerine*, todos los días. Rose le contó todo: el nombre de su esposa, de sus hijos, lo que comían al desayuno, almuerzo y cena. Y lo más importante, que sus guardespaldas lo dejaban solo porque también se iban a la cama con las prostitutas. En resumen, después de recopilar toda esa información, su enemigo era presa fácil y lo tenía en sus manos.

Podía matarlo, pero eso sería venganza de un día. Joe quería cobrárselas caro, algo que le doliera toda la vida, como en aquellos duelos de la Edad Media en que uno de los oponentes recibía una marca de espada en la cara, una cicatriz imborrable que le recordaba al vencedor su dulce victoria y al vencido las burlas y humillación públicas. Eso quería Joe, humillar al alcalde, quebrarle una pierna, cortale una mano, una oreja, reventarle un ojo, sentarle una marca en la frente; cualquiera de esas huellas sería más dulce que matarlo, más aún si el alcalde llegaba a saber quién era su victimario. Se vengaría y luego desaparecería.

El plan era así: Rose suplantaría a la prostituta que se acostaba con él y dejaría la puerta sin seguro. Antes de que ella empezara a quitarse la ropa, Joe entraría a la habitación y lo golpearía en la cabeza para que el alcalde perdiera el conocimiento, y eso era todo. Luego, una vez consumada la venganza, huirían a California.

Decidieron llevar a cabo su plan en una noche de tormenta, con lluvia y relámpagos, y tuvieron que esperar muchos días.

***

Un día Joe escuchó un trueno en la distancia.
¡Por fin! —exclamó.

Del sur venían unas nubes negras que oscurecían el atardecer. Empacó en una talega lo necesario para la huida: una linterna, un cuchillo, una botella de whiskey y otras cosas. Luego se sentó a esperar. Entonces escuchó unos toquecitos en la puerta. Joe los confundió con el viento, que tal vez golpeaba en un alero de la casa, pero los toques se repitieron. Sacó el revólver de la talega y fue a abrir la puerta. Ahí estaba ella, a pesar de que había cambiado desde que la vio por primera vez tocando el piano; su sonrisa era inocente, pero le daba un cierto aire de mujer.

—Vine desobedeciendo las reglas de mi papá, para agradecerle —le dijo.

—No sé de qué está hablando —atinó a decirle Joe.

—El piano, sé que fue usted.

—No, señorita, no sé de qué está hablando —repitió.

—Bueno, está bien, usted es muy bueno y algún día le pagaré.

Fue un diálogo muy corto y su presencia fue una maldición, una bendición, una mezcla de todo, mala suerte, un hechizo; cualquier acertijo venía bien para explicar lo que pasó en ese instante y lo que empezó entonces marcaría sus vidas para siempre, porque Emily se le atravesó ese día en su camino como él en sus sueños.

Cuando vio que eran las nueve de la noche y la tormenta iba a empezar, Joe salió con la talega al hombro y miró hacia la casa de Emily. Vio la luz en la ventana, y en vez de subirse al *Cadillac*, se dirigió a su casa. Se asomó a la ventana y la vio sentada en la butaca tocando el piano. Vestía una bata de dormir de muselina transparente que dejaba ver sus hombros y la redondez de sus caderas. No recordó cuanto tiempo estuvo en la ventana, pero tuvo un pensamiento muy claro esa noche: "Emily iba a ser suya". A un paso de la puerta, con la aldaba que brillaba en cada relámpago, Joe se preguntó si estaba sin seguro. No intentó siquiera averiguarlo porque tenía la certeza de que pronto la volvería a ver. Regresó a su casa, se fumó un cigarrillo y luego vació la talega de los utensilios sobre la mesa. Destapó la botella de whiskey y tomó un sorbo largo con el que se enjuagó la boca y escupió el líquido en el suelo.

Se olvidó de su venganza y de Rose.

A la mañana siguiente, vio que John Fletcher se preparaba para remover una rama de uno de los robles que el viento había derribado sobre el techo. Era una rama gigante, una tarea difícil para un solo hombre y mayor como Flecher. Joe fue a ayudarlo.

—No necesito su ayuda —le dijo John.

—¡Oh, sí que la necesita! —Respondió Joe.
—Lo último que necesito es su ayuda.
—Es una rama muy grande para un solo hombre.

Antes de que John dijera algo, Joe tomó las cuerdas que John tenía listas y subió las escaleras para asegurar la rama. John guardó silencio y, preguntándose que otros problemas le iba a traer Joe, accedió a trabajar con su vecino.

Joe tendió las cuerdas de un lado a otro, de la casa al árbol, con extensiones y nudos de seguridad para hacer el trabajo más fácil y seguro. Se aseguraron de que, dado su tamaño, la rama no hiciera más daño a la casa al cortarla del árbol. Cuando todo estuvo listo, Joe se puso los arneses, se ató a una de las cuerdas y trepó con mucho cuidado, llevando la motosierra a la espalda, hasta el punto donde la rama se unía al árbol. Cuando la cortó, la rama cayó al patio sin problemas.

En el instante en que Joe estaba listo para bajar de las alturas, Emily salió de la casa. Miró hacia el árbol y, por un segundo, se imaginó a Joe cayendo desde las alturas, y sucedió. Como si tuviera el poder o la habilidad de alterar el curso de las cosas, lo vio volar por los aires y caer de espaldas sobre un montón de hojas secas.

Las hojas lo salvaron de una muerte segura, pero quedó inconsciente. El ruido del impacto llamó la atención de John que había comenzado a cortar la rama en pedazos. John vino a ayudarlo mientras ella permanecía anclada en la puerta a punto de gritar.

Lo llevaron a urgencias. Los médicos, tras unas radiografías y auscultaciones, le recomendaron quietud y reposo durante unos días.

Emily no podía deshacerse del sentimiento de culpa. En las mañanas cuando salía para la escuela, veía la casa solitaria y pensaba en Joe. En las tardes cuando regresaba, volvía a mirar hacia la casa y pensaba en él.

Después de unos días, no soportó más el sentimiento de culpa y fue a visitarlo desobedeciendo las reglas de su padre. La puerta estaba abierta y ella entró. La casa estaba en desorden. Tenía el aviso de "no molestar" en la puerta de la única habitación; una advertencia innecesaria, porque nadie más vivía en la casa. Evitando hacer cualquier ruido que pudiera interrumpir su descanso, limpió el piso, ordenó la cocina, y raspó las marcas de nicotina en los viejos muebles. En la mesa había algunos dólares y las llaves del *Cadillac*. Tomó el dinero y las llaves, y fue a la tienda a comprar comestibles, suficiente para llenar su refrigerador. Puso en el baño crema dental, jabón para las manos y el cuerpo, espuma de afeitar y una afeitadora eléctrica. Antes de irse, le dejó una nota de agradecimiento por el piano. Y una tarde, después de que su padre se hubiera ido a la barbería, Emily volvió a su casa y dio tres golpes en la puerta.

Once y veinte de la mañana

Recordó entonces, mientras veía a Sarah esperando que le abrieran la puerta, aquella tarde treinta años atrás que su mano salió como de la nada, como una extensión de la casa que la arrastraba hacia adentro. Apenas se dio cuenta de que todo estaba en penumbras mientras la alzaba en sus brazos y ella inexplicablemente no ponía resistencia. Ella le había dicho en voz baja: "póngale seguro a la puerta" porque tuvo temor de que su padre viniera de un momento a otro a buscarla...

Capítulo 8

...Le hizo el amor toda la tarde y, al regresar a la casa, llenó la tina de agua caliente, metió un pie y luego el otro; luego sumergió todo su cuerpo hasta que sintió que sus pulmones iban a explotar. Ella, que siempre asociaba su vida con la música —por ejemplo, los momentos alegres le recordaban a Mozart y los de rebeldía a Beethoven—, esa tarde en que tenía una confusión de sentimientos, puso en el tocadiscos *El infierno* de Liszt. Al día siguiente, al regresar de la escuela, se desvió de camino; en la puerta estaba él, su mano ardiente, la misma penumbra, el mismo olor a sudor que llenaba la casa y que empezó a serle familiar, a pesar de que en un principio le pareció el más desagradable de todos los olores. Y así pasaron muchas tardes, le hacía el amor entre penumbras y la embarazó con su primera hija. Ella le preguntó si iba a Colton y él le dijo que no, le mintió.

En la escuela se abría paso entre la multitud de adolescentes y se sentía más vieja que las otras chicas de su edad. En las clases de piano con la señorita Carter, pensaba en él. Se distraía mientras practicaba los *Nocturnos* de Chopin y era una eternidad esperar hasta las tres de la tarde cuando sonaba la campana. La señorita Carter, que la conocía como si fuera la hija que nunca tuvo, se dio cuenta de los cambios. Le preguntó si estaba embarazada.

Fue a mediados del invierno —aún le faltaban tres meses para terminar la escuela— cuando tuvo los primeros síntomas. Para entonces, habían sucedido algunos cambios en su vida. Ya no era la adolescente de antes; era como si en ese corto periodo hubiera agotado todas las experiencias y, en cierto modo, sentía un vacío muy profundo. Por otra parte, su padre le daba consejos, advertencias y le hacía muchas preguntas. Emily, que llegó a sospechar que él sabía de su relación con Joe, se las respondía sin causarle ningún disgusto ni desavenencia.

La señorita Carter la ayudó a esconder su vientre de la vista de todo el mundo. Le prestaba su abrigo y la escondía en su oficina hasta que el edificio estaba solo. Luego la acercaba a la casa en su auto. Así pudo terminar la escuela y sortear los problemas en un tiempo en que la palabra embarazo estaba prohibida en los currículos y pasillos de las escuelas de toda la nación. Y era mucho más difícil en un pueblo con tantas contradicciones como No-town que tenía una iglesia en cada cuadra, un prostíbulo famoso y un alcalde corrupto. Una mujer embarazada, adolescente, soltera y en la escuela, sería la comidilla de las jóvenes que hablaban de la *Biblia* y de Colton como si fueran la misma cosa, se hacía merecedora de un castigo ejemplarizante que podía incluir humillación pública, acoso y expulsión de la escuela.

Joe le propuso matrimonio, pero ella se opuso.

—No hay otra salida —le dijo.

—¿Y mi padre?

—Déjalo de mi parte.

Vino por la tarde. Se había afeitado y vestía como un caballero, el cabello peinado hacia atrás con brillantina, un bigote bien delineado que le daba unos años más y un poco de seriedad. Su padre le abrió la puerta y lo invitó a entrar.

Emily no supo que hacer, pensó ir a la cocina y prepararles una limonada, pero sus deseos eran huir y, cuando decidió encerrarse en su cuarto, Joe la llamó.

—Emily —dijo —siéntate a mi lado—. Le habló como si fuera su esposo y ella obediente se sentó junto a él. Joe le tomó la mano.

—Señor Fletcher —dijo cambiando de voz —su hija está embarazada —. Fue al grano y sus palabras eran firmes. Fletcher se puso de pie y pensativo, su rostro pasó de la calma a la cólera. Se llevó la mano al bolsillo de la camisa y palpó el papel de su heroína para animarse y enfrentar a su futuro yerno. Respiró profundo antes de hablar.

—Perdí mi empleo por su culpa, la nevera está vacía por su culpa y ahora me viene con el cuento que embarazó a mi hija.

—Soy responsable de lo que le hice a su hija, pero no de que haya perdido su empleo.

—Entonces, ¿quién incendió el "cuarto"?
—Yo no fui.
—¿El alcalde?
—Quien haya sido, le hizo un favor.
—¿Qué?
—Así como lo oye, su salud corría peligro —guardaron silencio por un momento.
—¡Crompton, malnacido! —Exclamó John.
—Yo también lo desprecio, pero no es el alcalde el asunto de mi visita.
—¿A qué debo entonces su visita esta vez?
—Me voy a casar con su hija.
—¡Hijo de puta! —dijo Fletcher entre dientes.

Emily, sentada a su lado no dijo nada, pero —pensativa— escuchó el diálogo entre los dos. La conversación pasó a asuntos triviales, la guerra en Vietnam, el alcalde y el pueblo que, sumido en la pobreza, veía el progreso pasar a la distancia por la autopista 57 hacia el sur del estado. Luego, cerraron la conversación después de ponerse de acuerdo en la fecha del matrimonio. Sería una ceremonia simple, sin invitados ni luna de miel.

La boda fue en una iglesia católica a la salida del pueblo, muy pobre comparada con las demás que eran grandes y tenían pintadas las paredes y cúpulas en las alturas. Era, además, vieja y casi nadie venía a las misas. El cura, con el mismo entusiasmo que ungiría los santos óleos a un moribundo, sin preámbulos, fue directo a dos pasajes del *Viejo Testamento*, uno de *Corintios* y el otro de *Efesios*. Cuando leyó en *Corintios* que "el hombre es la cabeza de la mujer", Emily sintió un escalofrío en todo su cuerpo. Miró hacia el techo y vio a las palomas aparearse. Cuando salieron de la iglesia, dio una mirada al día. Hacía un sol ardiente, el semáforo en la calle cambiaba de luz, de la roja a la verde constantemente; no había nadie, uno que otro auto se detenía a esperar el cambio de luz. Era como si nada hubiera pasado. Pero cuando entró a la casa sintió una soledad inmensa. Joe la mandó a preparar una limonada para él y su suegro mientras se sentaban en la sala. Era la esposa de Joe y él era su cabeza, tal como le había ordenado el cura en la iglesia.

***

Cuando apenas se estaba acostumbrando a la idea de estar casada, Joe le daba la gran sorpresa, se iba a la guerra de Vietnam.

—Se olvida de que tiene un hijo en camino y de que su esposa lo quiere aquí, no en la tumba —su suegro le dijo sorprendido.

Ella, que ya había pensado que la resignación era la única forma de salir adelante en su matrimonio, ahora se quedaba sola. Se encerró en la habitación y lloró.

Pocos días después, Joe se subía al tren que lo llevaría a Chicago donde tuvo que esperar algunas horas hasta que el comando general en Hanoi diera luz verde para abordar el avión rumbo a Vietnam.

Emily volvió a vivir con su padre porque necesitaba su compañía y no podía soportar la soledad.

Se preguntaba si Joe la amaba. Pero la pregunta que más le preocupaba era si ella lo amaba. Esa pregunta no la dejaba dormir, no por la pregunta misma, sino porque no sabía la respuesta. Luego, unas semanas más tarde, recibió su carta. Fue el 15 de mayo de 1960, día de su cumpleaños. Dos páginas en las que le contaba de la guerra, "los vietnamitas son pequeños, pero grandes de espíritu". Le contaba en detalle lo que pasaba en la guerra, pero ni una palabra de cariño, y lo peor de todo, no recordó sus cumpleaños. La carta respondió a su pregunta: Joe no la amaba. Ella, que hasta ese día pensaba ser la esposa que espera al esposo-soldado con deseos, dejó de imaginarse los momentos de amor cuando regresara.

Las cartas siguieron llegando cada dos semanas y Emily las ponía, sin leerlas, en el piano junto a la del director del Departamento de Música. Sin embargo, Emily tenía un miedo que no la dejaba tranquila: era el temor de que algún día soldados, comisionados por el ejército, vinieran a su puerta con la noticia de su muerte.

Se iba a dormir tarde después de ver las noticias con su padre. Por la mañana, después de preparar el café, se sentaba en la sala a ver los noticieros que informaban que las tropas estadounidenses sumaban 125.000 hombres, mientras que otros, como la BBC, estimaban la cifra en 180.000.

—¡Qué desperdicio de dinero! —se quejaba su padre. John, disgustado por las noticias, apagaba el televisor y salía de la sala. Ella lo volvía a encender.

En agosto del mismo año, un comando estadounidense lanzaba la primera ofensiva sobre el enclave comunista en la península de Batangan, cuyo objetivo era medir las fuerzas de los comunistas y —al mismo tiempo— intimidarlos. El ataque fue devastador porque destruyó pagodas, incineró plantaciones de arroz y mató a cientos de campesinos. Los marines estadounidenses declararon que el ataque había sido un éxito y planeaban otras ofensivas hacia el norte. Los generales estadounidenses aparecían en la televisión sonriendo, fumando puros. Esa imagen contrastaba con las protestas en contra de la guerra en las calles de Nueva York, Washington y Los Ángeles.

Los generales del Ejército Americano, orgullosos de los triunfos de sus tropas, elogiaban a sus soldados. Al otro lado, los enemigos hacían lo mismo: el general Thanh afirmaba que las Fuerzas de Liberación podían derrotar a las tropas estadounidenses en el campo de batalla. Las noticias en la televisión mostraban los cuerpos de los norvietnamitas en las playas de la península de Batangan, flotando en el mar, y las ceremonias fúnebres de los soldados estadounidenses muertos en combate. Emily pensaba en Joe y sufría mientras las cartas llegaban y ella seguía poniéndolas sobre el piano.

Nunca le respondió a pesar de que tenía mucho que contarle. Por ejemplo, el final feliz de un parto doloroso y el nombre que eligió para a su hija. Joe no sabía nada de eso, y cuando vino un año después, se llevó una grata sorpresa: su hija tenía seis meses.

—Su nombre es Sarah —le dijo cuando él caminó hacia la cuna.

—¿Sarah? Por qué no la llamaste Maggie —le dijo Joe con el fardo del ejército en la espalda.

—¿Maggie, como mi madre? —Preguntó ella.

—Sí.

—Es nombre de anciana.

Joe había llamado a su bebé "él" en sus cartas, como si estuviera seguro de que iba a ser un niño. "Él", le escribía a su esposa, "irá a la escuela y será un profesional" o "él tendrá más suerte que yo y vivirá en otro pueblo, en una ciudad grande y jugará béisbol". Estaba tan seguro de que su bebé era un niño que, durante ese año en Vietnam, compró soldados en miniatura, aviones y barcos de juguete. Cuando vio a su hija en la cuna, Joe la tomó en sus brazos y la miró por un largo rato.

—¿Por qué no respondiste mis cartas? ¿Por qué no me dijiste que era una niña? ¿Por qué, por qué?

—Estaba abrumada por las noticias y no podía escribirle a un soldado muerto —le respondió.

Joe soltó una risa ruidosa y sarcástica que le alteró el temperamento a Emily. Los dos discutieron acaloradamente hasta que Sarah empezó llorar y el buillicio llamó la atención de John quien bajó de su habitación.

—¿Qué está sucediendo? —Preguntó Fletcher.

—Nada —dijo Joe —solo que hasta ahora me entero de que mi bebé es una niña porque mi esposa no respondió mis cartas.

***

El desayuno fue frugal, tostadas con mantequilla y café negro. Fue el desayuno de una familia pobre cuya nevera está vacía y cuenta las monedas para ir a la tienda a comprar dos o tres enlatados para la comida. Su suegro sacó algunas monedas del bolsillo que puso en la mesa del comedor.

—No alcanza para nada —dijo.

—Traigo algún dinero —dijo Joe que sacó del fardo un sobre y se lo dio a John. Éste lo abrió y su sorpresa fue grande cuando vio varios rollos de billetes de diferente denominación.

—Es mucho dinero —exclamó John.

—Son ahorros.

—Salario del ejército? —Preguntó John con sarcasmo.

—Solo son ahorros —dijo Joe.

—No sé cómo consiguió ese dinero, pero lo sospecho.

—Padre, basta —exclamó Emily.

—Ese dinero huele mal.

—Es dinero y lo necesitamos —dijo Emily.

—Prefiero morir de hambre antes de usar ese dinero —dijo John apartando el sobre.

—Tengo una hija que alimentar y no la dejaré morir de hambre, así venga de donde venga —dijo Emily tomando el sobre.

—Arriesgué mi vida por ese dinero, John. —Por primera vez no lo llamaba señor Fletcher.

—¿Cuántos tuvo que matar, Joe?

—No he matado a nadie; bueno, sí maté, pero no fue mi culpa.

—Francotirador a sueldo.

—Ni asesino ni francotirador, ni tránsfuga; solo un jugador con suerte —dijo Joe.

Emily interrumpió el diálogo argumentando que las finanzas de la familia estaban mal para remilgos, que la procedencia del dinero era lo de menos con tal de que fuera suficiente para sostener la familia ahora y siempre.

Esa mañana Emily, con el dinero en sus manos, tomó las riendas de la casa. Más de lo que pensaba, el dinero le alcanzaba para mucho tiempo. Pagó la deuda que tenían en la tienda y dejó el crédito abierto en caso de necesitarlo en el futuro. Compró ropa y juguetes para su hija, un vestido de seda con flores y zapatos a la moda para ella, y llenó la nevera de comestibles.

No era el salario del ejército por supuesto, ya que se había ido como voluntario y ella no le hizo preguntas. No quería tener más preocupaciones y eso era lo que le importaba. Su padre, que en un principio le reprochó por aceptar el dinero, debió callar cuando vio comida abundante en la mesa.

Capítulo 9

Se había ganado el dinero jugando a la ruleta rusa en un suburbio de Hanoi. Empezó un fin de semana cuando buscaba dónde jugar póker y —accidentalmente— encontró un lugar escondido en una barriada sucia y mal oliente donde jugaban a la ruleta rusa. Joe, quien solo sabía de oídas de aquel juego, descubrió que tenía algo de misterio. Desde las barracas fue testigo de todo el rito: la preparación de los jugadores que arriesgaban sus vidas hablando en su idioma unas palabras que bien podían ser un adiós, una plegaria o simplemente un ruego. Los gritos, el flujo de dinero que corría como un río sin control, el olor nauseabundo y el mal aliento de la gente, la luz opaca, la muerte; todo era excitación total. Ese caos trágico era alucinante para Joe, que no lo pensó dos veces para poner su nombre en la lista de los jugadores. Era la suerte o la muerte, era volverse rico en un segundo o morir en el intento en ese mismo lapso de tiempo, y se sumaba la espera de su turno que era aún más excitante. Era una excitación extraña, enfermiza, exclusiva en muy pocos humanos, cuyas emociones no las controla el cerebro, sino la adrenalina. Cuando llegó su turno, explotaron los gritos y Joe caminó hacia una tarima de madera que se balanceaba en el aire hasta una mesa donde lo esperaba un revólver. La mesa era larga y tenía dos sillas —una a cada lado— un balde con agua, trapos y jabón para limpiar la sangre. Luego apareció su contrincante, un jovencito de 18 años que debería estar en la universidad. El joven se sentó al frente en una actitud que parecía listo a emprender una larga conversación con él. Dijo unas frases en su lengua y luego miró el revólver. Después apareció un hombre que se cubrió los ojos con una venda y luego puso un proyectil en el tambor del revólver. Levantó la mano con el arma y puso el cilindro a girar. Joe descubrió que cuando uno se dispone a morir, la mente está en blanco y es la adrenalina lo que determina todo, la percepción se vuelve más aguda, y aquellos humanos que tienen la habilidad de controlar sus nervios, por un segundo se vuelven superhumanos, porque logran percibir todo, hasta los más ínfimos sonidos. Joe tuvo ese segundo de superhumano, porque su oído fue perfecto, como el de una lechuza, una habilidad momentánea y salvadora quizás o al menos lo fue para él, que alcanzó a oír el tic del tambor del revólver que paraba luego de girar, situando al azar el proyectil en el sitio exacto para matar. Eso fue lo que concluyó Joe. El hombre de la venda puso el revólver en la mesa y dio la señal de que empezaba el juego. Lo que hizo Joe pudo haberle costado su vida porque tomó el revólver, apuntó al techo y disparó. Hubo un silencio largo en toda la barraca. La gente miró el hueco que abrió el disparo por donde empezó a entrar la lluvia. Luego una explosión de gritos; *dolua dao*, le decían tramposo. El hombre se quitó la venda y le gritó: *thang khon nan,* le decía pendejo. Todo el bullicio terminó en risas y burlas contra Joe, "americano tonto", le gritaban. Cuando pensó que lo iban a sacar del juego, el hombre se puso la venda de nuevo y giró el tambor. Fue también su salvación porque no escuchó el tic. Era exactamente lo que Joe quería: saber cuándo el proyectil estaba en posición, y cuándo no. Pidió más dinero para tomar el revólver y el dinero llovió en cantidades. Tomó el revólver, se lo llevó a la sien, y apretó el gatillo. Lo que escuchó fue un silencio total, pero ya el tic ubicaba el proyectil en posición para matar, el sonido que aprendió a distinguir esa noche. Llovió más dinero, pero Joe no tomó el revólver, lo tomó el joven.

Siempre recordaría esa escena, como muchas otras cuando el muchacho dobló su cuerpo sobre la mesa lentamente y con nobleza. Le pareció la muerte de un palomo que dobla el cuello cuando muere. Todos los que murieron ante sus ojos después de aquella noche, jugando a la ruleta rusa, doblaban su torso y luego la cabeza como si cayeran en un estado de trance del que jamás despertaban. Su salvación era haber aprendido a distinguir el tic del tambor cuando el proyectil estaba en posición para ser disparado. Era un tic suave, agudo y diferente al que producía el tambor cuando el proyectil no estaba en posición. Esa habilidad no la tenía nadie, solo Joe Romano, nacido en Brooklyn, uno de los secretos que se reservó de contarle a nadie. La estrategia estaba en evitar el turno cuando escuchaba el sonido, y lo lograba triplicando la apuesta que a su vez convencía a la gente que hacía lo mismo. Así que el otro jugador, al ver la cantidad de dinero que se apostaba a su favor, tomaba el revólver.

Joe se volvió famoso y rico de la noche a la mañana en los círculos secretos de Hanoi. Famoso en un ambiente anónimo donde empezaron llamarlo "el americano", "el suertudo" o —en lengua nativa— le decían *nagoi dannog mayman*.

Capítulo 10

Le traía dinero a su familia y eso le daba satisfacción. En todo ese tiempo que llevaba en el ejército, Joe sirvió a carta cabal cumpliendo sus obligaciones. Su comandante le daba alguna misión en la que tenía que llevar a extremo sus habilidades, porque era disciplinado y buen soldado. Joe podía ser un militar profesional, pero no tenía en sus planes esa carrera. Estaba en la guerra porque quería probarse a sí mismo, eso era todo.

Tenía una cita a su regreso de vacaciones en la que iba a ganar mucho dinero. De Viet Cong venía un hombre con la misma suerte, alguien que había sobrevivido a todas las probabilidades de morir en la ruleta. Como Joe, el hombre tenía una fijación psicológica con el peligro, con la diferencia de que llevaba mucho más tiempo en el juego, un veterano con una suerte a toda prueba. Sin trucos ni triquiñuelas, el hombre venía a retarlo y Joe tenía un mes de preparación, como se decía a sí mismo, y no era que tuviera que prepararse para nada. Era sí, una preparación psicológica para el reto, aunque estaba seguro de que el tic no le iba a fallar. Por aquellas dudas que lo asaltaban en momentos en que todo estaba bajo control, había venido a ver a su esposa.

***

Joe sobrevivió al hombre de Viet Cong y, en esa contienda, ganó mucho más dinero. Parte de dichas ganancias se la gastó en casinos y prostíbulos de Hanoi y, cuando regresó definitivamente de su servicio militar, traía suficiente dinero en el fardo para sostener a la familia por mucho tiempo.

A su regreso se encontró con otra sorpresa, era padre por segunda vez. La niña se llamaba Linda, otro nombre que como el de Sarah, su esposa había escogido sin consultárselo. Emily tampoco le había escrito para contarle de su segundo embarazo ni había leído las cartas que recibió en ese tiempo.

***

El tercer embarazo no fue bienvenido. Emily, que en otras circunstancias habría sido paciente, puso el grito en el cielo alegando razones que Joe jamás aceptó. Se quejaba de que los dolores de parto eran insufribles, de que su cuerpo no estaba preparado para ser madre tantas veces.

La relación entre los dos no era perfecta, era solo normal, esas relaciones en que —a pesar de las contradicciones— hombre y mujer se acostumbran a vivir juntos. Ella se iba a la cama temprano mientras Joe se quedaba con Sarah en la sala hasta bien entrada la noche. Los coitos se volvieron simples como esos en los que el hombre ve su sexo encogerse rápidamente y la mujer se pregunta si en realidad hizo el amor. La mayoría de las veces, ella lo evitaba con el argumento de que el bebé en su vientre protestaba cuando le hacía el amor.

Y así pasó el tiempo y se dieron cuenta de que, para mantener un matrimonio estable, se requiere mucho más que paciencia y tolerancia. Pero ni ella, ni mucho menos él, admitían que había problemas. Era solo cuestión de tiempo, y el nacimiento de su tercera hija marcó el inicio de problemas mayores.

Empezó con el nombre que le iban a poner a la recién nacida. Emily quería llamarla Katherine como su tía favorita porque tenía los mismos ojos y, además, era morena.

—Terminarán llamándola Cat —dijo Joe —como los gatos.

Joe quería llamarla Carina porque pensaba que se parecía a su abuela. Emily protestó porque ese nombre, además de no tener significado, no le resultaba familiar. Quien entró a zanjar la situación fue John, quien dijo que su nieta se parecía a Rosario.

—¿Cuál Rosario? —Le preguntó su hija.

—Es morena y va a ser encantadora —dijo —como las bailarinas en los tablados.

Pasaron varios meses antes de que Joe encontrara trabajo. El empleo demandaba mucha actividad física, y eso era lo que buscaba. Trabajaba en el turno de la mañana en el departamento de mantenimiento de una compañía que producía electrodomésticos. La fábrica era grande y tenía el ambicioso plan de cubrir la demanda del Valle del Mississippi y parte de los estados del este.

Se levantaba a las seis de la mañana, encendía la radio y escuchaba las noticias, mientras, Emily hacía el desayuno. Joe preparaba su lonchera para el trabajo, un sándwich de jamón ahumado, dos hojas de lechuga, queso y pan, siempre lo mismo que completaba con un jugo de naranja y una manzana. A las tres de la tarde regresaba del trabajo, se duchaba y dormía la siesta hasta las cinco cuando se levantaba a ver los partidos de béisbol. A las siete se sentaba a cenar con sus hijas y suegro. Emily, a veces, participaba en la conversación.

—Bob Gibson tiene una buena carrera —dijo Joe.
—Va a ser una temporada fuera de lo común, el récord del año, Joe.
—Todavía estamos en la mitad, está muy lejos, John.
—Sí, tiene razón, yerno.

Emily escuchó la conversación entre su padre y su esposo. Llevó los platos a la cocina y apareció más tarde con café y mantecadas para todos. Sentó a Rosario en su regazo; en una taza con leche fría humedecía pedazos de mantecada y se los daba a la niña, quien comía con apetito. Padre y esposo observaban la escena en silencio.

Luego Joe fue a la sala a ver la televisión.
—No entiendo su actitud —dijo Emily.
—¿De qué estás hablando, hija?
—Esa actitud, como si fuera la *prima donna*.
—Recuerda que es un veterano de guerra.
—¿Y qué hay con eso?
—¿No entiendes, hija? La vida es nada. Es así de simple para los que regresan de la guerra —dijo su padre.
—Eso es exactamente lo que me disgusta, que actúa como si nada le importara.
—Además, el hombre quiere un hijo.
—¿Cómo lo sabes?
—Todo hombre quiere un hijo.
—¡Qué fácil es decir eso!
—Y yo quiero un nieto.

Emily guardó silencio y, molesta, puso a Rosario en la cuna, luego fue a ver a sus otras hijas.

***

Cuando terminó la temporada de béisbol, Joe tenía mucho tiempo libre. En las lentas tardes de verano, Joe se despertaba de su siesta y luego, con Sarah en sus hombros, se iba a la heladería, unas dos cuadras arriba por la Oak Street. Cuando Linda cumplió dos años, las llevaba a ambas en el *Cadillac*. Esa fue una rutina durante casi tres años y luego, sin razón aparente, dejó de hacerlo.

Después, se dio cuenta de que la casa necesitaba pintura. La idea de pintarla lo llevó a preparar una lista de actividades que le ocuparían todas las tardes por mucho tiempo. El plan no era el de un esposo que trata de embellecer la morada donde habita su familia, era el de un hombre que evitaba el tedio. Elaboró minuciosamente una lista que incluía desde cortar la grama una vez a la semana o dos, aunque no fuera necesario. Incluyó, también, pintar las paredes, pasando por cambiar las tejas rotas y limpiar el ático. Justo en el momento en que terminaba la lista, vio que los gatos pasaban rozando sus piernas con sus colas, escribió "cuidar los gatos" en letra mayúscula y entre comillas. Luego la colgó en la nevera. La lista no tenía nada en particular para Emily, excepto porque tenía escrito al final "CUIDAR LOS GATOS", que le llamó la atención. Al día siguiente cuando lo vio que se preparaba para empezar las actividades de la lista, Emily le preguntó.

—Necesitan la atención que se merecen —respondió.
—¿De qué estás hablando?
—Te lo expliqué en las cartas que te escribí.
—¡Ah!, ¿las cartitas? —Dijo con sarcasmo y en voz baja.

En los días en que se jugaba la vida en la ruleta rusa en los arrabales de Hanoi, Joe había visto —en las calles— niños con la cabeza grande que parecían marcianos, ojos pequeños, una boca pequeñita a punto de echar un grito silencioso así como una frente exageradamente grande que parecía que iba a explotar. La enfermedad era tan común que pasaba inadvertida para los mismos vietnamitas; en cambio, a los soldados americanos les causaba estupor y les soltaban a las madres un dólar o una moneda de veinticinco centavos. Joe tuvo curiosidad de saber las causas de la enfermedad y un día visitó un hospital. La enfermedad se llamaba hidrocefalia según los médicos o toxoplasmosis de acuerdo con los patólogos. El primer nombre hacía referencia al crecimiento desproporcionado de la cabeza, que se debe a la acumulación de agua en el cerebro, le explicó el médico, usando las mismas palabras que usaba para explicarles a las madres con hijos que padecían el mal. El segundo nombre hacía referencia a las causas, un parásito minúsculo, más pequeño que la cabeza de un alfiler llamado *Toxoplasma* que vive en los intestinos de los gatos. El parásito pasa a las mujeres encinta cuando manipulan la materia fecal de estos animales, la causa primordial de la enfermedad y de la paranoia que Joe comenzó a sentir cuando recordó que su esposa estaba embarazada y viviendo rodeada de gatos.

Le había escrito una carta cada dos semanas advirtiéndole del riesgo que, según él, se cernía sobre la cabeza de su bebé, cartas que le había enviado urgente, en las que le confesaba el tormento diario de pensar que su bebé fuera a sufrir de hidrocefalia. Al ver que no recibía respuesta, decidió regresar para cerciorarse por sí mismo. Por eso cuando llegó, sin saludar a su esposa, fue directo a la cuna a examinar a su hija. Le palpó la cabeza, la miró a los ojos y como cada mujer al momento de ver a su crío por primera vez, le miró las manos. Su preocupación era tal que, muchos días después de cerciorarse de que Sarah era saludable, la siguió mirando con el mismo detenimiento, y —después con los futuros embarazos de su esposa— tendría la misma preocupación.

La explicación que le dio luego de preguntarle por lo que significaban los gatos en la lista, no tenía ningún sentido para ella.

—Mis niñas son normales —le dijo.

—Sí, pero nunca se sabe.

—¿Qué estás insinuando? ¿Me vas a embarazar otra vez? Eso jamás —dijo ella con firmeza.

Capítulo 11

Una mañana, Emily preparaba el desayuno cuando escuchó a Linda que lloraba en el segundo piso. Subió corriendo las escaleras hasta su habitación. Asomada a la ventana, Linda lloraba desconsoladamente mirando a los gatos muertos en el patio. Emily sintió una punzada en el pecho. Recordó la lista y fue a la cocina: "Cuidar los gatos"; tenía una marca como actividad cumplida. Les mintió a sus hijas inventándoles una historia cuando le preguntaron por los gatos muertos. Asegurándose de que nadie, fuera de la familia lo supiera, les prohibió comentar sobre el asunto en la escuela.

Pensó que Joe estaba loco. Había sido minucioso con las actividades a tal punto que, si descubría una imperfección, por pequeña que fuera, comenzaba de nuevo. Por ejemplo, una mancha en una pared era motivo para volver a pintarla. Cortaba el césped cuando apenas salía a la superficie y eso era una mala señal para Emily. Su marido estaba loco y la estaba enloqueciendo. No quería apresurarse a sacar conclusiones, pero lo había pensado muchas veces.

Lo convenció de que le hiciera la promesa, por el nombre de sus hijas, la dignidad y el honor de la familia, de que nunca más volviera a matar gatos. Él se lo prometio, pero no estaba segura de que con el paso del tiempo cumpliera su promesa. En ese tiempo, las cosas volvieron a la normalidad, aunque continuó el mantenimiento de la casa con la misma dedicación de antes. Subía a los árboles para cortar las ramas, cargando las herramientas a la espalda y sin ninguna protección que lo salvara de una posible caída. Emily bajaba las cortinas y se concentraba en las tareas de la cocina. Le preparaba limonada con hielo y miel silvestre, lo ayudaba a quitarse las botas y el overol que ponía en la lavadora para el día siguiente. La cena siempre estaba servida a las siete; en otras palabras, Emily fue una esposa diligente todo ese tiempo.

Todo parecía seguir el curso normal como el de cualquier familia, y Emily pensó que era feliz. Pero era una felicidad incompleta. Sin embargo, pensaba que el papel de esposa no era tan despreciable. Había escuchado a sus tías cuando hablaban de sus amigas que se quejaban de sus maridos, de su ineficacia en todo, en especial en la cama. "¡Pobrecitas ellas!", decían en tono de burla, "sin satisfacer sus deseos sexuales, son adictas a las pastillas contra la ansiedad y depresión". Emily pensó que las posibilidades de caer en una situación como esa no eran tan remotas. Y menos para una mujer joven, bella y saludable, con un cuerpo que, después de tres partos, en vez de haber disminuido, su libido seguía en evolución pidiéndole más. Mucho menos ella, que vivía con un hombre que, a pesar de su vitalidad, le hacía el amor en la oscuridad y con la idea de tener hijos.

Empezó a aceptar las cosas como eran y con resignación cedió a los deseos de su esposo de tener otro hijo. Luego de varios intentos, Emily esperaba otro bebé y le exigió la promesa de que el cuarto sería el último embarazo, así fuera una niña y Joe también lo aceptó.

Los dos hablaban del nuevo ser con mucho entusiasmo. Sarah, Linda y, en menor medida Rosario, participaban en la conversación, y esperaban el momento de su nacimiento con muchas ansias.

De la masacre quedaron unos cuantos felinos que se arriesgaban a entrar a la casa. Joe, ahora que sabía que Emily estaba encinta, limpiaba la materia fecal todos los días. Refregaba las manchas de estiércol con jabón y agua y luego con alcohol hasta que eliminaba toda traza de desechos. Barría debajo de los muebles, del sofá, de las camas, debajo de las alfombras para eliminar el pelambre que dejaban los gatos. No le permitió a ella que lo ayudara en la limpieza, pues —como se dijo antes— Joe no quería que su esposa tuviera que ver con aquellos animales. Cumplía las labores de reparación cuando eran necesarias y, el tiempo libre, lo dedicaba a ver la televisión y a cuidar a Emily.

Emily, por su parte, no tenía la certeza de que los cambios de su marido y su diligente actitud fueran a ser para siempre; pensaba que en algún momento se desvanecerían como humo en el viento. Tenía dudas. La verdad era que tenía la premonición de que algo iba a suceder.

***

Una tarde al regresar de la tienda con sus hijas escuchó unos golpes metálicos que se interponían al tic tac del reloj en la sala. El sonido era pausado y regular, y venía del segundo piso. Emily puso los comestibles en la nevera y cabinas de la cocina mientras sus hijas se sentaban a hacer las tareas de la escuela. Subió al segundo piso y se asomó a la puerta entreabierta. Joe, sentado en un banco, tenía una pistola apuntando a sus sienes. Mirando a un punto fijo, como si durmiera con los ojos abiertos, Joe no la vio. Parecía una pesadilla, pero era tan real que sintió una punzada fuerte en su vientre y pánico.

Sin poder hablar, cerró la puerta y lloró evitando que sus hijas se dieran cuenta.

Se enfermó de los nervios, se le alteraba el temperamento al menor ruido y lloraba. En las noches los gatos no la dejaban dormir y llegaba la madrugada sin poder conciliar el sueño. El olor a materia fecal la incomodaba también, el olor de los alimentos le provocaba náuseas.

Joe les echó la culpa a los gatos de los problemas de su esposa y una noche se levantó a matarlos. La salud de Emily se complicó al oír los disparos y el llanto de sus hijas empeoró la situación. Emily entró en un estado de coma y debieron llevarla al hospital. Los síntomas eran los de un aborto espontáneo; según los doctores, fue por una infección uretral y estrés.

Los dos intentaron olvidar el aborto, ni ella ni él mencionaron la palabra. En los días de convalecencia, él fue tan diligente como antes; pero persistía la sensación de que las cosas ya no iban bien y los dos lo sabían.

Pronto se vieron las consecuencias. Ella pensaba en un cambio en su vida y él albergaba la idea de volver a Colton.

Emily continuó con la rutina del hogar, solo que ahora la necesidad de un cambio de dirección en su vida era inaplazable. El cambio tenía que ser radical desde su rol como madre y —más que todo— el de esposa. A sus treinta años tenía que reafirmar su persona, sobre todo en aquellos aspectos de su feminidad. Era urgente, y más que una consecución de cambios en la dirección de su vida, era una manera de escapar de su situación.

Empezó por darle importancia a los comentarios que escuchaba en la tienda cuando iba por los víveres, comentarios de la vida privada de la gente, así fueran trivialidades. Temía que la gente hablara de su esposo después del escándalo de las masacres de los gatos. Les preguntó a sus hijas y ellas le confirmaron que las llamaban "las hijas del matagatos". Emily se enfureció y su furia tenía una dirección, Joe.

El único que notó su estado anímico fue su padre. John había visto el aviso de un consultorio psicológico en la Broadway y, preocupado por su hija, le recomendó una terapia con el psicólogo. Lo pensó por unos días y, sin estar aún convencida, fue a ver al psicólogo.

La oficina no tenía la apariencia de un consultorio de verdad, nada que indicara la presencia de un profesional, excepto por un diploma de la Universidad de Chicago que colgaba como única decoración en la pared y una reproducción de *La noche estrellada* de Van Gogh. Un escritorio viejo con unos libros de psicología evolutiva y psicología comparada completaban el consultorio así como un estante atestado de revistas de la Sociedad Americana de Psicología. El psicólogo, un joven imberbe, con una melena que llegaba a los hombros, se puso de pie cuando la vio entrar.

—Usted, señorita es mi primer paciente —le dijo.

—Señora —corrigió Emily.

La consulta empezó como un diálogo rutinario en que, sin saberlo, terminó confesándole todo, su frustración como pianista, su matrimonio fallido y sus tres embarazos que nunca fueron planeados. El psicólogo supo todo sin que ella tuviera el menor recato: sus fantasías, sueños, frustraciones, decepciones, locuras y deseos. Le contó todo, como si estuviera con su mejor amiga.

Las recomendaciones del psicólogo fueron terapias de pareja que ella descartó de inmediato, ya que Joe jamás se sometería a un ejercicio como tal. Un empleo que la alejara del ambiente del hogar por algunas horas del día o dedicar los ratos libres a un servicio comunitario como dama voluntaria en un club o congregación beneficiaria, estaban en la lista como una solución a su problema. Le mencionó que en No-town había una asociación de damas dedicadas a proteger gatos sin hogar. Emily soltó una risa incontrolable y luego lloró.

—Esa terapia no es aplicable —dijo ella secándose las lágrimas.

—¿Por qué?

—Parte de la locura de mi esposo es matar gatos.

Para terminar la consulta, le aconsejó que contemplara la posibilidad de dar clases de piano o buscar un empleo. La idea del empleo era tentadora.

Once y veinticinco de la mañana

Escuchaba que Linda y Rosario limpiaban el polvo en el cuarto de Joe. Hablaban y el rumor llegaba entrecortado; no podía distinguir sus voces porque tenían la misma, muy similar a la de ella cuando fue joven. Las niñas, como las llamaba después de tantos años, no se ponían de acuerdo si era mejor cerrar las cortinas y evitar que entrara la luz del sol. Habían vaciado las gavetas del armario en el piso y separaban objetos de toda clase: llaveros, cajas con mancornas y minucias que pensaban que tenían algún valor y las separaban en una urna. Habían encontrado un almanaque del año 1998 con trazos, círculos y frases. El almanaque tenía los días de la semana marcados con las frases: "lunes, día de levantarse tarde"; "martes, lo mismo"; "miércoles, lo mismo"; "jueves, comienzo del viernes"; "viernes, hacerle la vida amarga a Emily"; "sábado, huir de sus reproches y contar el dinero para gastarlo en la venta de garaje del domingo"; "domingo, desparecer todo el día".

—¡Oh, Joe! —Exclamó Rosario. Se rieron y luego lloraron con un llanto quedo, que escuchó desde la ventana...

Capítulo 12

...No era fácil cerrar el capítulo de sus diez años de matrimonio. Si hacía un inventario, lo único que podía rescatar era sus hijas. Las adoraba y estaba dispuesta a dar la vida por ellas si fuera necesario. Aunque ninguna se parecía a ella; Sarah, por ejemplo, era rubia con un rostro bello, una frente despejada y un carácter recio como el su padre. Linda no se parecía ella ni a él, era distinta, voluble y de rasgos que predecían una belleza angelical: era la hija que podía ofrecerle el cielo o el infierno. La menor, Rosario, era dulce, divertida, inquieta y era —quizás— la que le recordaba su niñez. Ellas le daban un vuelco a su vida. Ellas le daban alegría, a pesar de todo, la mantendrían viva y le ayudarían a sortear los momentos difíciles que estaban por venir.

Una noche escuchó sus pasos cuando entraba al cuarto y fingió que estaba dormida. Percibió su olor, una mezcla de colonia y gel para el cabello; pero ese olor no la irritó tanto como el sonido del arma cuando la puso en la mesa de noche.

Se sentó a su lado y le tocó los hombros para despertarla; pero ella siguió con los ojos cerrados. Le preguntó por qué no leyó las cartas que le había mandado de Vietnam. Hablaba sin una dirección, un monólogo sin principio ni fin, con preguntas que él mismo se contestaba: "no me las respondías y creo saber el motivo, nunca me amaste". Le hizo un resumen de sus años en Vietnam; "arriegué mi vida por tí y mis hijas", le dijo. A punto de confesarle que le había sido infiel con las prostitutas de Hanoi y, que por mucho tiempo había tenido la idea de ir a Colton, le dijo en cambio, con voz entrecortada: "fui a la oficina de correos con la ilusión de encontrar tus cartas". Luego Joe guardó silencio. Ella no le dijo nada ni abrió los ojos, pero sintió una leve sensación de triunfo. Se despidió dándole las buenas noches, y esas fueron las únicas palabras que le dijo en mucho tiempo.

A partir de esa noche, Joe durmió en la habitación que había ocupado su suegro después de mudarse a otra casa, más arriba en la Oak Street. Y desde entonces, fue medido con el dinero que le daba para el sostenimiento del hogar; lo ponía en un sobre y se lo mandaba con una de sus hijas cada quince días.

***

Emily se inscribió a magazines de modas y vanidades que leía ávidamente. Las nuevas tendencias de la moda le llamaban la atención por encima de los chismes de Hollywood. Convencida, además, de que un cambio en su carácter le vendría muy bien a sus años, quería una transformación que pudiera usar contra él; quería causarle celos, ultrajarlo, empujarlo hacia el abismo. Pudo haber recurrido al intelecto, volverse sabia e intimidarlo, pero escogió el camino más fácil, el de la vanidad.

Empezó a cuidarse las uñas que se las pintaba de rojo o de tonos oscuros. Se ponía unos zapatos de tacón abiertos que exhibían las uñas de sus pies que también se las pintaba. Se maquillaba siguiendo los estilos de moda, "el soñador", "el displicente", o "el provocativo". No fumaba, pero aprendió y le puso a ese hábito un toque de elegancia, con poses, gestos y actitudes que aprendió de las viejas estrellas de cine. La forma en que sostenía el cigarrillo en los labios podía provocar miradas lascivas en cualquiera que la viera.

Pero todos esos cambios en su esposa pasaron inadvertidos para Joe.

***

Y llegó el Día de los Veteranos. Por primera vez desde su regreso, Joe quería celebrarlo con sus hijas, un plan que no le contó a Emily; así que fue una sorpresa para ella.

Joe despertó a sus hijas y ayudó a la más joven a vestirse, luego se puso un traje casual, una gorra de béisbol de los Red Sox, un traje propio para un carnaval. Cuando Emily lo vio con su atuendo que no combinaba, miró para otra parte y lo ignoró.

Se sentó a tocar el piano. El viento entró por la puerta abierta, movió las cortinas de la sala y esparció las cartas que Joe le había enviado desde Vietnam y que siempre premanecieron encima del piano. Por un momento, sintió curiosidad por leerlas, pero se contuvo; no quería saber más nada de sus historias. Hizo un paquete con las cartas y lo guardó en una urna donde permanecieron hasta el día de su muerte. La carta que le había escrito al director del Departamento de Música y que nunca envió, había caído sobre el sofá; lo primero que le vino a la mente fue usarla para provocarle celos. La puso sobre el piano, pero la existencia de la carta también pasó inadvertida para Joe.

Para entonces, la situación había llegado al punto en que los dos se evitaban. Si ella escuchaba su voz en el comedor, iba directamente a su dormitorio o a la cocina. Lo mismo hacía Joe. Para sus hijas, las disputas de sus padres se habían vuelto tan normales como ir a la escuela.

La noticia de que Emily había aceptado la oferta de un empleo en una sastrería no fue bien recibida por Joe, quien le manifestó sus razones para que ella desistiera de la idea. Le dijo que sus hijas la necesitaban y que ella tenía responsabilidades en el hogar como madre y esposa.

—¿Esposa? —Gritó ella.

Capítulo 13

La sastrería estaba en una calle solitaria entre edificios antiguos en el centro del pueblo. Tenía un pequeño letrero en la fachada que decía *Wagner's Tailoring*. Especializada en trajes para hombres, tenía, además, una vitrina que exhibía unos maniquíes con prendas elegantes para mujer. También diseñaba vestidos por encargo a precios muy costosos.

El propietario era muy amigo de Ben Crompton Tercero, a quien le diseñaba sus trajes lo mismo que a su esposa, que venía a la sastrería con más frecuencia.

El dueño se llamaba Sir von Wagner, un inmigrante alemán, grueso y malencarado que sufría dolores de cabeza frecuentes. Le habían descubierto una expansión recurrente en una arteria superficial del cerebro en un hospital de Chicago, pero él jamás lo tomó con seriedad; alegaba falta de tiempo y ser un alemán de buena cepa. Como buen capitalista, daba más atención a las finanzas de su negocio que al mantenimiento del edificio. La edificación era fría, oscura y —por las paredes— subía una mancha de líquenes que en invierno era blanca como una capa de nieve. Sir von Wagner prometía fumigaciones de fungicida, promesa que jamás cumplía y la selva de hongos y líquenes seguía subiendo por las paredes. En cuanto a los salarios de sus empleados, muy de vez en cuando, balanceaba el problema con alguna bonificación que, la mayoría de las veces, estaba por debajo de lo que recomendaban las leyes laborales. Y las vacaciones de fin de año eran —a veces— tasadas individualmente con cada empleado; a aquellos que le eran simpáticos, además de ser buenos trabajadores, les daba las vacaciones normales. Les quitaba uno o dos días a los que le parecían antipáticos, sin derecho a reclamo. Las razones que les daba, eran que en No-town sobraba gente sin empleo.

Emily trabajaba en la sección de costura con una mujer llamada Camille que tenía un título de detective de una academia en Nueva York. Camille había trabajado como detective durante un tiempo; luego llegó a No-town con su novio, con quien rompió cuando supo que iba a Colton. Camille le enseñó el arte de la costura, a poner el hilo en el intrincado sistema de la máquina de coser y a pedalear sin perder el ritmo.

Se hicieron amigas; a veces iban a un pequeño café cuando salían de la sastrería. Bebían un té frío o un capuchino y hablaban.

Emily le contó, como lo hizo con el psicólogo, los problemas en su matrimonio, su frustración artística y la decisión de aceptar su destino con estoicismo. Y Camille le contó su vida, un pasado lleno de amoríos que hacían sonrojar a Emily, algunos de los cuales una mujer modesta nunca confesaría. Pero aquellas tardes en el café la alejaban de Joe, y eso era lo que deseaba.

Camille era una mujer de contradicciones y su variable temperamento sorprendería a Emily más tarde.

***

Cuando recibió su primer salario, Emily se compró vestidos elegantes, zapatos de moda y un juego de maquillaje costoso. Fue a las tiendas de Saint Louis con sus hijas, les compró ropa y les mandó a cortar el cabello, tan corto que parecían niños. No les prestó atención a las protestas de su esposo y continuó cortándoles el cabello con el mismo estilo. Ella hizo lo mismo, cabello corto que acentuara su rebeldía.

Les revisaba las tareas a sus hijas y las ayudaba a completar los proyectos además de atender las actividades escolares, tales como presentaciones de teatro o exhibiciones de ciencia y arte.

Sarah pertenecía al grupo de teatro que estaba preparando *Hamlet*, la obra de teatro. Emily participaba activamente, ya fuera revisando diálogos, recomendando cambios en el montaje de la obra, o tocando el piano si era necesario. Cuando la obra estuvo lista para su presentación, el rumor de que el alcalde iba a estar presente le causó miedo a Emily. Recordó aquella vez cuando Crompton le tocó los senos y pensó en Sarah.

A la mañana siguiente cuando entró al cuarto de costura, Camille le dio los buenos días y la felicitó.

—Lo que vi anoche me hace olvidar que vivo en un pueblo como éste —dijo. Había escuchado comentarios, todos halagadores, excepto uno que le molestó mucho.

—Escuché que te llamaban "la mujer del matagatos".

—Es cierto, soy "la mujer del matagatos" —le dijo.

—Debe ser interesante tener un esposo que mata gatos —le dijo Camille.

—Está disponible si deseas saber que tan interesante es —le respondió ella y se rieron también. Pero este comentario la asustó mucho. Por un momento tuvo una visión de qué tan lejos había llegado su desamor por Joe. Ya ni le importaba que las locuras de su esposo andaran de boca en boca, además de habérselo ofrecido a su amiga así, abiertamente. Y se asustó más cuando se dio cuenta que lo decía en serio, como la mujer que le ofrece el marido a su mejor amiga para ayudarla a pasar una noche de soledad.

***

Un viento otoñal, extraño en esa época del año, levantó tejas, tumbó árboles y avisos en la calle Broadway; también desprendió una rama que destruyó parte del tejado de la casa. El daño era tan grave como el de aquella vez cuando Joe tuvo el accidente, pero Emily pensó que aquel evento se prestaría para entablar una comunicación con Joe que ella no quería. Así que, para evitarlo, asumiría la reparación sin su ayuda.

Pero Joe ya se había hecho cargo de la reparación. Cuando ella levantó el teléfono para llamar a una compañía de construcción y reparaciones, llegaba un camión con obreros.

Removieron la rama del árbol que —a petición de Joe— cortaron en pedazos y los amontonaron en un rincón del patio trasero. La reparación fue rápida, cubrieron el espacio que había abierto la rama y al caer la tarde, la casa quedó como si nada hubiera pasado. Joe les pagó a los obreros que removieron los escombros y se fueron.

Días después, Emily encontró defectos a la reparación. Defectos que, en un sentido práctico, era mínimos. Por ejemplo, no le gustaba que el color de uno de los cristales del círculo que se enclavaba en la pared, no fuera el mismo del diseño original de la casa. Protestó también por las tejas que, por ser nuevas, formaban un parche visible en la esquina de la casa. El parche se veía de lejos y no podía esconder su desgrado cuando llegaba de la sastrería. El montón de leña en el rincón del patio fue también un motivo de disgusto para Emily.

—No hay ninguna necesidad de acumular leña en el patio cuando jamás se usa la chimenea —argumentó ella.

—El invierno va a ser frío —le replicó Joe.

Esa simple y humilde respuesta de su esposo la irritó tanto que lo trató de imbécil, además de gritarle que era una reparación mediocre.

Joe, como en otras ocasiones, guardó silencio y evitó confrontarla, actitud que la hizo enfurecer mucho más.

Capítulo 14

Había un desfile en el pueblo cuya naturaleza era extraña porque fue sin anunciarse y en un día muy frío de diciembre. El desfile era una alegoría: autos viejos y caballos que tiraban carrozas desvencijadas repletas de melones y naranjas que, al pasar por los huecos, se caían al pavimento. Se habían unido al desfile vehículos con el nombre de sus dueños en los parabrisas. Joe detuvo en el cruce de la Pine Street con la Broadway y se bajó del auto a ver el desfile, que no tenía nada que llamara la atención excepto por una carroza que pasaba de último. Aquella era de lujo, sin nombre y contrastaba con las demás. La carroza llevaba mujeres que vestían elegantemente trajes coloridos. Sentada en la última fila iba una mujer, cuyo traje era diferente de las otras: guantes y un gorro que la hacía ver como Greta Garbo. Joe la reconoció inmediatamente. Mientras las otras mujeres reían y saludaban a la gente que las aplaudía, Rose miraba a lo lejos muy triste.

Joe, que no había ido desde que Emily llegó a su vida, fue a Colton por la noche. Subió hasta la puerta de su cuarto y dio los tres toques de *santo y seña*, el último unos segundos después del segundo como en los viejos tiempos. Esperó por un momento. Iba a golpear de nuevo cuando escuchó el toque al otro lado de la puerta. Supo que era ella.

—Rose —la llamó y ella le abrió la puerta.

—Maldito bastardo —gritó—. Te he esperado todos estos años.

Se lanzó a sus brazos por un instante y luego lo empujó pidiéndole que saliera de su cuarto.

—Mi esposa me expulsó de su habitación y no voy a permitir que la mujer por quien sobreviví en la guerra haga lo mismo —le dijo Joe.

Habían pasado muchos años desde aquella última noche. Ella había tenido la esperanza de que algún día regresara, pero sin saber nada de él, lo dio por muerto. Pensó que el alcalde lo había mandado a matar luego de saber de la venganza que habían planeado los dos. Ella vivió todos esos años con la sosobra y el temor de que Crompton Tercero, a sabiendas de que ella era su cómplice, la matara también.

Su temor persistía hasta el sol de aquel día, ya que el alcalde desde hacía mucho tiempo era persistente en una oferta. Le ofrecía mucho dinero para que se desnudara frente a él con una sola condición: que lo hiciera cuándo y dónde él quisiera. Fue un problema para Rose que, sin perder su postura, rechazaba al alcalde. Ante la negativa, Crompton se había vuelto obsesivo. El problema llegó a oídos de La Mama (la dueña del Burdel) y de las prostitutas que se habían ofrecido para protegerla. Pero Crompton la quería a ella, la mujer que le daba un poco de caché al burdel. Su obsesión fue tal que la había amenazado con secuestrarla si no cedía a sus deseos. Viendo el peligro, La Mama la desapareció en el mismo burdel. Por varios meses le hizo creer al alcalde que Rose había regresado a Ucrania.

Cuando La Mama vio que el peligro había pasado, Rose volvió a su cuarto.

Después tuvo otro admirador, un millonario de Saint Louis que venía los fines de semana a Colton en una lujosa limosina. El millonario venía con sus de guardaespaldas que cuidaban de él cuando estaban sobrios, pero en el burdel lo dejaban desprotegido. Menos obsesivo, pero más imaginativo que el alcalde, el millonario tenía una fijación por los pies de las mujeres. Su placer consistía en admirarlos, tocarlos punto a punto, dedo a dedo, y besarlos si la mujer lo permitía. Ese fetichismo le costaba una fortuna porque había ido por todo el mundo buscando a las prostitutas más finas para besarles los pies.

Luego le confesó que estuvo enamorada de un militar de alto rango que venía al burdel secretamente desde Arkansas. Se enamoró de él intensamente porque no la vio como prostituta, sino como una mujer respetable. La amaba y tan seguro estaba de ese amor que le había dado un anillo de compromiso. El militar planeaba hacerla su esposa y llevársela para la base militar de Fort Smith.

Rose le contaba a Joe lo que le había pasado en su ausencia mientras se tocaba el anillo que el militar le había dado antes de despedirse la última vez que vino a verla.

Un día, antes irse, el militar le prometió que vendría por ella. "Así son todos –le dijo al militar– se van y no vuelven". Pero él, con la mano en el pecho y a punto de soltar una lágrima, le dijo que no podía vivir sin ella, y ella le creyó. Pasó un mes y siguió esperándolo, pasó otro y otro más, y su amor empezó a ceder a la desesperanza. Una mañana vino La Mama a darle la mala noticia: el militar había muerto en batalla. Pensó que era mentira, que su muerte había sido una jugada para abandonarla. Le dolió mucho, "que puede esperar una prostituta de un hombre". La Mama la vio tan triste que hizo sus averiguaciones y volvió otra mañana con más información. Le dijo que los mismos padres del militar que residían en San Petersburg, Florida, le dieron toda la información. El militar murió en una emboscada de las patrullas iraníes y su cuerpo había sido sepultado en el cementerio militar de Fort Smith en Arkansas. La Mama le informó, además, que el militar no le había mentido, que planeaba llevarla a Florida para que conociera a sus padres.

Joe contuvo su ira, una mezcla de celos, frustración y decepción. Le daba celos verla que acariciaba el anillo que le había dado el militar.

Llegó a casa muy tarde. En el comedor estaba el cenicero con las colillas de cigarrillos que Emily se había fumado, con la marca de sus labios rojos. Salió al patio con el cenicero y lo estrelló contra la pared de la casa al otro lado de la calle, la misma que ocupó antes de casarse con Emily. Los gatos, que bajaron del segundo piso, se amontonaron en la sala. Joe puso una barrera en las escaleras para que no se escaparan. Los fue capturando uno a uno, en silencio, sin hacer ruido, les cerraba la boca con una mano y con la otra les apretaba el cuello hasta que dejaban de patalear. Los iba poniendo en una bolsa plástica y cuando estuvo llena de gatos muertos, la metió a la cajuela del *Cadillac* y fue tirarlos a un bosque lejano.

Volvió a Colton la siguiente noche. Dio el *santo y seña* en su puerta. Escuchó la voz de Rose que le decía, "tengo visita". Esa terrible frase era como si le dijera, "ya no te pertenezco". Joe derribó la puerta. Sentada en la silla, Rose tenía los pies sobre los hombros del millonario que le chupaba los dedos, en un estado de trance. Dado a su hedonismo, el hombre babeaba como un león marino, no había escuchado el ruido de la puerta que se vino abajo. Sin verlo con el revólver que le apuntaba a su frente, el millonario gozaba lamiéndole los dedos. Solo cuando ella retiró el pie, el hombre despertó de su trance.

El hombre salió del cuarto y bajó las escaleras llamando a sus guardespaldas.

Esa noche pudo haber sucedido una tragedia en Colton. Pero los acontecimientos derivaron en un acto cómico porque el millonario, casi desnudo y mostrando toda su mole, corría de un lugar a otro buscando a sus guardaespaldas que salían de los cuartos restregándose los ojos. Además de los gritos del millonario y de las risas que provocaron sus maldiciones, nada sucedió. El hombre no volvió al burdel y Joe vino a verla todas las noches.

Todo volvió a su curso normal como fue en un principio. Planearon viajes a lejanos lugares, escapadas que para ella eran una forma de salir de Colton y para él alejarse de Emily. Recordaron la venganza contra el alcalde, y ahora que el tiempo había pasado, les pareció ridícula, no por la venganza misma, sino por las vías como pensaban llevarla a cabo. Joe había hecho mucho más dinero del que le debía el alcalde jugándose la vida en Hanoi, pero no olvidaba aquel incidente.

Capítulo 15

Un viernes por la tarde, Joe se preparaba para ir a Colton cuando escuchó que llamaban a la puerta. Tres extraños hombres estaban en las escaleras y lo miraban en silencio. No los habría reconocido si no hubiera sido porque uno de ellos dijo, "de Vietnam con amor", el santo y seña de la guerra de sus tres amigos: Rick, Korn y Ron. Era una sorpresa verlos después de tantos años.

Se conocieron en el mismo batallón y se hicieron amigos inseparables en los tres años de servicio. Compartieron tragedias y fueron a los burdeles de Hanoi hasta que Joe empezó a jugar a la ruleta rusa. Nunca sus tres amigos le cuestionaron sus actividades, ni les pasó por la mente preguntarle cómo era que ganaba tanto dinero. Para ellos, Joe era su hermano mayor, consejero y protector.

Los tres habían cambiado tanto que, aún después de verlos, tuvo alguna dificultad en reconocerlos. A los traumas de la guerra se sumaron los estragos de una vida disipada: drogas, estrés mental y físico, noches de insomnio, y alcohol. Una vida sin control que era más evidente en Rick, que había perdido el pelo en la parte superior de la cabeza. Un poco jorobado, con gafas gruesas que lo hacían ver como un poeta amargado, Rick no podía quedarse quieto mientras hablaba. Korn, el más joven, tenía la extraña costumbre de sujetarse constantemente la bragueta de los pantalones y Ron, el más cuerdo de los tres, era el que más había cambiado.

Joe y sus amigos habían terminado el servicio militar el mismo día y abordaron un avión Hércules que los trajo hasta el Aeropuerto *La Guardia* de Nueva York. Los cuatro, mientras esperaban en la sala del aeropuerto, se dieron cuenta de que todo quedaba atrás y que empezaban otra vida, menos peligrosa, pero más compleja. Se dieron cuenta, que se necesitaban los cuatro, mucho más que cuando estaban en Vietnam. Era una necesidad de vida o muerte, sobre todo para Rick, Korn y Ron, de permanecer juntos, porque era como si llegaran a otro Vietnam en el que, para sobrevivir, necesitaban las habilidades que ya habían perdido. No era la acechanza del peligro o de emboscadas lo que les esperaba en su patria, era una sociedad reacia a reconocer a sus soldados que los iba a aislar hasta convertirlos en escoria. Con los fardos verdes a sus espaldas, la cabeza rapada y los ojos en la distancia, los cuatro, unidos por la misma tragedia, despertaban a la realidad sin saber cómo empezar, qué hacer o hacia dónde ir.

Quien había roto aquel silencio fue Joe.

—Debo volver con mi familia —les había dicho—. Tengo esposa y dos hijas que me esperan.

Los tres amigos lo miraron con desolación. No tuvo palabras para darles un poco de ánimo, les dijo, "vayan juntos, vivan juntos, no se separen, váyanse a California". Les dio su dirección en caso de que lo necesitaran y ellos se fueron a San Francisco. Andar unidos fue un consejo que siguieron hasta el sol de ese viernes de reencuentro en la entrada de su casa. Lo estaban buscando y, al ver sus rostros, se dio cuenta de que sus amigos estaban en problemas, y tenía razón.

Huían de una banda de forajidos que pagaría una gran suma de dinero por sus cabezas. Sin tener un lugar seguro donde esconderse, pensaron en Joe, el hermano mayor y buen amigo que los protegiera.

Subieron al *Cadillac* y fueron al bar que Joe frecuentaba cuando no iba a Colton; allí le contaron todo.

∗∗∗

De los tres, Ron había sufrido cambios que lo hacían irreconocible. Ron le dijo que ya no se llamaba Ron, sino Ronnie, que estaba en proceso de convertirse en mujer. Todavía le quedaba un largo camino para lograr una transformación total.

Ronnie nunca tuvo un precedente que pusiera en entredicho su masculinidad mientras estuvo en la guerra. Todo lo contrario, fue un soldado a carta cabal, elegido para ejecutar misiones a las que solo los más preparados estaban llamados a participar.

Nacido en una familia católica y muy conservadora, con un padre que leía la *Biblia* y una madre dominante, Ron fue el único hijo. Nada le era favorable ni la familia, ni el pequeño entorno donde vivía, un pueblo perdido en uno de los estados más conservadores de la Unión. Padre y madre no podían aceptar que su único hijo tuviera desviaciones y lo sometieron a sesiones de psicoanálisis y lobotomía. También habían considerado someterlo a un exorcismo porque atribuían su comportamiento a un demonio. Y él, para satisfacer a sus padres fue hombre, y fue a la guerra a reforzar su virilidad por mandato de su padre. Por eso cuando se bajó del avión en San Francisco, les confesó a Rick y Korn que quería ser mujer.

Su pasado era un capítulo cerrado. Haber ido a California, sobre todo a San Francisco, no pudo haber sido mejor, y fue lo primero que le agradeció a Joe después de decirle su verdadero nombre. Y él era el problema por el cual la banda los buscaba. Era mejor decir que "ella" era el motivo por el cual venían a que Joe los protegiera.

El mal momento de sus amigos empezó luego de haber cerrado en California una oficina de detectives privados que no les dio resultado. Después de haber sido guardaespaldas de algunas celebridades de Hollywood, recorrieron el país de norte a sur y de este a oeste en motocicletas *Harley-Davidson*. Así fue como conocieron a la banda que resultó ser un grupo de forajidos con tendencias racistas y abiertamente homofóbicos. La banda tenía en su prontuario: asaltos a bancos, tráfico de estupefacientes y acoso a negros, judíos, latinos, y homosexuales. También estaban en la lista el microtráfico y extorsiones. En el microtráfico vendían crack barato a los negros en las grandes urbes porque su filosofía era la de exterminarlos.

Ronnie, a pesar de que su transformación estaba avanzada y que era casi imposible evitar que lo descubrieran, pudo camuflarse en el grupo con la ayuda de Rick y Korn simulando su ya perdida masculinidad. No hablaba, pues a diferencia de todos los demás rasgos, su voz lo delataba. Disimulando que era mudo, se mantuvo a salvo por algún tiempo, y así guardaba un bajo perfil en el grupo. Pero un día lo delató la falta de fortaleza y descubrieron que su voz no era la de un hombre. Fue entonces el comienzo de su calvario y el infierno para Rick y Korn, sus amigos que jamás lo abandonaron. El jefe del grupo, un tal Russell, de cuerpo enorme tallado en tatuajes por todas partes y embutido en una vestimenta de cuero negro, chaqueta, pantalón y botas, exhibía una esvástica en el brazo derecho que besaba cuando se aprestaba a un asalto. De un momento a otro le dio por forzar a Ronnie que le besara la esvástica delante de todo el grupo.

Así empezaron los abucheos, burlas, hostigamientos, maldiciones, apelativos denigrantes, golpes, manotazos, patadas, pellizcos, escupitajos, orines y estiércol; todo ese odio de Russel iba dirigido hacia Ronnie. En una ocasión le tumbó dos dientes porque había amanecido de mal temperamento. Rick y Korn fueron testigos de todas las humillaciones que sufrió Ronnie, en silencio y con frustración, hasta que llegó el incidente que desbordó la copa: Russell iba a matar a Ronnie. Todo eso sucedió en poco tiempo y llevaban solo unos días huyendo de la banda.

—Nadie viene a este pueblo, están a salvo, pero uno no sabe — interrumpió la historia Joe.

El bar estaba en las afueras del pueblo, en una calle apartada. Joe le pidió al dueño que lo llamara si sus amigos tenían algún problema. Antes de salir, Ronnie le dijo que había algo más que debía saber, "Rick y Korn están mal de la cabeza", le dijo en voz baja sin que ellos lo oyeran; "ya me di cuenta", le aseguró Joe.

***

Para entonces, Joe iba a los mercados de las "pulgas" los fines de semana y tenía un cuarto apartado de la casa lleno de muebles y objetos para dotar otra casa con todo lo necesario, desde utensilios para cocina hasta muebles de sala y alcoba. Previendo que los forajidos vinieran por sus amigos, compró armas de diferente alcance, calibre y tamaño en el mercado negro de Chicago.

—Si vienen, los recibiremos como en los viejos tiempos —les dijo.

Les recomendó no socializar con la gente del pueblo que podía ponerlos en peligro. Era imperativo evitar comentarios de su pasado, lo mismo que evitar preguntas de la gente. Nadie tenía porque saber quiénes eran, de dónde venían ni qué hacían en el pueblo. Tenían, además, que evitar confrontaciones, evitar el licor, y —más que todo— no entablar amistades. Todo eso estaba prohibido, y no les mencionó Colton para evitar que fueran a visitarlo.

A unas cuantas cuadras de la casa de Emily, en la Oak Street, había otra que estaba abandonada y no se veía desde la calle. Era la morada perfecta para esconder a sus amigos. Compró la casa y los fines de semana iba a ayudarlos a limpiarla y poner las cosas en su lugar, pero después de darse cuenta de que era una tarea ardua e infructuosa, ya que sus amigos no podían mantenerla limpia, Joe solo venía de vez en cuando.

Los tres amigos empezaron a frecuentar el bar. Visitado por los mismos clientes, todas las noches a las 11 en punto el dueño tocaba *Sweet Caroline* que era como el himno nacional, porque todos los clientes cantaban con gran entusiasmo. Para los recién llegados, el propietario adaptó un rincón alejado de los demás, con asientos en el suelo y una mesa junto a la ventana que daba a la calle solitaria. El bar tenía un televisor que siempre estaba encendido y a veces las noticias eran sobre la guerra de Vietnam.

Capítulo 16

La noticia de que un soldado nacido en No-town había muerto en la guerra de Vietnam no le interesó a Emily tanto como a Joe. Ella escuchó la noticia en la sastrería y fue como si fuera un evento ordinario. Cuando regresó a casa, se llevó una gran sorpresa. Joe y sus tres amigos estaban en la sala hablando del soldado muerto y sus hijas estaban presentes. Fue directamente a la cocina y las llamó.
—Les prohíbo que hablen con extraños —les dijo disgustada.
—Estaban hablando del soldado muerto —dijo Sarah.
—No me importa —respondió— así esté su papá presente. —Ella bajó la voz.
Cuando los amigos de Joe se fueron, Emily fue a hablar con él.
—¿Quiénes son esos?
—Mis amigos.
—No me importa si son tus amigos.
—Entonces, ¿por qué lo preguntas?
—Sabes de qué hablo.
—No tengo idea de cuál es tu preocupación —Joe se encogió de hombros. Sus palabras la molestaron aún más.
—No los quiero en mi casa.
—¿Ah, tu casa?
—Y no quiero que mis hijas hablen con tus amigos —le gritó.
—Son mis hijas.
Joe fue a Colton a ver a Rose, no podía olvidar las palabras de su esposa y esa noche no le hizo el amor. A medianoche la despertó y le pidió que se mudara con él a otro lugar.
—¿Adónde? —Preguntó Rose.
—Tengo una casa vieja que necesita algunas reparaciones.
—Me mudaré contigo con la condición de que me seas fiel para siempre.

***

Al día siguiente fue a ver a sus amigos. A todos les preocupaba que nadie en el pueblo estuviera a cargo del entierro del soldado. Joe había ido al edificio municipal en busca de información, pero había olvidado que vivía en No-town, donde no había funerarias, ni leyes, y los asuntos relacionados con los entierros eran como decir, "cava el hoyo y entierra al muerto tú mismo". Llegó a saber en la fábrica que el soldado muerto era hijo único, huérfano de padre y que vivió con su madre antes de alistarse en el ejército. Joe fue a verla.

La casa estaba detrás de un bosque de robles. Joe se tomó un momento para mirar alrededor y pudo ver que el sendero que conducía al patio estaba en malas condiciones. Se bajó del auto, caminó hasta la casa y llamó a la puerta. Una mujer enferma que denotaba muchos sufrimientos abrió y Joe se presentó.

—Estaba esperando este momento —dijo la mujer —he estado por todo el pueblo pidiendo ayuda, pero fue en vano. Lo único que sé es que su cuerpo llega en dos días.

—Me temo que nadie está a cargo del entierro —dijo Joe.

—No sé qué voy a hacer. No sé dónde ni cómo enterrarlo —la mujer comenzó a llorar desconsoladamente.

—A eso vine, señora —le dijo tomando su mano para consolarla. Cuando Joe estaba a punto de irse, la mujer le dio un billete de cien dólares, "es el único dinero que tengo".

—Todo está bajo control, no necesita preocuparse de nada —Joe rechazó el dinero y le dijo que se pondría en contacto.

Joe fue al cementerio a buscar un lugar para enterrar al soldado. Localizado al sur del pueblo, el cementerio era un campo abandonado cuyas lápidas, en su mayoría elegantes y de mármol, se perdían entre la hierba y los arbustos. Vio una pequeña colina casi en el centro. La colina tenía una tumba blanca que sobresalía de la hierba. La tumba era rectangular y no tenía lápida ni nombre, parecía que nadie la visitaba. La primera impresión, dada su ubicación, en la parte mas alta de la colina y el hecho de que se veía desde lejos, era que pertenecía a alguien importante. La pintura blanca había dado paso a musgos y líquenes y sus bordes habían perdido pedazos de cemento. Joe descubrió rastros de herramientas como si alguien deliberadamente hubiera borrado el nombre.

Caminó alrededor de la tumba cuando escuchó un sonido metálico debajo de sus zapatos. Con los pies separó la grama y encontró una letra "L" en metal amarillo. Siguió buscando y encontró una "N" del mismo color y tamaño que la "L", luego una "G", más grande que las otras. Encontró más, un total de nueve, las letras más grandes "G", "D" y "J" eran las iniciales del nombre de quien estaba enterrado en la tumba, concluyó. Hizo algunas combinaciones con todas las letras, pero no pudo descifrar ningún nombre o apellido. Más tarde intentó de nuevo con sus amigos, pero no encontraron ningún sentido a las combinaciones. Joe decidió enterrar al soldado en la colina, junto a la tumba blanca.

El día en que iba a llegar el féretro, Joe y sus amigos fueron al cementerio por la mañana. Después de cavar la tumba, comenzaron a cortar el pasto y encontraron unos números: dos "9", un "0", un "8", un "4" y tres "1", todos más pequeños que las letras. Pusieron los números en la tumba blanca y encontraron varias combinaciones, pero 1890 y 1914 o 1941 eran tal vez las fechas de nacimiento y muerte de quien estaba enterrado ahí.

Una vez abierta la tumba, los cuatro amigos fueron a la casa de la madre del soldado a esperar el féretro.

Capítulo 17

Una tarde, muchos días después de enterrar al soldado, Joe entró a su cuarto y encontró a sus hijas jugando con las letras. Habían formado con ellas la palabra GENERAL. ¡Eso era! Quien estaba enterrado en la tumba era un general. Feliz de que había descifrado parte del misterio y porque había encontrado el lugar perfecto para enterrar al soldado, abrazó a sus hijas, y su efusividad fue tal que llamó la atención de Emily en la cocina.

—¿Qué era ese ruido? —Preguntó.

—Nada —respondió, antes de que ella volviera a preguntarle, salió a reunirse con sus amigos para contarles sobre el hallazgo.

Emily supo por sus hijas de las letras, le pareció muy extraño y volvió a sentir la misma preocupación que tuvo por la masacre de gatos. Se preocupó también porque sus hijas tenían más comunicación con su padre que con ella. Empezó a llamarlas después de que regresaban de la escuela, "¿está en casa?", y cuando le respondían que "sí", las mandaba a que se encerraran en sus habitaciones. Quería evitar la menor comunicación posible entre ellas y su padre. Y lo estaba logrando.

***

El día de su cumpleaños fue un sábado soleado que Joe quería celebrarlo con sus hijas. Como lo había hecho en sus últimos aniversarios, les pidió que se sentaran en el sofá de la sala y luego se fue a su dormitorio. Se puso la misma ropa: camisa blanca con círculos rojos, pantalón verde, sombrero amarillo y corbata roja, todas estas piezas eran regalos de sus hijas. Tomó la dentadura postiza de Drácula y se la metió en la boca; luego en el espejo, hizo los gestos que hacían reír a sus hijas. Abrió la puerta y, esperando que estuvieran en la sala, saltó como un chimpancé, pero no estaban. La casa estaba en silencio. Se habían ido. Preparó café y se sentó a la mesa. Nunca se había sentido tan solo.

—Te perdí, pero no voy a perder a mis hijas —dijo en voz baja.

Pasó el resto del día en la biblioteca buscando información sobre el General. Quería encontrar respuestas para todas sus preguntas ¿cómo y dónde murió?, ¿murió en casa o en la guerra? Si murió en una guerra, las fechas de 1914 y 1941 coincidían con las de la Primera y Segunda Guerras Mundiales. El General debió haber sido un héroe muerto en batalla, todas estas preguntas alimentaban su curiosidad con el paso del tiempo. Había enterrado al soldado en un lugar perfecto, y había decidido desde ese día que, a todos los soldados del pueblo, muertos en la guerra, debía enterrarlos en ese lugar; junto a la tumba del General.

A las cuatro de la tarde cuando el bibliotecario cerraba el edificio, Joe ya había buscado en la sección de libros y no había encontrado ninguna información sobre el General. Sin embargo, encontró algunos datos que no sabía sobre el pueblo. Por ejemplo, que su nombre original era Little York y no No-town, y que había sido fundado por familias prominentes entre las que estaba la de Emily.

Cuando salió de la biblioteca condujo por la Oak Street hacia el este. La última casa a la derecha era la de su suegro y decidió hacerle una visita. La conversación fue amistosa al principio, pero de pronto su suegro comenzó a hacerle preguntas difíciles de responder, todas sobre su relación con Emily.

—Lamento que todo haya tomado otra dirección, he sido un buen padre, pero no un buen esposo, John —dijo Joe.

—Si lo hubiera sabido, me habría opuesto a que se casara con mi hija.

—Iba a celebrar mi cumpleaños con mis hijas, pero mi esposa se aseguró de que eso no sucediera —atinó a decirle.

John suspiró y dijo con resignación:

—No lo culpo, mejor dicho, la culpa es de los dos. A veces mi hija tiene sus locuras—. Estuvieron en silencio por un largo momento antes de que John hablara. —Después todo, adoro a mis nietas y me importan un carajo los problemas de los dos. *¡Jesus God, if I love my granddaughters!*

—Vivo por ellas —dijo Joe.

—Me hablaron de las letras que encontró junto a la tumba y que está a cargo de los funerales de los soldados muertos. ¡Qué buen gesto, yerno!

—Gracias John. Hace unos días enterré al primero junto a la tumba de un general.

—¿Qué general? —Preguntó John con curiosidad.

—Las letras que le mencionaron mis hijas —respondió Joe— tal vez usted sabe algo de él.

—Había muchos soldados en el condado, pero ninguno era general. Recuerdo sí, que los muchachos de aquel entonces llamaban a alguien "el general bravo" o "el murciélago", un hombre extraño porque decían que dormía de día y trabajaba de noche.

—Hacía su trabajo por la noche, ¿eh?

—Eso es todo lo que recuerdo. Yo era demasiado niño para recordar detalles—. John miró al techo. —Espere un segundo, recuerdo también que lo llamaban general Doug.

Joe salió de la casa de su suegro con algunas respuestas, pero eran más las preguntas que tenía. Pensó entonces que la letra "D" era Doug o Douglas, que podría haber sido el nombre del General o tal vez su apellido. A partir de ese momento empezó a llamarlo general Doug o general Douglas.

Aún era temprano y tuvo tiempo de pensar en su vida con Emily. Ahora estaba seguro de que su esposa no lo amaba, que era más que desamor: era odio. También estaba seguro ahora más que nunca que tenía que rehacer vida. Fue a ver a Rose y le hizo saber que iba a reconstruir la casa donde pensaba vivir con ella.

—Será nuestro castillo —le dijo.

***

Joe comenzó a reconstruir la casa al otro lado de la calle, un proyecto de todas las tardes después del trabajo y al que se unieron sus tres amigos. Comenzaron por el techo que removieron totalmente, conservando la chimenea y sus cimientos. Derribaron muros, reforzaron columnas y colocaron vigas nuevas. En dos meses, la casa quedó como nueva y pintada de blanco. La grama estaba muy alta así que la cortaron. Cuando tumbaron los arbustos y limpiaron la maleza, en una de las esquinas del patio, descubrieron un auto viejo. Removieron escombros de la reconstrucción, pero dejaron el auto en su lugar, un *Chevy Cupé* del 49, negro con el letrero "se vende" en la ventana.

Emily apenas notó la actividad al otro lado de la calle, pero una tarde le llamó la atención una limosina que se estacionó de pronto frente a la casa. El conductor, vestido de negro, abrió la puerta y una hermosa mujer se bajó del auto. La mujer caminó hacia la casa y, antes de entrar en el patio, se detuvo a mirar alrededor. Era alta y —al mirar su vestido— Emily, que para entonces se había vuelto conocedora de la moda femenina, se dio cuenta de su calidad y elegancia. El conductor descargó las maletas y las llevó al interior de la casa.

Pasada la medianoche, un grito despertó a Emily y a toda la familia. El grito procedía de la casa de enfrente. Joe se puso el overol de trabajo y cogió el arma. Cuando iba salir, lo detuvo.

—¿Es ella? —Le preguntó.
—Sí —respondió Joe.
—Si vas a verla, es mejor que no vuelvas.

Joe encontró a Rose nerviosa y —sin poder hablar— le señaló hacia el tocador. En uno de los parales del mueble había una zarigüeya pegada como un caracol con las crías atadas a la cola. Joe fue a la cocina por un balde que puso en la base del tocador. Apuntó a la cabeza del animal y disparó. El marsupial cayó al recipiente con sus crías. Luego en la cocina llenó el balde con agua y ahogó las pequeñas raposas.

Joe trasladó sus cosas a la casa de Rose y cuando Emily regresó de la sastrería se asomó a su cuarto: el clóset estaba vacío, la cama no tenía las sábanas, y las cortinas estaban cerradas. Tuvo por un instante una sensación de vacío y cerró el cuarto inmediatamente. Cuando sus hijas le preguntaron, ella les contó la verdad, les dijo que su padre vivía con otra mujer. Pero sus hijas, sobre todo las mayores, le hicieron muchas preguntas y pasó mucho tiempo antes de que las tres se adaptaran a la ausencia de su padre.

***

Una tarde, varios meses después de que la mujer se mudara a la casa, Emily vio que Joe se subía al techo a limpiar la hojarasca de las canales. Tuvo el mismo pensamiento de aquella vez cuando vio a Joe en el tejado cortando la rama. Fue la misma imagen, solo que habían pasado los años y su imaginación era perversa, no la inocente visión de entonces. Lo vio que se subía con las sogas de seguridad y las ataba a la chimenea, y luego se las ajustaba a su cintura. Joe se había tomado su tiempo en ajustar los nudos y en revisar las argollas que le permitían un libre movimiento sin ponerlo en riesgo. Con su deseo malévolo, como si tuviera el poder de desatar los nudos sin tocarlos o de empujarlo al vacío sin estar cerca, lo vio que se desprendía en una caída libre y aterrizaba en sus espaldas. Ella no pudo explicarse cómo sucedió, fueron tan fuertes sus deseos que no pudo apartar su mirada de la imagen que veía al otro lado de la calle. Sus hijas salieron a prisa a ayudarlo mientras ella continuaba en la ventana como si sintiera un placer sin medida. Así, con la misma prisa como sucedió la caída, el placer se le volvió ira y no era contra Joe, era contra la otra mujer. En el piso sin poderse levantar, estaba el hombre que la resguardaba de todo peligro, quien le había hecho la casa habitable y le calentaba la cama en las noches frías, y la mujer no salía a ayudarlo. Eso le causó mucha ira y pasó la calle, cruzó la verja y, mientras lo ayudaba a ponerse de pie, la vio en las penumbras de la casa, immutable y perpleja. Esa fue la otra visión que recordaba de ella.

Emily sentía celos cuando veía la otra casa suspendida en la noche, con todas las luces encendidas como un barco a la deriva. Sin poder dormir se iba a la cama luego de velar el sueño de sus hijas y escuchaba los gatos en el tejado; el bullicio descendía al patio y desaparecía por momentos. Se arrepentía de haberse casado con él, se arrepentía por no haberle dado más hijos, en especial un hijo varón, y se arrepentía de todo. Emily pensaba, Emily lloraba, Emily no dormía y se preguntaba si la otra mujer era más creativa en la cama que ella.

Y era cierto, porque Rose lo esperaba en la cama desnuda en los días de verano cuando el calor entraba por los resquicios de la casa. Ella, para evitar el calor, apagaba las luces y empezaba un ritual muy temprano. Mientras llenaba la tina de agua, ponía en el tocadiscos viejas melodías del folclor de su nación. Luego ponía en el agua unas gotas de sándalo y se metía en la tina. Después de perfumarse, se acostaba desnuda en la cama.

Así eran sus tardes, diferentes a aquellas tardes solitarias en Colton y mucho más memorables para Joe cuando regresaba del trabajo. Abría la puerta, el perfume lo orientaba en la oscuridad de la casa hasta el cuarto, "aquí me tienes, poséeme con la fuerza de tu cuerpo", le susurraba. Rose no le exigía nada, nunca salía de casa y no se atrevía a hacerlo. A Rose no le importaban los acontecimientos del pueblo y era feliz sin la preocupación de estar en paz con Dios. Y así los días se iban y Joe se olvidaba de todo, de la guerra y de Emily.

Joe tampoco tenía preocupaciones, se habían quedado atrás, al otro lado de la calle, en la casa de Emily. Pero ignoraba que en un pueblo donde las mujeres se cubrían hasta el cuello para no tentar a los hombres, una mujer desnuda en la tarde, era como una bendición de Dios.

Fue Ronnie quien le preguntó: —¿qué pasa en tu casa?
—¿Cuál? —Preguntó—. ¿La grande o la pequeña?

—La pequeña —le respondió Ronnie— he visto muchachos asomados en las ventanas.

Rose, sorda al ruido que hacían los muchachos en la ventana, entraba desnuda a la habitación y se acostaba en la cama, y luego apagaba la luz. Era solo un momento, pero era el recuerdo más vívido para todos los adolescentes que faltaban a la escuela solo para verla.

Joe tomó medidas en el incidente de la ventana. Sin prohibirle nada ni tapar la ventana con cortinas, decidió colgar al lado un aviso de advertencia que decía "peligro, anaconda dentro", con una flecha apuntando hacia la ventana. Los muchachos no volvieron.

Capítulo 18

Esas tardes de pasión fueron interrumpidas por el embarazo de Rose. Excepto por las muy ocacionales y leves molestias, el embarazo parecía no tener complicaciones. Su temperamento estable era precisamente eso, estable, sin tendencia a la depresión ni a la euforia de ser madre. Era tan normal que Joe se preguntaba si algo andaba mal.

Y entonces la mala suerte, lo que nunca esperaba, sucedió. Llegó de la fábrica, se quitó el overol y se fue a la cocina a poner la lonchera en su lugar para el otro día cuando vio por la ventana que los gatos estaban en su patio. Tantos como en el patio de Emily, los gatos salían del bosque de robles y se estiraban en la grama a tomar el sol. El temor de que entraran a la casa fue tal que Joe revisó puertas, ventanas, techo, toda la casa, cubriendo huecos, resquicios, rendijas, por los que podían meterse. En los días de fuertes vientos, se subía al techo y reemplazaba las tejas rotas. Temiendo que se metieran por la chimenea, tapó el hueco externo y puso una malla por dentro. Las medidas fueron extremas, pero faltaba la última que era la de eliminarlos de su patio.

No usó el revólver. Pensó que los disparos alterarían el sueño de Rose; así que usó las mismas trampas que utilizó en la casa de Emily y el mismo sistema de estrangularlos sin producir ningún ruido. En las noches, cuando escuchaba que Rose dormía profundamente, se levantaba a revisar las trampas: gato entrampado, gato que estrangulaba.

La solución fue efectiva solo por un tiempo, porque los gatos regresaron al patio. Joe, sin perder la paciencia, continuó la cacería. El hecho de que los gatos no pudieran entrar a la casa lo tranquilizaba, pero en otra ocasión, los encontró en el sofá. Le preguntó a Rose y ella le dijo que siempre los había visto, en la cocina, en la sala, en toda la casa; fue cuando perdió la paciencia. Intensificó la masacre en las noches y fue a cazarlos hasta el patio de Emily.

En una de esas masacres se encontró cara a cara con ella que lo esperaba en la puerta de su casa con un bate de béisbol.

—Uno más que mates y te abro la cabeza —le gritó.

Emily vestía una prenda roja, muy sensual que en nada se parecía a los pijamas que se ponía cuando dormían juntos. La sorpresa de verla vestida con el camisón de malla y encaje que resaltaba la hendidura de sus senos y sus piernas largas a pesar de la luz opaca, fue más grande que el bate que se le cernía sobre su cabeza.

—Nunca te vi en camisón —le dijo él.

—Vete a tu casa.

Joe los buscaba en los rincones, debajo de los muebles, se subía al cielorraso y aunque no volvió a toparse con ellos, encontraba su materia fecal, fresca y pestilente debajo del sofá y de la cama. El hecho de que no los veía, pero encontraba sus huellas casi en todas partes, le alteraba el temperamento.

Rose no se daba cuenta de nada ni le prestó atención a las recomendaciones que le dio, como la de apartarse a varios metros de esos detestables animals, le dijo.

Por aquellos días había recibido, por equivocación, una revista de parasitología de la Biblioteca Pública de Chicago. La revista le llegó con los libros que había encargado para buscar información de la vida del General; un número especial dedicado al parásito *Toxoplasma gondii*. Nombre extraño que nunca olvidó porque recordaba a los niños de Hanoi. La revista incluía todas las investigaciones en dicho parásito, información sobre la infección, quién la sufría, cómo se adquiría y las recomendaciones para evitarla. La información era exacta a la que le habían dado los médicos en Vietnam. Pero leyó, en uno de los artículos del mismo número, una investigación posdoctoral de Cornell donde se sugería que las esporas del parásito que se encuentran en la materia fecal de los gatos podían ser transportadas por el aire. La información, a pesar del contenido que era supremamente científico y técnico, era diferente en parte a la que ya sabía. Para estar seguro de que había entendido su contenido, Joe le escribió una carta al investigador. Una carta en la que hacía preguntas escuetas como, por ejemplo, "¿puede una mujer grávida infectarse al respirar aire con esporas?". Envió la carta urgente y la respuesta le llegó en pocos días. La respuesta del científico, además de no esclarecer sus dudas, incrementó su paranoia.

Joe tenía que evitar que Rose respirara aire contaminado de esporas del protozoario. Puso filtros por todas partes para limpiar el aire que entraba a la casa.

La paranoia terminó cuando la llevó al hospital con los síntomas de parto. Sin nada extraordinario en el proceso, pero con la gran sorpresa de que el nuevo ser era un varón, Joe jamás fue tan feliz.

Sarah, Linda y Rosario iban todos los días después de hacer las tareas de la escuela a visitarlo. En los fines de semana no salían de la casa de Rose. Ellas empezaron a llamarlo Shane y ése fue el nombre con el que Joe registró el nacimiento de su hijo. Shane Romano lo llamaban ellas y a veces cariñosamente Little Sheny.

Emily, que había sospechado que Rose estaba embarazada la noche en que lo enfrentó con el bate de béisbol, no pudo evitar que sus hijas fueran a la casa de su enemiga. Eso era Rose para ella, su enemiga. Cuando sus hijas le contaron que su hermano se llamaba Shane, Emily se encerró en silencio en su cuarto y lloró por un momento. Esas serían las últimas lágrimas que derramaría por Joe.

***

La tristeza, los celos y la amargura fueron solo por un corto tiempo. Con una soltería virtual y un salario que podía usarlo a su antojo, Emily continuó alimentando su vanidad. Iba a la sastrería, socializaba con Camille y con los demás empleados.

Los días en la sastrería llegaron a ser muy normales. Había desarrollado tanta habilidad en el pedal de la máquina de coser, que a veces ayudaba a Camille, quien se quejaba de dolor en las pantorrillas. Poner botones y pretinas era una labor monótona, pero le agradaba más que los oficios de la casa que, entre otras cosas, había abandonado un poco. Parte de su trabajo era escoger al azar del montón un pantalón y confirmar que las medidas fueran correctas según el modelo y la talla. Para lograrlo, usaban un maniquí que estaba en una tarima en el centro de cuarto. Las medidas debían consignarse en una libreta asignándoles un código, la fecha, la hora y la talla, siguiendo un protocolo que el mismo dueño se había inventado. El proceso, tedioso para las dos mujeres, formaba parte del control de calidad y era lo último que hacían antes de terminar el día.

—Hay que tomarle las medidas al hombre —le recordaba Camille mirando el maniquí media hora antes de que dieran las cinco.

Su amistad con Camille era de esas que nadie aprecia, pero a las que uno se acostumbra. Le irritaban los comentarios insulsos, las conversaciones triviales que nada contribuían a fortalecer la amistad y algunas actitudes que le parecían fuera de lo normal. En una ocasión Camille abrazó el maniquí antes de empezar las medidas, "sería más divertido si fuera de verdad", dijo como si estuviera hablándole a un ser de carne y huesos.

—¿No crees que sería excitante? —Dijo dirigiéndose a Emily.

Se quejaba de todo. Se quejaba porque llovía o porque hacía sol. El dolor en sus pantorrillas se debía —según sus afirmaciones— al hecho de que el cuarto era frío y a la capa de musgos en las paredes. Le había pedido al dueño que le pusiera calefacción. Y el dueño le compró un calentador eléctrico que usaba aún en los días más calurosos del año. Era una mujer de contradicciones, además de grosera y ordinaria en sus ademanes. Hablaba mal de los hombres, pero se quejaba porque no tenía un amante en los últimos meses. Hacía alarde de sus conquistas amorosas como cuando le dijo:

—La vida ha sido grata, no me quejo.

—¿Cuántos? —Le preguntó Emily. Camille, sin decir un número, abrió y cerró las manos varias veces. —¿Veinte?

—Más —le dijo

—¿Treinta?

—Multiplícalo por dos —le respondió.

—¡Camille! —Exclamó Emily sorprendida.

—No exagero.

—No has perdido la cuenta.

—Mujer, eres santurrona o te haces —le dijo—, la diferencia entre hombres y mujeres es que ellas no pierden la cuenta.

—Solo he estado con uno —le dijo Emily.

—¡Qué aburrida eres!

—Así como lo oyes, uno solo.

—Hay que acostarse con muchos para saber lo bueno que es con unos y lo mediocre con otros. Y luego está lo que la gente dice al respecto.

—¿Qué?

—Los mitos.

—¿Qué mitos?

—El mito aquel de las rubias americanas... *Once you go black you never go back*, es solo un mito —le dijo.

—Solo he oído del *Latin Lover*.

—Ese sí que no lo es... *Once you go latin, you never go viking*, es más cierto que saber que existo —le dijo soltando una carcajada.

—Entonces, has estado con latinos...

—¡Claro, son candela! —Susurró ella.

Tenía también la mala costumbre de bajar la voz cuando alguien entraba al cuarto, actitud que molestaba a todos los empleados que no dejaban de comentar de sus malas maneras. No saludaba a nadie, excepto a Emily y Sir von Wagner.

Un día, como si hubiera sido una costumbre, Camille extrajo de su cartera varios frascos con píldoras que fue sacando una por una y poniéndolas en un pañuelo sobre la máquina de coser. Emily le preguntó y Camille le nombró todas, para qué servían y los efectos secundarios de cada una: la roja —le dijo— es para el dolor en la espalda; la azul, para el colesterol; la amarilla, para la migraña; la verde, para la depresión; la púrpura, para el dolor de cabeza; la anaranjada, para el dolor de los pies y la rosada, para la incontinencia urinaria.

Se lo contó en voz baja. Camille sufría de incontinencia, un mal que le afectaba la vejiga urinaria. Los médicos le habían diagnosticado una distensión muscular en la vejiga que había perdido la capacidad de contener la orina, y lo malo de la enfermedad no era la enfermedad misma, sino las visitas frecuentes al baño. Para ella era un problema, ya que el baño estaba junto al de los hombres en una de las salas de trabajo. Sin una separación física que le diera un poco de privacidad, los trabajadores en aquella sala sabían cuándo entraba, cuántas veces y cuánto se demoraba en el baño. Y para completar el problema, tenía que pasar por una pasarela en el centro de las tres salas para poder llegar al baño. Ese era el problema que Camille había evitado durante los años que llevaba en la sastrería. Tanto tiempo de contener los deseos de ir al baño había agravado su situación. Le había pedido al dueño que construyera uno en la sala donde ella trabajaba. Pero para el dueño, entrar y salir de baño era tan normal como entrar o salir de la sastrería.

—Estos europeos no tienen pundonor —decía frustrada.

A veces iba con Emily.

Y una mañana pasó lo que Emily llamó la caída de Camille Cadwell. No fue una caída física al pasar por la pasarela, fue una caída extraña en que la suerte, si se puede decir, jugó su papel. Apenas había llegado al trabajo esa mañana, cuando Camille visitó el baño.

—Los empleados están de buen temperamento hoy —le dijo al regresar.

Emily, que estaba enhebrando las agujas, la miró por entre los hilos y el cabezal de la máquina y entonces la vio.

—Camille, ¡santo cielo —exclamó— tu falda!

Camille tenía la falda dentro de su ropa interior y exponía sus caderas. Sin decir nada, se sentó en su silla en silencio y pensativa; no pudo poner sus pies en el pedal de la máquina. Soltó lágrimas sin hacer ruido.

—Lo que menos esperaba —dijo con voz entrecortada. Camille no volvió a la sastrería.

Capítulo 19

Joe abrió la puerta al regresar de la fábrica y —como siempre— la casa estaba oscura. Evitó el ruido caminando en puntillas con sus botas de trabajo. En el comedor había un recipiente con peras cuyo olor invadía la casa. Joe extrañó el perfume que Rose usaba antes de que su cuerpo comenzara a cambiar por el embarazo. Tomó una pera y la mordió. La fruta era mucho más real en su boca, como cuando la besaba en esas tardes calurosas. Sintió deseos de hacerle el amor y se dirigió al dormitorio, pero en la puerta vio que estaba amamantando a su hijo.

Destapó una cerveza al clima, así como aprendió a beberla de los soldados alemanes que enviaba la cruz roja a Vietnam. Se sentó con el periódico y puso la tapa de la cerveza en la pequeña mesa junto a su silla reclinable. De pronto, la tapa empezó a vibrar como si una fuerza invisible la moviera. Pensó que estaba temblando y miró la lámpara suspendida del techo, ésta no se movía. Pensó que era el tren, pero el tren había dejado de pasar por el pueblo hacía mucho tiempo desde cuando cerraron la mina. Salió al patio y entonces escuchó el ruido que subía por la Broadway. Joe sintió de pronto la corazonada: el ruido era de los motociclistas que venían por sus amigos. Se puso los pantalones, la camisa, los zapatos, y salió de prisa. En la Broadway, los motociclistas se amontonaban frente al Edificio Municipal. Fue a la casa de sus amigos para ponerlos en alerta, pero ellos no estaban. Los buscó en todo el pueblo sin hallar ningún rastro de ellos. A las tres pasó nuevamente por el Edificio Municipal y los motociclistas seguían ahí, pero esta vez los contó: eran quince, entre ellos, varias mujeres.

Había tensión en la calle, parecía que se preparaban para un asalto. De pronto, en una de las ventanas del Edificio Municipal se asomó una mujer.

—Putas —gritó desde la ventana dirigiéndose a las mujeres de los motociclistas.

—*Fuck you* —le respondieron éstas.

—*Fuck you back* —les respondió.

La mujer simuló rociarles orines con un banano que se llevaba a la ingle y luego las otras se desabotonaban las blusas y le mostraban sus senos.

La escena atrajo la atención de Joe que se detuvo por un momento. Uno de los motociclistas se acercó y le dio unos golpes fuertes a su auto.

—Es mejor que se vaya —le mandó el hombre.

—¿A quién le habla? —Preguntó Joe mirando alrededor. La pregunta le causó ira al hombre quien le dijo de mala gana:

—No me gustan los curiosos.

—¿Qué los trae por aquí? —Preguntó Joe.

—*Fuck off!*

El hombre, que era gigante y de barba amarilla por el cigarro que llevaba en la boca, tenía una esvástica en el brazo. Era Russell, el hombre que acosaba a Ronnie. Estaba seguro de que era él y tenía que poner a sus amigos a salvo.

Retrocedió con su *Cadillac* y siguió por la Pine Street, luego tomó la Elm; recorrió otra vez todas las calles sin encontrarlos. Volvió a casa de Rose. Sus hijas jugaban en el patio, les mandó que entraran a la casa y les advirtió que no se asomaran a las ventanas. Rose, que se preparaba para la siesta, le preguntó por qué tanta advertencia.

—Mis amigos están en problemas —le dijo.

—¿Qué problemas?

Joe no respondió, su mente estaba en otro mundo. Lo que más le preocupaba era que no sabía dónde estaban. ¿Sabían que sus enemigos estaban en el pueblo? ¿Estaban a salvo? ¿Qué haría si vinieran a pedirle ayuda? Se sentó en su reclinable. En la mesita al lado, estaba la cerveza sin terminar, se bebió el resto y —de repente— recordó que el único lugar donde no había ido a buscarlos era el bar. Corrió a buscar las llaves del auto cuando sonó el teléfono.

—Joe, es terrible —reconoció la voz del dueño del bar.

—¿Qué pasó?

—Ronnie está muerto.

—¡Maldita sea! —Hubo un largo silencio—. ¿Cómo pasó?

—Ellos lo mataron.

—¿Y Rick y Korn?

—Puede que estén en su casa. No sé, es posible que ya estén muertos.

Joe colgó el teléfono y fue al garaje a buscar su ametralladora. Mientras cargaba el arma en el auto, escuchó el sonido lejano de los motociclistas. Con la esperanza de que Rick y Korn aún estuvieran vivos, se apresuró a ir a su casa unas cuadras más abajo en la Oak Street.

La puerta estaba entreabierta y Joe levantó la ametralladora, apuntando de frente listo para disparar, entró bruscamente. El ruido despertó a Rick y Korn que dormían en la sala.
—Mataron a Ronnie —les gritó.
—¿Qué?
—Tomen las armas y pónganse en posición.
Abrió la ventana y escuchó el sonido de las motocicletas acercándose por la Broadway. —Pronto subirán por la Oak Street —dijo Joe desde la ventana. —Korn, sube al segundo piso—. Korn corrió escaleras arriba con una ametralladora al hombro. Joe y Ricky se quedaron abajo vigilando en el primer piso —. No dispares antes que yo —dijo Joe en voz alta, para que Korn pudiera oírlo. Lo escuchó que lloraba—. Ya habrá tiempo para llorar, Korn.
A unos metros, en la otra ventana que también daba a la Oak Street, estaba Ricky. Joe lo vio secándose los ojos con un pañuelo, y luego inclinó la cabeza tratando de escuchar las motos.
—Como en Vietnam —le recordó Joe, y Ricky asintió.
Las motos pasaron por la Broadway y se pusieron en posición con las armas listas para disparar. El sonido de las motocicletas se desvaneció en la distancia. Joe calculó que en treinta segundos el sonido de las motos volvería a aparecer en la Oak Street, unas siete cuadras más abajo. Contó los segundos.
Pasaron cuarenta segundos y Joe dijo: "espera ahí arriba, Korn".
Cuando no escucharon las motos, Korn soltó un grito y comenzó a maldecir: "¡hijos de puta, regresen que quiero matarlos!", siguió repitiendo hasta que Joe y Ricky subieron a calmarlo.
Joe no sabía cuáles eran sus sentimientos después de estar seguro de que los motociclistas se hubieran ido. Fue una especie de alivio y frustración. Quería vengar la muerte de Ronnie también, pero —sobre todo— se sentía culpable. Esperaron unos minutos más antes de ir al bar.
La escena en el bar no podía ser más desoladora. El dueño estaba solo, los bandoleros habían destruido las bombillas y en la esquina donde Rick y Korn se habían sentado una hora antes, estaba el cuerpo de Ronnie. El dueño le había puesto una manta encima.
Joe trató de escuchar al dueño que estaba al borde de un ataque de nervios y de colapsar. Lo que Joe logró entender fue que sus amigos llegaron más temprano que de costumbre ese día y, como siempre, se sentaron en el mismo rincón. Estaban felices porque la

transformación de Ronnie iba bien, sin los efectos devastadores que esperaban. Eran las tres y veinte minutos cuando Ronnie, quien estaba sobrio, decidió llevar a Ricky y Korn de regreso a su casa porque estaban borrachos. Diez minutos después de que se fueran, llegaron los bandoleros al bar. Como era temprano, el bar estaba vacío y ellos eran los únicos clientes. Ya estaban borrachos y deseosos de cazar pelea con quien fuera. Se acomodaron en las mesas y pidieron licor. Uno de ellos, Russell, se acercó al mostrador cuando vio las botellas de cerveza vacías sobre la mesa en la esquina donde Ronnie y sus amigos se habían sentado y le preguntó al dueño: "*¿quiénes eran?*". Una pregunta simple que el dueño esquivó respondiéndole, "forajidos de Kansas City". Pero Russell insistió con preguntas más directas en las que mencionó el nombre de Ronnie.

El hecho de que mencionara a Ronnie hizo sospechar al propietario, por lo que no respondió a las preguntas. El bandolero, frustrado porque no estaba recibiendo ninguna información, se sentó con sus compañeros. El dueño recordó que Joe le había dicho que lo llamara cuando sus amigos tuvieran problemas y, se dirigió a su oficina. Sacó su libreta donde tenía todos los números de teléfono. Mientras buscaba el de Joe, escuchó un grito desgarrador que venía del bar. Él salió de la oficina, todo estaba oscuro y en silencio. Cuando sus ojos se adaptaron a la penumbra, se dio cuenta de que los pandilleros se habían ido y vio a Ronnie, sin vida en el rincón.

¿Cómo pasó? Las circunstancias eran mucho más confusas ahora que Joe había escuchado al dueño. ¿Por qué Ronnie volvió al bar después de dejar a Rick y Korn en la casa? No tenían respuestas claras para esas preguntas. Pensaron que Ronnie pudo haber regresado porque se olvidó de pagar el licor que habían consumido esa tarde. Pero esa respuesta no convenció al dueño porque no era la primera vez que se iban sin pagar.

Korn, que había ido al baño a mojarse la cara con agua fría, volvió de repente.

—Ésta es la razón —dijo—, la encontré en el baño.

Una cartera de mujer, rosada y de buen material, la que Ronnie usaba para llevar sus hormonas y otros medicamentos. Tenía, una pequeña pistola que cargaba desde hacía algún tiempo. Al parecer, Ronnie olvidó la cartera en el bano y por eso había vuelto al bar.

Enterraron a Ronnie junto a la tumba del general Doug.

Capítulo 20

La tarde en que mataron a Ronnie, Emily había oído en la sastrería que una banda de motociclistas en la Broadway Street tuvo un intercambio de palabras con una de las empleadas del alcalde, y que los bandidos habían venido a saldar una vieja deuda con sus enemigos. Hubo otros comentarios sin importancia a los que Emily prestó poca atención.

Estaba preocupada porque no había visto al dueño de la sastrería en varios días, en los cuales escuchó el rumor de que estaba enfermo. No fue el único comentario, también que se había ido de vacaciones a una isla del Caribe con una joven prostituta de Colton. Ninguno de los rumores era cierto; Sir von Wagner estaba en Alemania. Había recibido una carta de su madre en la que le informaba sobre la decisión de desheredarlo de la fortuna que dejaba su padre, quien había fallecido recientemente. Su madre seguía las instrucciones que su esposo había dejado en el testamento, algo que requería la atención inmediata de Sir von Wagner.

La fortuna consistía en varios edificios en una zona industrial de Berlín Occidental. Además de una fábrica de vestidos para damas y caballeros, que no alcanzaba a suplir la demanda de todo Berlín, la herencia incluía propiedades menores de las que él nunca llegó a tener conocimiento. Todo pasaba a su hermana gemela y él no recibía ni un centavo de esas propiedades que, entre otras cosas, había ayudado a forjar en su juventud antes de emigrar a América.

Las instrucciones, que en el testamento eran claras y difíciles de disputar en términos jurídicos, derivaban del odio que su progenitor le tuvo a los americanos por haber derrocado a Alemania en la Segunda Guerra Mundial. Se opuso a que su hijo se hubiera ido a América a buscar fortuna cuando en Alemania lo tenía todo, motivo que justificaba su decisión. Aunque detrás estaba su hermana, quien alegaba que ella estuvo al frente de los negocios mientras él, Sir von Wagner, el hermano peregrino, andaba de aventurero en otro continente.

Sir von Wagner jamás aceptó a su hermana dadas su personalidad y displicencia con sus padres. Siempre la trató de lejos como si no tuvieran ningún lazo familiar. Por encima todo, nunca aceptó que su hermana recibiera una mensualidad de ejecutivo que se gastaba en fiestas, llevándose a la cama, cada vez que la oportunidad le permitía, a un varón diferente: jóvenes en su mayoría, sedientos de aventura con mujer mayor y rica.

Sir von Wagner llegó a odiar a su hermana hasta el punto de no reconocerla como tal. Él sospechaba que ella, en venganza, había movido los hilos en la cama de su padre moribundo, y lo había logrado. Había contratado los servicios de un buen abogado, quien le dijo que era muy poco lo que podía hacer. Sir von Wagner, que esperaba parte de la herencia, pensaba ampliar la sastrería y expandir su negocio en otros pueblos del condado de Williamson, lejos de Alemania. Juró no volver jamás después de perder el caso contra su hermana, y lo cumplió.

Cuando regresó el dueño, quien se había ido sin dejar a nadie a cargo de su negocio ni haber impartido instrucciones específicas durante su ausencia, y lo que era más extraño, sin informarle a nadie de su partida, encontró la sastrería funcionando perfectamente como si hubiera estado presente todo el tiempo. Nadie le dio noticias negativas, los pedidos de los clientes se habían despachado a tiempo, el recaudo de dinero era normal en una caja que era fácil de manipular: toda la operación de la sastrería estaba al día. Lo primero que hizo fue revisar los ingresos de caja menor. Luego de hacer un inventario, las cuentas cuadraban perfectamente. Satisfecho con las operaciones de su negocio en su ausencia, pensó en compensar a sus empleados. Les prometió unos días de más en las vacaciones de la Navidad que se aproximaba y bonos en dinero líquido; promesas que nunca cumplió. Emily fue la única a quien le aumentó el salario y le dijo que le tenía una sorpresa.

* * *

Una fría mañana Emily entró al cuarto de trabajo y el susto fue tal que no pudo reprimir el grito. Un hombre dormía en la máquina de Camille. El hombre se despertó; de un salto se puso de pie pidiendo disculpas en un inglés poco entendible. Tenía los ojos rojos de dormir, el labio inferior reventado que se secaba con un pañuelo. Parecía un habitante de la calle, con el cabello largo amarrado atrás como una cola de caballo. El cuarto estaba impregnado de un olor a almizcle.

—Salga —le gritó aterrada.

El hombre, que estaba tan asustado como ella, se negó a salir. Ella abrió la gaveta de su máquina como si buscara un arma. Cuando levantó la mirada, el hombre estaba pálido, con las manos arriba y en un estado de indefensión que Emly bajo la guardia.

En ese momento llegaba Sir von Wagner.

—Emily —dijo—, es el nuevo empleado.

—¿Qué?

—El empleado que le prometí, el que va a reemplazar a Camille.

Vestía un pantalón kaki que llevaba muchos días de uso, una camisa de flores de mangas largas arremangadas hasta el brazo y unas sandalias viejas que dejaban ver sus pies sucios. Una venda cubría el dedo gordo del pie izquierdo que el hombre intentaba esconder poniéndolo detrás del derecho.

—Me pidió trabajo cuando me lo encontré en la calle. Si fuera un mendigo, me habría pedido limosna.

—No creo que haya ahí un trabajador —le dijo mirando al hombre. El hombre había sacado de un bolsillo una bolsa plástica en la que guardaba un pedazo de pan que empezó a devorárselo ávidamente.

—¿Habla inglés?

—No creo.

—Entonces, ¿cómo fue que le pidió trabajo?

—Alguien nos hizo la traducción.

—Insisto que esto es una pérdida de tiempo; y huele mal —dijo Emily tapándose la nariz.

—Tengo fe en que es un buen hombre —Sir von Wagner se le acercó y le dijo en voz baja.

Cuando lo encontró en la calle, lo primero que hizo fue olfatearlo para saber si estaba borracho, pero el hombre estaba sobrio, cansado y herido. Al parecer lo habían atacado unos vagabundos la noche anterior, le había contado el traductor que le dijo mientras le daba una taza de café caliente.

El hombre volvió a sentarse y empezó a pedalear con dificultad. La máquina producía un ruido ensordecedor y Emily lo mandó a que lubricara el pedal. Fue una comunicación por señas que el hombre entendió inmediatamente. Él se aproximó a la mesa del rincón y buscó en las gavetas de donde sacó unas herramientas. Empezó a desarmar la máquina. Cada pieza que separaba la ponía en un lugar distinto junto a los tornillos, tuercas y arandelas. Luego tomó el aceite y —con un paño— limpió las piezas. Después las puso donde correspondían. Hizo lo mismo con el pedal. Fue una operación meticulosa que le llevó toda la mañana y luego, seguro de que había hecho lo correcto, pedaleó por un momento poniendo atención al sonido que producía la máquina. El ruido que molestaba a Emily desapareció por completo. Emily, que vio toda la operación con disimulo, sin decir una sola palabra, se dio cuenta de que no era mendigo ni mucho menos vagabundo.

Al mediodía el frío empezó a colarse por los resquicios de la ventana y obligó a Emily a ponerse otro abrigo encima. El frío formaba una capa de hielo en la pared y en el techo se condensaba en una enorme telaraña desde donde se desprendían largas gotas de agua. El frío no alteraba al hombre que pedaleaba constantemente frente a ella, con un movimiento pausado en el pedal, con las sandalias viejas que dejaban ver sus pies sucios y el dedo gordo con la banda de esparadrapo. Tenía hombros anchos que le recordaron por un instante la primera vez que vio a Joe en el marco de la puerta. De rasgos más finos a pesar de que no se había afeitado en varios días, el hombre apenas se daba cuenta de que ella lo miraba. No sabía pedalear, reventaba el hilo y quebraba las agujas. Pero todo aquel problema no le alteraba su temperamento ni le vio una sola mueca de disgusto, impaciencia o desesperación.

En la tarde empezó a limpiar el cuarto que, comparado con los demás, parecía más bien un depósito que había acumulado polvo. La inmensa telaraña, que cubría todo el cielorraso, amenazaba con derrumbarse en cualquier momento. Pedazos de pintura y un montón de cascarones de insectos a los que las arañas les habían chupado la linfa caían del techo. Todos los días, cuando no eran los estornudos los que le afectaban el temperamento a Emily, eran las arañas que le bajaban suspendidas en sus hilos invisibles el esqueleto de una cigarra y lo dejaban caer justo en su máquina. Las arañas con sus redes, las gotas de agua fría, el polvo y el desorden en general había desaparecido al terminar el día cuando los empleados salieron para sus casas.

El hombre salió cojeando a la calle completamente desprotegido, sin abrigo y evitando resbalarse en el hielo. "¡Pobre diablo!", exclamó cuando lo vio desaparecer en la esquina. Se iba el primer día sin saber su nombre.

Al día siguiente el hombre estaba en su máquina pegando piezas en un pantalón. Se había bañado y afeitado, pero vestía la misma ropa del día anterior. Tenía las sandalias puestas y se había cambiado la venda del dedo gordo.

No sabía dónde iban las piezas de los pantalones.

—Las alforzas aquí, no en la pretina —Emily se acercó a explicarle.

Le enseñó a pegar botones, a poner cremalleras y a abrir ojales. Él siguió las instrucciones como buen alumno y trabajador. Y así pasaron muchos días y ella dejó de echar de menos a Camille, de quien llegó a pensar que era irreemplazable.

Cuando ella pegaba botones, él revisaba ojales; cuando él pegaba alforzas; ella, cremalleras o él les tomaba las medidas a los pantalones en el maniquí y, en su inglés rudimentario, se las decía a Emily que las apuntaba en el cuaderno. Se había convertido en un experto en el pedal y en el arte de coser. Emily supo que su nombre era Antonio y parte de su pasado. También se dio cuenta de que hacía más de lo que se le pedía: era un buen trabajador y un hombre inteligente.

Pasaron los meses y ella comenzó a preguntarse de dónde venía, qué hacía, cómo terminó en el pueblo; preguntas cuyas respuestas estaba ansiosa de saber. Y, muy en el fondo de sus pensamientos, Emily sintió curiosidad por su vida privada; preguntas tales como, quiénes eran sus seres queridos, si tenía esposa, novia o amante y dónde estaban.

Capítulo 21

Antonio le contó que era pintor, uno de esos artistas que se toman su tiempo para desarrollar su talento y que la gente suele llamar *late bloomers*. Le mostró su trabajo, unos lienzos que se los describió como caóticos, pero con un orden difícil de ver; ella no le entendió, pero le dijo que le gustaban.

Era un inmigrante ilegal y huía de la policía de su país.

En resumen, Emily entendió que Antonio había huido de una muerte segura en su país que se precipitaba al abismo. En su "pobre Venezuela", como llamaba a su patria, los derechos humanos estaban comprometidos y se sabía de torturas y desapariciones forzadas de gente que se oponía al sistema de corrupción, con líderes que habían convertido el país más rico de las Américas en una *Banana Republic*, como también se refería a su tierra natal. Él sufrió persecución y estuvo cerca de ser asesinado for la policía estatal.

Todo comenzó con su tesis de maestría en bellas artes, un documento de 300 páginas que le representó una mención honorífica y muchos problemas. Su tesis era en arte callejero con énfasis en la historia del tímido y naciente arte del grafiti. Era el tiempo en que los anónimos, como solían llamarse los grafiteros, se tomaban las calles de noche y escribían frases, anuncios y mensajes en las paredes. No era un arte pictórico ni agresivo como el de Nueva York y otras capitales de los Estados Unidos.

Se atrevió a llamarlo *pseudo-graffiti* en su tesis, nombre que le dio problemas con sus profesores que se opusieron a esta denominación, pero que defendió con argumentos sólidos. Era un medio de expresión, nada de vanguardia que marcara una nueva corriente, solo frases cómicas alusivas al amor, a la infidelidad, a la excitación sexual. Era común, por ejemplo, leer la frase "me masturbo, luego existo" y algunas que daban una opinión tímida de la fe religiosa, como aquella que le mereció una foto en un periódico nacional que rezaba *"soy ateo gracias a Dios"*. Otro grafiti que incluyó en su tesis y al que le dedicó todo un capítulo fue la frase: "el Papa Pío XII, el nazi de los nazis", el más agresivo. Según su tesis aquel era el inicio de un arte callejero con propósito. Aunque las circunstancias se prestaban para protestar por el estado de cosas de su país, los grafiteros o mejor "los anónimos" estaban lejos de usar ese medio contra el gobierno.

Y luego sucedería un evento que marcó historia; una bomba, que dio al traste con todo el estoicismo social de los 90's, explotó en la residencia de uno de los líderes más jóvenes y probos de la nación. Un joven con una vertiginosa ascensión en la política, perdió la vida en el portón de su casa cuando salía para una manifestación pública que lo lanzaría como el líder número uno contra los narcos y opositor por naturaleza de la mala administración política. Se había opuesto, cuando fue senador, al aumento de salarios a los congresistas y había logrado bajar el decreto, borrarlo de la agenda y otros proyectos que en nada favorecían al pueblo como el incremento de impuestos, etc. Tenía enemigos en la elite política y la caterva de narcos que se mancomunaban con el congreso, querían matarlo, borrarlo del mapa junto a su familia. Su muerte era preciosa, eliminarlo antes que todo, antes de que tomara vuelo, porque en las plazas donde se presentaba buscando apoyo para su plan de ir por la presidencia, la juventud era su soporte.

Al otro día, apareció el grafiti fulminante "la nave se hunde y no nada". Un periodista, en aras de correr el mismo riesgo del joven político, lo sacó en el periódico. La frase apareció en una pared del Capitolio Nacional. Vaya atrevimiento decía la gente, que —además— celebraba que el grafitero tuviera cojones al retar la guardia que debió hacerse de la vista gorda o debió haberse dormido de pie como los elefantes. La frase despertó la inquietud de los capitalinos y quien la escribió despertó a sus camaradas anónimos que, desde entonces, se regaron por toda la ciudad e inundaron las paredes de grafitis y de sangre, denunciando, amenazando e invitando a la oposición y no al silencio. Fue una reacción en cadena que se extendió en las otras ciudades de la nación, una acción calibrada a pesar de la respuesta de las fuerzas oficiales que se volvieron más agresivas, llenando de espías todos los rincones de la patria.

Una tarde, Antonio recibió una llamada, "sabemos quien eres, tienes los días contados", le dijo una voz al otro lado del teléfono.

Antonio no se amedrentó; con tarros de pintura aerosol salió en la noche a buscar una pared para pintar un grafiti como los de Nueva York, cuyas obras, por así llamarlas, incluyó en su tesis de grado en un capítulo que tituló *arte comparativo*. Pintó en una pared virgen y solitaria de un suburbio central toda la noche hasta que entró la madrugada.

Al mediodía de aquel sábado, luego de dormir unas cuantas horas, regresó al lugar y su sorpresa fue grande cuando vio gente aglomerada frente al grafiti. Ahí estaba su *Guernica*, el primer grafiti propiamente dicho que desmembraba cuerpos, destruía edificios, escupía llamas, escondía cópulas, gritaba, lloraba en silencio, abría heridas, arrancaba vísceras, quemaba la piel, cortaba los sueños, el caos del caos, la entropía total, la *Guernica Anónima* y trágica, la que predecía lo que se cernía en el cielo de su pobre patria. Admiró su trabajo a tal punto que fue incrédulo de su propio talento. Se iniciaba la revolución del grafiti en su país y la revolución del pueblo.

Un hombre se oponía a que los obreros de la limpieza le echaran encima de su grafiti un manto de pintura blanca con sus brochas. Con la ayuda de algunos de los espectadores, el mismo hombre cortó la pared de lado a lado, de esquina a esquina, con sierras, palancas mecánicas y cuerdas que amarraron o envolvieron a la pared con el grafiti, y la subieron a una volqueta. Su obra, quizás la única en su vida, desapareció para siempre.

Lo cierto era que para entonces los agentes secretos sabían quién era el autor, pues había dejado los tarros de aerosol junto a la pared con sus huellas digitales.

A su regreso, vio desde la calle que su apartamento tenía todas las luces encendidas y a hombres sospechosos en la entrada del edificio. Sabía que habían venido por él.

Huyó a los Estados Unidos, por *El Hueco* en la frontera con México y llegó por el desierto a Austin, donde solicitó asilo. No se lo dieron. Volvió a insistir por segunda vez y se lo negaron con una orden de deportación. Huyó al norte. Se detuvo en Memphis, donde una noche unos vagabundos casi lo linchan porque no tenía crack ni alcohol. En la carrera, huyendo de aquellos bárbaros, perdió un zapato y lejos, luego de sentirse a salvo, sintió que le dolía el pie. Como pudo, vendó la herida con una tira que arrancó de uno de sus lienzos. La herida en el labio también fue esa noche, un puñetazo bárbaro que aún le dolía. Sin dinero y hambriento, se quitó el otro zapato que guardó en la bolsa y caminó descalzo las calles de esa ciudad por uno o dos días. Supo, por boca de otro inmigrante, que la policía de inmigración en Chicago era menos drástica que la de Texas y Tennessee. Por eso había viajado a Illinois, y se detuvo en el condado de Williamson porque la herida en el pie le dolía sin compasión. Lo demás fue el encuentro con el dueño de la sastrería, un acto del azar.

Era una historia triste. Emily soltó algunas lágrimas en el baño. Sintió compasión y, más aún, Emily se preocupaba mucho por él.

Estaba preocupada por su pie. Incapaz de ponerse los zapatos, la herida estaba expuesta a la nieve y pedalear en la máquina no permitía que ésta se cerrara. La tenía infectada, con una inflamación que, si no se trataba, podía convertirse en gangrena. Lo llevó al hospital para que un médico le tratara el dedo. Después de aplicarle anestesia local, el médico removió el tejido infectado, cosió la herida y le recetó antibióticos durante varios días.

Tenía que evitar cualquier movimiento. Lo puso a revisar costuras en los pantalones, una labor que no necesitaba mucho ejercicio y, para evitar un mayor esfuerzo al caminar, le trajo las muletas que usó su padre. Por la tarde lo llevaba en su carro hasta el portón del viejo edificio donde vivía.

Había comprado en la farmacia mercurocromo, yodo, agua oxigenada, gasas y vendas que guardaba en los cajones de su máquina de coser. Por las mañanas, antes de que llegaran los otros empleados, le limpiaba la herida como aprendió del médico que lo atendió.

Once y treinta de la mañana

Miró hacia la habitación de Joe. Sus hijas le habían descubierto los pies y empezaban a cortarle las uñas. Escuchaba el tic, tic, desde la ventana. Recordó que Antonio tenía los pies como los de las estatuas griegas. Si alguien le hubiera preguntado, habría respondido que empezó a quererlo por los pies en aquellas mañanas limpiándole la herida en el dedo. Escuchó que lloraban otra vez; el llanto de Rosario era de tristeza y el de Linda de remordimiento...

Capítulo 22

...Se sentó a tocar el piano. El sonido era el mismo. Las teclas respondían con el mismo ímpetu que les conferían sus dedos. Interpretaba una pieza de su compositor favorito con tal énfasis que, cuando terminó, respiró profundamente. Ese *lapsus* no era de satisfacción, ni de emoción, porque tal vez albergara la esperanza de alcanzar el sueño de ser pianista; era que, desde hacía unos días, sus tardes empezaban a ser distintas.

Y así pasó el tiempo y se aproximaba otro invierno. A pesar de que iba a ser como todos los demás, aquel era un invierno diferente. Miró las nubes y pensó que pronto nevaría por muchos días. Temerosa de que Antonio no estuviera preparado para el mal tiempo, buscó en el armario de su tío. Al igual que sus tías, Mark había gastado mucho dinero en ropa que nunca usó y que había dejado en el armario después de su partida. Algunas de las piezas eran nuevas y aún tenían las etiquetas de la tienda. Sin quitárselas, metió los abrigos en una caja de cartón y la puso en su máquina de coser al día siguiente.

A diferencia de todos los inviernos, ahora ella no quería que la sastrería cerrara debido a la nieve inclemente. Pero así fue, una mañana el teléfono timbró a las 6 am, al otro lado de la línea le informaban que la escuela estaba cerrada hasta una nueva orden. Abrió la cortina y todo estaba gris, caía la nieve en los robles y cubría la grama del patio. Sabía que la sastrería estaba cerrada también y, por primera vez, se lamentó de que no podía ir a trabajar. El receso incluía días laborales y el fin de semana, así que no vería a Antonio por varios días.

Salió a limpiar la nieve en la entrada de la casa. Sus hijas salieron con el trineo, pero empezaron a lanzarse bolas de nieve. Ella se detuvo a mirarlas y descubrió que Sarah se había pintado los labios.

—Es diferente —le respondió su hija—, se llama Alfredo, le gustan las matemáticas y tiene 15 años como yo.

Alfredo la había besado en los labios, le dijo.

***

El lunes amaneció un sol claro y brillante, pero hacía frío. Les sirvió el desayuno y las despidió en la puerta. Vio que Sarah tenía un brillo especial en los ojos. Fue al baño a mirarse en el espejo y se dio cuenta de que sus ojos también brillaban, tomó el pintalabios que su hija olvidó en el lavamanos y se pintó los labios.

La sastrería estaba sola, alguien había dejado una ventana abierta y estaba fría. De un rincón alzó el vuelo un pájaro que había entrado por la ventana. Intentó sacarlo con una escoba, pero el pájaro se escondió detrás de unas cajas de cartón. Emily se sentó en su máquina y empezó a trabajar.

Cuando vio que Antonio se aproximaba, ella sacó un espejo de su cartera, y se arregló el cabello.

Se dieron los buenos días y se contaron lo que habían hecho durante el receso. Los cuatro días fueron inclementes para Antonio porque el apartamento no tenía calefacción. El apartamento tenía una chimenea, pero —debido a la nieve— no pudo comprar leña para calentarse. El frío fue tal, que debió ponerse todas las prendas que le había dado, dormir con ellas puestas y cubrirse, además, con cobijas. Así sobrevivió esos días. Iba a comprar leña por la tarde, antes de que anocheciera, pero Emily le sugirió que comprara un calentador que pudiera usar en cualquier parte del apartamento, además de ponerlo cerca de su cama cuando se fuera a dormir.

***

Llegaron a trabajar en una sincronía tan perfecta que a veces pensaban lo mismo. Una tarde, les faltaba verificar las medidas de los pantalones, pero se dieron cuenta de que se habían llevado el maniquí. Los empleados se habían ido y estaban solos. Sin pensarlo, le alcanzó el pantalón y él —sin decir nada— fue a ponérselo. No se escuchaba un solo ruido, excepto los que Antonio hacía en el vestidor. Ella escuchó todo: el ruido de la cortina cuando entró, el sonido cuando se quitó los pantalones y se puso los otros, y cuando se subió el cierre.

Algo pasó esa tarde. Cuando se acostó en la cama por la noche, recordó todo, los movimientos, los sonidos y lo que ella sintió muy dentro de sí. La transgresión de sus sueños tal vez describía mejor lo que sucedió esa tarde, porque muy dentro le gustó. Recordó cuando Antonio se subió en la tarima del maniquí que fue como el ascenso de un dios a su pedestal. Ella empezó a tomarle las medidas con el metro, primero la bocamanga izquierda y luego la derecha, después subió a las rodillas, más arriba las medidas alrededor de sus muslos, sus caderas, y por último la cintura. Fue solo eso, unas medidas que le tomó a una prenda, tan lejos de su piel, y a la vez tan cerca, que pudo palpar la consistencia de sus muslos. Tendida en la cama, volvía a recordar cada evento. Al salir de la sastrería, con la nieve que se precipitaba en la calle, le pareció que le decía algo, quizás la deseaba.

* * *

Por aquellos días, Sarah cargaba en el bolso de los libros un gato recién nacido, blanco como la nieve, que decía que era el amuleto de los dos, de ella y Alfredo. Se lo había raptado a una de las gatas que parió diez cachorros debajo de su cama; lo cuidaba con tanto esmero que lo alimentaba con leche hervida en un tetero como si fuera un bebé. Le había puesto el nombre de Alfredito y le había contado que a Alfredo le gustaba la idea de llamarlo por su nombre porque asi lo llamaban las tías en Lima. Cuando vio aquel felino diminuto como si fuera de mentiras en el bolso de su hija, Emily sospechó que había habido mucho más que un simple beso. La detuvo tomándola del brazo con la intención de preguntarle, pero recordó que ella tenía una fantasía todas las tardes en la sastrería. Como su hija, ella estaba en la misma embarcación y sus ojos tenían el mismo brillo. Se limitó a decirle que las chicas que experimentan muy temprano tienen los ojos tristes, pero se dio cuenta de que su hija estaba muy feliz.

Pero tanta luz en esos días de invierno no podía ser normal.

Fue Sarah quien de pronto vino a darle la mala noticia de su hermano Shane. Cuando había pensado que la vida aún le reservaba momentos de felicidad; Sarah, agitada de tanto correr, le informaba que a Shane le habían diagnosticado un autismo severo.

Sarah, en el patio de la casa de Rose, jugando con sus hermanas, vio que Shane (tenía tres años de edad entonces) no respondía cuando lo llamaban ni cuando le lanzaban bolas de nieve. Shane tenía, además, un movimiento que era la flexión de su torso de arriba abajo, un movimiento sin interrupción a pesar del frío y de los gritos de sus hermanas.

Joe había llevado a Shane a la sala y lo había sentado en el sofá; padre y hermanas trataron de tener contacto visual con él, pero no respondía. Después de varios intentos fallidos, la reacción de Joe fue la de un padre derrotado, como si el mundo se derrumbara ante sus ojos, una larga exclamación sin voz, un interminable 'nooooooooooooo'. Sarah, Linda y Rosario también lloraron.

En medio de la tristeza, notaron que Rose los miraba apoyada en el marco de la puerta, tan perpleja, aterrorizada y desolada como ellos. La verdad era que llevaba mucho tiempo guardando el secreto, sabía todo, pero tampoco podía enfrentarse a la dura realidad.

Joe subió al auto con su hijo, seguido por sus hijas se fueron al hospital. Había pensado que Shane tenía retraso mental y el especialista le dijo que no, que el niño tenía un impedimento mental.

—Para ser exactos, es un trastorno de espectro —le dijo el médico.

—Hábleme claro —insistió Joe impaciente.

—Su hijo es autista —el médico le palpó la cabeza, lo miró gravemente y desapareció para volver después con una médica especializada en psiquiatría. Ésta se quitó los anteojos y miró a Shane. Les preguntó si le habían visto alguna actitud agresiva.

—No —respondió Joe.

—Sí —lo contradijo su hija Sarah. La mujer fijó sus ojos en Sarah esperando más información. Ella se subió la manga de la blusa y les dejó ver en su brazo los mordiscos de Shane.

—Podemos hacerle pruebas, pero creo que son innecesarias y le pueden costar un ojo de la cara —dijo la médica.

Al regresar del consultorio, Joe no pudo esconder su frustración. Bajó del auto a su hijo y cerró la puerta de la casa sin darse cuenta de que sus hijas venían detrás. Sentó al niño en la silla y volvió a mirarlo por un largo momento.

Esparció los juguetes en el suelo.

—Sheny —lo llamó y su hijo no respondió.

No tenía memoria de que hubiera habido autistas en su familia, pero se culpó a sí mismo. Entró al cuarto de Rose. Ella estaba tendida en la cama, de espaldas a la puerta.

—Mi Sheny es un tarado —lloró.

—Lo esperaba —dijo Rose con voz apenas audible.
—¿Así que sabías?
—Sí —confirmó ella.
—Debiste haberme contado.
—¿Cómo no te diste cuenta si era lo más obvio? Todos los días se sienta en el mismo rincón con el mismo movimiento. Pero, ¿cómo ibas a saberlo, si andas averiguando la vida de ese maldito general? ¿Cómo ibas a darte cuenta?

Joe perdió su paciencia y la tomó por el cuello. Rose le dijo que tenía todo el derecho de hacer con ella lo que le viniera en gana, se sentía culpable lo mismo que él. Lo esperaba, le repitió sin tratar de zafarse de sus manos que le apretaban la garganta y le reducían la voz a un murmullo. Le confesó que su tío abuelo había sido autista, que su tío por parte de su padre tambien, lo mismo que su hermano; en resumen, los ancestros de Rose habían sido autistas.

—Si lo hubiera sabido antes.
—Querías un hijo y yo quería ser madre —le dijo ella.

Joe tomó el vaso con agua de la mesa de noche, lo lanzó contra la ventana y lloró quedamente.

***

Rose no fue desde entonces la mujer de antes. Se refugió en sus siestas, se refugió en sus sueños. No quería saber nada mientras él intentaba salvar a su hijo. Los libros de historia en los que buscaba la vida del general Douglas fueron reemplazados por libros de psicología y psiquiatría.

Joe leía los textos con avidez, diccionario en mano, para sortear aquellos términos cuya definición no sabía. Ninguno de los libros coincidía en definir el problema y sintió una tristeza profunda cuando encontró que el autismo era muy parecido al síndrome de Asperger. La palabra síndrome le daba miedo. Tomó nota de los síntomas, tanto del mal de su hijo como del síndrome de Asperger y los comparó. Los dos problemas tenían la característica común de actos repetitivos: movimientos, frases recurrentes, fijación de aptitudes, dificultad en establecer comunicación verbal y no gregarismo; es decir, la imposibilidad de establecer vínculos con otros humanos. Las diferencias no eran muchas, eran más de terminología; en otras palabras, un mismo problema con diferente nombre; a lo sumo una misma causa con diferentes efectos o manifestaciones, concluyó. Esa conclusión no fue el final de su búsqueda, pues continuó leyendo y releyendo libros a la espera de comprender mejor el problema de su hijo mientras lo sometía a una observación estricta y constante.

Con los días, el autismo de Shane era más evidente y su frustración aumentaba, tanto que leer los libros de psicología y psiquiatría se había convertido en una búsqueda obsesiva de consolación. Consolación que encontraría donde menos lo esperaba.

—Einstein, Newton, Joyce y para de contar, fueron autistas —le dijo Rick. La frase fue mágica, si no le hizo olvidar la condición de su hijo, si menguó su tormento.

Con el alivio que sentía y la esperanza de que su hijo tuviera una recuperación, pensó construirle un parque en el patio. Pensaba que, con un parque de atracciones de diferente tipo, su hijo podría jugar y ser un niño normal. Tenía que estar diseñado para su edad, que pudiera jugar con sus hermanas y cambiarlo o adaptarlo cuando fuera necesario dependiendo del progreso que observara. En otras palabras, un parque con todas las de la ley. Incluyó en el diseño un tobogán de materiales que amortiguaran resbalones, caídas, golpes y traumas, con un túnel largo que descendiera en un cuadrilátero de arena; un columpio en una esquina donde visualizó un túnel de madera con un laberinto colgante y —en la otra esquina— una rueda giratoria. Finalmente, un carrusel en el centro del patio de caballitos multicolores que adornaría el pequeño parque. Era un plano elaborado por un padre desesperado por salvar a su hijo.

Vio el plano final en el papel; se sentó en el sofá mientras Shane estaba en un banco alto donde lo sentaba para observarlo: "mira lo que voy a construir para que juegues", le dijo. Le explicó lo que iba a tener el parque y cómo iba a quedar, como si tuviera al frente a una de sus hijas. *"Mierda, si al menos..."* exclamó sin saber cómo terminar la frase.

Salió al patio con el plano, dio una mirada imaginando el parque infantil. Al carro viejo lo cubría la hierba y pensó que podía hacer parte del diseño.

***

El parque fue inaugurado una tarde calurosa de primavera. Tal vez fue el bullicio que hicieron Sarah, Linda y Rosario lo que asustó a Shane que empezó a llorar y a buscar refugio entre las piernas de su padre. Ese día, que había esperado con todo el entusiasmo y el optimismo de ver una reacción positiva por parte de su hijo, fue el más triste de su vida. Shane se aferraba a su pantalón indefenso, tembloroso y en un estado de pánico jamás visto en otro humano.

Capítulo 23

Emily no se dio cuenta de la construcción del parque ni de los colores de las atracciones que se veían calle abajo o calle arriba en la Oak Street. Apenas se había dado cuenta de que los niños del vecindario también participaban del bullicio de la tarde. El bullicio empezaba a las cuatro y terminaba a las seis y fue el silencio lo que le llamó la atención. Se asomó a la ventana, el sol, que se colaba por los robles, brillaba en el carrusel y ella se llevó la mano a la frente para ver mejor.

—Vaya, al fin se le ocurrió algo bueno —exclamó sorprendida.

En la sastrería, faltando veinte para las cinco, escuchaban las voces de los empleados que se despedían y el ruido metálico de la puerta principal cuando se cerraba. Era entonces cuando él entraba al vestíbulo para ponerse el pantalón que ella sacaba del montón y luego tomaba la libreta de apuntes, el lápiz y el metro.

Cuando Sir von Wagner trajo el maniquí y lo puso en la tarima, ellos se miraron con malicia. El maniquí les sonreía desde su pedestal también; había cambiado de aspecto, le habían puesto barniz y parecía nuevo. Pero todas las tardes ella lo bajaba del pedestal, ese le pertenecía a Antonio.

Días después el sastre se dio cuenta de que el maniquí estaba cubierto de polvo y le preguntó a Emily si lo usaba. Ella no pudo esconder su sonrojo al responderle que sí, pero era mentira. Nadie sospechó nada; el maniquí fue el único testigo en las tardes cuando ambos iniciaban su ritual en silencio, sin palabras, sin preguntas ni respuestas. No había habido ni una confesión, ni un acercamiento físico más allá de las medidas de los pantalones. Luego de terminada la jornada, ambos salían de la sastrería y se despedían. Ella subía al auto y lo veía atravesar la calle que a esas horas la alumbraban unas cuantas luces, y luego se iba cuando él entraba al viejo edificio.

***

Un viernes al llegar de la sastrería vio que en el parque estaban sus hijas jugando con Shane y otros niños del vecindario. Preparó la cena y cuando las niñas llegaron, se sentó con ellas. Les preguntó por su hermano y le contaron que ya no le tenía miedo a jugar con los otros niños, que le gustaban los caballitos del carrusel, no podía pasar por el túnel si no era con la compañía de Sarah. Se sentaron en la sala luego de la cena y vieron televisión. Jugaron monopolio y dominó, y —cuando dieron las diez de la noche— las llevó a sus cuartos a dormir. Fue a la cocina y abrió la nevera. Buscó sin saber qué buscaba. Destapó una botella de whiskey, últimos rezagos de su esposo y —sin pensarlo— se tomó un trago largo. Jamás había probado licor en su vida. El whiskey le bajó por la garganta ardiente, áspero y sintió un retorcijón en el estómago. Apagó todas las luces de la casa y esperó en el umbral de su cuarto a que sus ojos se adaptaran a la oscuridad. Vio que la luna entraba por la ventana e iluminaba su cama. Se tomó otro sorbo de whiskey que no bajó tan cruel como el primero. Puso la botella en la mesa junto a la cama y se desabrochó la blusa despacio, luego se bajó la cremallera de su falda y la dejó caer en el piso. Se quitó el brasier y las medias de encajes que desde un tiempo para acá se ponía todos los días. Se tendió en la cama desnuda y bajo la luz de la luna pensó en Antonio. Cuando la luna se fue del cuarto, se puso las mismas prendas, excepto las medias; buscó en la oscuridad, tanteando en las gavetas del clóset, extrajo una pañoleta que se puso en la cabeza anudada al cuello. Salió al patio cerrando la puerta principal sin hacer ruido y se subió al auto. Dio reversa con las farolas apagadas y se fue por la Oak Street arriba, el mismo camino para ir a la sastrería. Cuando iba unas cuadras lejos de su casa encendió las farolas, pasó de largo por la calle de la sastrería y, unos cien metros más adelante, se estacionó. Al fondo estaba el viejo edificio con todas las ventanas oscuras excepto una. Pensó que la que tenía luz era donde vivía Antonio. Calculó que eran las doce de la noche y se dio cuenta que había actividad en la calle principal, la Broadway. Los empleados de la alcaldía limpiaban la calle, ponían barreras en las bocacalles y cambiaban las bombillas de los postes. Caminó por el andén. Al fondo se veían siluetas de hombres que trataban de subir algo en la terraza de la entrada del edificio de Antonio. Más cerca, distinguió que los hombres intentaban subir unos cuernos enormes, tal vez de búfalo. Alguien los dirigía desde abajo con una voz que parecía un murmullo y, aunque estaba oscuro, el hombre insistía en dirigirlos con señas. Emily reconoció que era el alcalde quien dirigía a los otros. Lo reconoció por el vestido de lino, el mismo estilo que usaba cuando lo vio aquella vez que tocó el piano para celebrar su primer año como alcalde. Había engordado exageradamente. Ella empezó a caminar en puntillas para evitar el ruido de sus tacones. Cruzó la calle y se dirigió a la puerta. Vio que tanto el alcalde como los hombres en la terraza se detuvieron a mirarla, como si fueran a preguntarle algo, quién era, qué quería o qué buscaba. Esa actitud la detuvo por un momento, pero vio que en la única ventana que estaba iluminada se movía una silueta de mujer. La mujer fumaba, era esbelta, tenía el cabello corto y parecía estar triste. La mujer se llevaba las manos a la cara como si apaciguara su llanto. Emily sintió celos; así que se apresuró a llegar a la puerta. En la puerta, el alcalde la detuvo.

—No puede entrar —le dijo. Pero ella no le hizo caso.

Al ver que intentaba entrar, el alcalde se atravesó en la entrada. La mole de su cuerpo no dejaba ningún espacio por el que pudiera escabullirse y subir las escaleras hasta el último piso donde esperaba encontrar el apartamento de Antonio. Sospechaba que era el mismo donde vio la silueta de la mujer. Alcanzó a oír una melodía que bajaba por las escaleras. La música era extrañamente sensual y le provocó más celos.

El alcalde la tomó del brazo y la arrastró hasta la calle. Volvió a la puerta y ella vino detrás a intentarlo de nuevo. Esta vez el alcalde puso todo su cuerpo contra ella y la pared. Su fortaleza era tal que no podía respirar así que ella gritó: "¡alcalde de mierda!", la misma frase que le dijo aquel día cuando éste le puso las manos en sus senos. La música se apagó y luego hubo un largo silencio. El alcalde salió cerrando la puerta y llamando a sus hombres, desparecieron calle afuera hasta doblar la esquina an la Broadway.

Sentada en el andén recuperándose del estrujón que le dio el alcalde, miró a la ventana, la silueta de la mujer seguía ahí. La mujer fumaba y se movía de un lado a otro. Fue a abrir la puerta pues quería averiguarlo, pero estaba con seguro. Frustrada, se subió al auto y esperó hasta que la luz de la ventana se apagó. Eran entonces las dos de la mañana, ella reclinó su cabeza en el timón del auto y lloró amargamente.

***

Cuando abrió la puerta de la casa, las luces se encendieron de pronto. Sarah la estaba esperando.

—Puta —le dijo a su madre —como las de Colton.

Emily, sin darse cuenta había perdido los botones de la blusa en el forcejeo con el alcalde y tenía sus senos casi descubiertos. Su hija subió las escaleras hasta su cuarto que cerró de un portazo. Cuántas veces escucharía de aquellos labios inocentes la misma expresión. Emily lloró hasta el amanecer. No podía olvidar la imagen de la mujer en la ventana. Ese fin de semana fue también interminable.

Capítulo 24

El lunes, cuando Emily entró a la sastrería, escuchó que los empleados hablaban de los cuernos en el viejo edificio. Fue directamente al cuarto de trabajo, ansiosa y a la vez celosa. Quería preguntarle a Antonio de la mujer en la ventana. Pero ese lunes iba a ser uno de esos días en los que nada sale bien; mucho menos cuando algo nos atormenta el corazón.

En primer lugar, Sir von Wagner, —por alguna razón— se pasó el día en el cuarto tomando medidas de los pantalones en el maniquí. Eso nunca lo había hecho antes y —tanto Emily como Antonio— se preguntaban si era una señal de que sospechaba de sus tardes en la sastrería. Ambos, sin embargo, estaban seguros de que nadie los había visto. Hasta entonces nada había pasado entre ellos, aunque, —a decir verdad— Emily había ido mucho más allá en su imaginación.

Con la presencia de Sir von Wagner, no podía preguntarle nada, ni pudieron decirse una sola palabra en todo el día.

Cuando fue al baño, ella escuchó nuevamente que los empleados hablaban de los cuernos en la terraza del edificio.

A los empleados les parecía extraño y sus comentarios, algunos serios, en su mayoría eran bromas; se preguntaban en tono jocoso si los cuernos eran de vaca o de toro. Pero la pregunta recurrente era quién los había puesto allí y cuáles eran sus motivos. Todos se reían, pero entre los empleados había un hombre entrado en años que —al final de la tarde— cambió el sentido de los comentarios a serios y en cierto modo preocupantes.

—No sé, pero tengo el mal presentimiento de que son los mismos cuernos del año 32. —El hombre se refería a la masacre de mineros de ese año—. Yo era un niño, pero consciente de lo que pasó, lo recuerdo como si fuera ayer. Creo que estamos en un círculo sin salida y esos cuernos son una mala señal, un mal recuerdo.

Emily escuchó esas palabras, pero no prestó mucha atención.

***

Por la tarde, Antonio se iba temprano y sus celos eran tales que quiso seguirlo, pero Sir von Wagner seguía en el cuarto. Salió a las cinco y fue al edificio. La ventana donde vio la silueta de la mujer estaba abierta y podía escuchar la misma música.

Abajo, sobre la terraza de la puerta principal, estaban los cuernos y —en el umbral— la placa con el número 201 que colgaba al revés, le recordaba el forcejeo con el alcalde. Subió al segundo piso y miró a su alrededor. Subió al tercero y se dirigió a una puerta verde que estaba entreabierta. Miró adentro. Era una habitación vacía sin un solo mueble, a excepción de una mesa en el centro con un pincel del que escurría pintura. No tenía dudas de que era donde vivía Antonio. El piso de madera estaba limpio y ella se quitó los tacones.

—Vuelve a ponértelos —oyó que le decía desde otro cuarto.
—No quiero dejar marcas en el piso.
—No importa, póntelos.
—¿Por qué tienes la puerta abierta? —Una pregunta determinada no por su curiosidad, pero sí por sus celos.
—Te estaba esperando.
—¿Cómo supiste que iba a venir?
—Me dí cuenta esta mañana.
—¿Cómo? —Insistió ella.
—La verdad es que siempre te he esperado —le dijo. Escuchó que raspaba y luego daba golpes suaves sobre algo.
—¿Quién es ella? —Le preguntó—. Cabello corto, fuma, escucha música a todo volumen y además llora.
—Una mujer desesperada —le respondió.
—¿Una amante?
—Sí.
—¿Eres su amante?
—No.
—Pobre mujer.
—Todos los viernes se escucha la misma música —salió del cuarto con las manos llenas de pintura.
—Vine a buscarte el viernes por la noche.

Le contó lo que le sucedió con el alcalde, quien le había impedido la entrada, y de los cuernos que había subido con sus empleados.

—Extraño —dijo Antonio.
—Eso dicen en la sastrería, que es extraño.

***

Eran la siete cuando salió del apartamento de Antonio. El sol se reflejaba en las ventanas del edificio del frente y llenaba el pasillo.

Se arregló la falda y se aseguró que su blusa estuviera abotonada. Junto a la ventana, por donde entraban los rayos de sol, sacó de su cartera un espejo y se miró el rostro; el maquillaje que se había puesto en la mañana y retocado en la tarde antes de salir de la sastrería había desaparecido. Se puso un poco de pintalabios, se alisó el cabello y empezó a bajar las escaleras. Salió del edificio con la anticipación de que al otro día, a la misma hora, vendría a verlo y harían el amor otra vez.

Al llegar a su patio, vio que las gardenias que había plantado algunos días abrían los pétalos. Arrancó una flor y entró al baño mientras la olía. Tomó la máquina de afeitar y redujo la sombra de su sexo. La sensación de ligereza le gustó tanto que se miró en el espejo por un largo momento. Esparció los pétalos de la gardenia en el agua y puso unas gotas de aceite que mezcló con el pie. A lo lejos se escuchaban los niños en el parque de Joe, "los niños son felices, las golondrinas son felices, los gatos son felices", dijo. Ella era feliz, "tengo un amante", exclamó repitiendo las mismas palabras de Emma Bovary, la novela que leyó cuando estaba en la escuela. Salió de la tina y vio a Joe que, serio y estupefacto, la miraba desde la sala con unos libros bajo el brazo.

—Te hiciste el bigote de Hitler —le dijo él y disgustada, cerró la puerta con violencia.

***

Con los libros que le habían llegado por equivocación al correo de Emily, Joe subió al *Cadillac* y se fue al bar a visitar a sus amigos que no veía desde la construcción del parque. Mientras conducía por la Oak Street hacia el este donde estaba el bar, recordó a su esposa desnuda. Sintió tristeza y un vacío enorme. Se dio cuenta de que ella lo había olvidado por completo, que su presencia en la sala con los libros bajo el brazo fue extraña, que lo había visto como a un intruso que no causaba ningún daño, pero que le provocaba repulsión. En ese momento sintió una espina en el pecho, estaba mucho más bella que cuando la conoció y vivió con ella; presintió que aquella vitalidad y belleza no eran producto del curso natural de los años. Tuvo la sospecha de que tenía un amante y fue un terrible pensamiento. Tendría que sortear los celos, la frustración y la ira y no sabía cómo, mucho menos ahora con todo lo que había pasado en su casa.

El dueño del bar vino a atenderlo. Le trajo un cojín como los que tenían Korn y Rick. Les había proveído a sus amigos una lámpara y almohadones para que se sentaran en el piso como en los bares de Hanoi, un privilegio que no tenían los otros clientes.

—Le tengo las anchoas que tanto le gustan —le dijo el dueño del bar.

—Tráigalas —dijo Joe.

—Están añejas, pues hace mucho que las compré.

—Mucho mejor.

—¿Las quiere en tomate sofrito y albahaca?

—Sí y traiga más cervezas.

Joe puso los libros sobre la mesa, estiró los pies debajo y dejó escapar un largo suspiro.

—Quiero decir algo, Joe —dijo Korn que estaba ebrio.

—¿Qué?

—Has sido nuestro protector durante todos estos años y no te hemos devuelto el favor.

—Ya me lo devolvieron.

—¿Cuándo? ¿Cómo?

—Me ayudaron a construir el parque para mi hijo.

—¡Bah!, eso no es nada.

—Y la reconstrucción de la casa también.

—Me refería a devolverte el favor como salvarte del peligro, como lo has hecho con nosotros —dijo Korn.

—Yo no salvé a Ronnie.

Ambos guardaron silencio. Al otro lado de la mesa Rick, que estaba en silencio y también ebrio, tomó un largo sorbo de cerveza e hizo un gesto de disgusto.

—Cuanto más la saboreo, menos me agrada esta mierda. Huele y sabe a pis de cabra —dijo Ricky. Sus amigos no le prestaron atención. Korn, pensando en Ronnie, dijo:

—Siempre se sentaba allí. Estaba alerta por si llegaba Russell. Guardaba el arma en su cartera, por si acaso. Han pasado los años y no duermo bien, Joe. Su muerte me persigue todas las noches, siempre pensando que Rick y yo la dejamos sola ese día.

Korn comenzó a llorar.

—Soy más culpable que tú, Korn —dijo Joe consolándolo—. Debí haber venido al bar antes de buscarlos por todas partes. Mi falta de sentido común y mala memoria mataron a Ronnie.

Ricky dijo que iba a fumarse un cigarrillo y se fue.

—Joe, no sé qué le pasa por la cabeza —hizo una pausa —. Ricky desaparece durante días y cuando regresa hace ese ruido.
—¿Qué ruido?
—Lo he escuchado balar como una cabra cuando duerme y grita todos esos nombres de mujeres. Está loco, Joe. Creo que necesita echarse un polvo.
—Está bien, Korn —dijo Joe.
—Me he echado unos polvos últimamente y ahora me siento mejor.
—¿Cómo es la hembrita? ¿Es bella?
—¡Oh es bellísima! Me ha hecho probar sus aguas —dijo. Joe no le entendió, pero asintió—. Joe, cuida a Ricky, ¿quieres?
—¿Por qué?
—Romina y yo planeamos vivir en Florida y Rick quedará solo.
Esa fue la última vez que Joe vio a Korn. Se enteró, a través de Rick, que Korn conoció a Romina en Colton.

Capítulo 25

Una tarde Sarah vino a darle otra noticia. Mucho más agitada que la primera vez cuando descubrieron que Shane era autista, solo pudo decirle que la siguiera. Fueron directo a la biblioteca. Shane, sentado en el piso, leía *Las mil y una noches*.

—Mi hermano es normal —dijo llorando de alegría.

Sarah estaba en la tarea de enseñarle a Shaney a leer, utilizando los mismos mecanismos que su maestra. Después de varias sesiones, su hermano alzó el vuelo como un pájaro al que le abren la jaula. Shaney aprendió a leer en solo un mes cuando sus hermanas y ella tardaron varios meses y; sin embargo, esa no era la única sorpresa, también había descubierto el genio en su hermano: tenía una memoria prodigiosa. Podía recitar de memoria lo que leía, línea tras línea, sin saltarse un signo de puntuación.

Joe se sintió feliz; abandonó la búsqueda de información relacionada con el autismo de su hijo y devolvió los libros de psicología a las bibliotecas. Regresó a las ventas de garaje y mercados de pulgas en los pueblos cercanos donde compró muchos libros, en su mayoría de historia, en los que esperaba encontrar información sobre la vida del General. Algunos escritos por académicos y otros de dudosa autoría, los libros contenían información sobre la región centro y sur del país. La colección incluía compendios y crónicas de viajes de exploración de pioneros como Lewis y Clark al río Missouri, el desplazamiento de tribus indígenas y el establecimiento de colonias en la región.

Distribuía el tiempo libre leyendo y reconstruyendo una casa vieja y abandonada que sería el pabellón para los funerales de los soldados.

Tal como sucedió la primera vez, Joe fue testigo de la agonía humana cuando muere un ser querido. Con el primer soldado fue consciente de la soledad de una madre y con el segundo de la tragedia, la angustia y la desesperación de una esposa. Preparó la misma ceremonia, presenció el entierro más triste de su vida y juró no volver a hacerse cargo de la recepción de soldados muertos.

Terminaría el pabellón para los funerales y cuidaría sus tumbas. Eso sería lo único que haría para honrarlos, pero no recordaba que vivía en un pueblo cuya historia era la más oscura de todos los del condado y toda la nación. El cuerpo del segundo soldado aún no se había enfriado en la tumba cuando llegó el tercero, y con la intención de evitar ese terrible trabajo, quiso pedirle a su amigo Rick que se hiciera cargo de los funerales, pero Rick no estaba en casa.

Sola y abandonada, la casa se había deteriorado en los últimos meses. Las últimas tormentas habían derribado un árbol que estaba reclinado pesadamente en la parte de atrás y necesitaba atención inmediata. Joe, como buen amigo, contrató los servicios para derribar el árbol y convertirlo en leña. El daño que el árbol había causado a la casa fue de poca consideración dado el tamaño y la fuerza con la que pudo haber caído sobre el techo. Supervisó toda la operación sin ver a Rick.

***

Pasaron los meses y una tarde, Sarah, como siempre, lo despertó de su siesta.

—No es Shane —le dijo para tranquilizarlo— pero debes ir al cementerio y verlo con tus propios ojos.

Desde la distancia vio a un rebaño de cabras que se comían las flores que había plantado para adornar las tumbas del General, de los soldados y de Ronnie. Parqueó el *Cadillac* y fue a espantarlas. Estas no se dispersaron ni tampoco insistieron en quedarse en el cementerio que les ofrecía grama fresca y abundante. Dóciles como si alguien las hubiera domesticado, las cabras enfilaron por la carretera arriba rumbo al pueblo y Joe las siguió detrás en el auto. Tan domesticadas estaban que, sin mucho ruido, continuaron hasta enderezar por la Elm Street, dos cuadras después siguieron por la Oak. Si una de las cabras se quedaba atrás, la manada entera se detenía hasta que aquella se unía al grupo. La manada pasó por su casa y la de Emily, y siguió calle abajo. Aunque el ruido de sus patas y uno que otro balido eran suficientes para llamar la atención, el desfile fue inadvertido. Y luego la gran sorpresa, las cabras entraron al patio de la casa de Rick. La que iba al frente empujó la puerta con la cabeza y toda la manada entró como si estuvieran acostumbradas a salir y entrar como cualquier humano. Luego, para más sorpresa, abrían las ventanas y comenzaban a comerse las hojas de los árboles.

Las cabras se habían tomado la casa y no había un solo rastro de presencia humana. Una estaba en la chimenea, otra se había subido al sofá, y otras se habían ubicado en sitios claves como si aquellos puestos les pertenecieran por derecho propio. Todo dentro de la casa era caótico y nauseabundo, las paredes presentaban huecos donde se notaba que las cabras lamían el cemento o arremetían con sus cuernos. Los muebles que les compró a sus amigos en el mercado de las pulgas estaban roídos con la tapicería carcomida y arrancada a pedazos. La mesa estilo Luis XV que les compró en un regateo en otro mercado, tenía las patas también roídas y la cabra que estaba encima defendía su territorio lanzando cornadas a las que intentaban subirse.

Los cuadros, cuyos marcos eran de buena calidad, habían sufrido el embate de sus cuernos, y era evidente que los lienzos habían sido lamidos con sus lenguas ásperas. Joe se abrió paso entre las cabras y subió las escaleras donde también estaban. En el segundo piso, las paredes habían sido derrumbadas y el caos era peor que en el primero. Encontró latas con comida podrida, un horno de alcohol, mantas viejas, es decir, objetos propios de un habitante de la calle.

De pronto escuchó un golpe en la puerta en el primer piso, y luego la voz de su amigo llamando a las cabras. Rick tenía la barba larga, la ropa sucia y andaba descalzo.

—¿Dónde está Catalina? —Preguntó.

—¿Quién es Catalina? —Le preguntó Joe, pensando que era una mujer, pero Rick no respondió.

Joe llamó a un hospital psiquiátrico de un pueblo cercano y se aseguró de que los funcionarios se hicieran cargo del bienestar de su amigo.

Once y treinta y cinco

Vio que la puerta se abría y Sarah entraba a la otra casa. Recordó que debía llamar otra vez a la funeraria para su funeral y tuvo en cuenta, además, que la ceremonia debía ser en el pabellón de los soldados caídos en guerra como lo había pensado en la madrugada. La decisión de sus hijas de contarle a la otra mujer de su muerte le producía disgusto, pero ese sentimiento desaparecía cuando recordaba a Antonio...

Capítulo 26

...Abrió la ventana de su cuarto. La mañana era fresca y un viento leve entró con el aroma de resina de los robles del patio. Recordó que ese día, se cumplía un año de conocerlo, más exactamente de ser su amante. En el patio unas ardillas corrían y se trepaban a los árboles. El macho era grande y le exhibía los testículos a la hembra. La persecución terminó en una cópula corta. Sonrió con malicia cuando vio que, luego de la cópula, la hembra perseguía al macho.

Pensó en algunos detalles para la celebración del primer aniversario. Tomó dos copas de cristal fino del estante donde estaba la cristalería de su bisabuela, las envolvió en papel y las guardó en su cartera. Llevaba también un sacacorchos y un mantel blanco.

Luego de que sus hijas se fueron a la escuela, se sentó en el tocador y —faltando diez minutos para las ocho de la mañana— salió elegantemente vestida, con una falda nueva de flores rojas, arriba de las rodillas, y unos zapatos que le dejaban ver los dedos de sus pies. Cuando llegó a la sastrería, Sir von Wagner la estaba esperando.

—Su esposo debe ser el hombre más feliz del mundo —le dijo. Emily sintió un rubor en su cara y no supo qué responderle —la esperaba para preguntarle del nuevo empleado—. Hace más de un año que llegó y he oído que se la pasa lubricando la máquina y que trabaja muy poco.

—No es cierto, es un buen trabajador —dijo y siguió su camino hacia su sitio de trabajo. Sabía que esos comentarios eran mentiras y tenía la leve sospecha de que solo eran una invención del sastre. El comentario le pareció injusto y habría puesto sus manos en el fuego para defenderlo si fuera necesario. La respuesta no pareció satisfacer a Sir von Wagner que dio la vuelta y entró a su oficina.

Con la emoción de la celebración el aniversario, se olvidó de la pregunta del sastre. Se olvidó de la manera tan abrupta como la abordó, irrespetuoso y en el lugar menos apropiado, fue pasando la tarima a la vista de todos los empleados. Era muy obvio que tenía otras intenciones. Tal vez sospechaba de su relación con Antonio. Tal vez los empleados también sospechaban.

Se sentó a trabajar y Antonio —sin levantar la cabeza de la prenda en que trabajaba— la saludó como lo hacía siempre, "buenos días, Emily". Ella, también como siempre, le respondió, "buenos días, Antonio". Pero tanto disimulo era imposible de sostener, había en ese saludo algo, un acento especial que, si alguien hubiera estado presente, habría podido sentenciar que el extraño hombre —de dos inviernos atrás— no era tan extraño para ella.

Ella se dio cuenta de que la única manera de recordarle el aniversario, sin que nadie sospechara, era a través de mensajes en pequeñas bolas de papel que le lanzaría sin que la vieran.

—¿Sabes que día es hoy? —Le preguntó en la primera bolita.

—Sí —él le respondió en otra.

—¿Qué quieres hacer para celebrarlo?

—Hacerte el amor toda la noche.

—Mis hijas me esperan.

Y así se lanzaron mensajes por algún tiempo. En uno de los mensajes él le decía que le tenía una sorpresa de aniversario. "¿Qué es?", le preguntó ella. "No es sorpresa si te cuento", le respondió.

***

Faltando quince minutos para las 5, Antonio salió para su apartamento. Antes de salir, Emily se acentuó las sombras de sus cejas y se puso un poco de pintalabios. Pasó por el cuarto de los trabajadores y se dirigió a la puerta cuando vio a Sir von Wagner que salía del baño.

—Dele mis saludos a su esposo.

Se dirigió a la tienda de licores que estaba a una cuadra en la otra acera, casi en la esquina con la Broadway, y compró una botella de vino.

—¿Vamos a celebrarlo con café o con vino? —Le preguntó desde la puerta que, como siempre, estaba abierta.

—Tomaremos café y luego vino —le respondió desde el otro cuarto. Ella puso la botella en la mesa y fue a cerrar la ventana que dejaba entrar un viento cálido. El viento movía un cuadro en la pared; una fotografía extraña, en blanco y negro de un torero lidiando un toro de cuernos puntiagudos. Miró la fotografía con detenimiento y, casualmente, miró por la ventana hacia abajo y vio los cuernos de búfalo en la terraza de la entrada del edificio. Tanto los cuernos del toro en la fotografía como los del búfalo eran igualmente grandes y, por un instante se imaginó a Antonio vestido como el hombre de la fotografía. Había algo en esa casualidad que le causaba miedo.

—¿Qué es? —Le preguntó.
—¿Qué? —Preguntó él desde el cuarto.
—La fotografía.
—Se llama tauromaquia. Es de los tiempos de los romanos.

Llenaron las copas de vino y, por un largo rato, le explicó lo que eran las "corridas de toros". Le pareció extraño que la gente se divirtiera viendo a un hombre desafiar a un toro en un ruedo.

—Es un acto primitivo e inhumano —dijo ella.

Antonio tenía en el trípode un lienzo grande listo para pintar. El lienzo tenía el bosquejo del rostro de Emily con el cabello suelto y los brazos debajo de la cabeza. Era tan real que ella, sorprendida, le preguntó cómo lo había logrado sin haber usado una fotografía suya, "te tengo aquí", le dijo señalando su cabeza. Era la sorpresa que le tenía. Ella, sin que se lo pidiera, se desnudó, y luego se tendió en la cama como si leyera sus pensamientos, con los brazos debajo de la cabeza, así como en el bosquejo parecía una pintura del Renacimiento. Antonio dio un último retoque a los contornos del rostro y continuó su trabajo. Afuera, el viento golpeaba en la ventana y —por algún resquicio— se colaba moviendo la fotografía del torero en la pared. El ruido constante se sobreponía al que hacía Antonio con su lápiz en el lienzo.

—Tengo miedo —dijo ella.
—¿Miedo de qué?
—No sé, pero tengo miedo.

No volvieron a hablar por un largo rato. El sol entró y el cuarto se llenó de luz, el trípode, el lienzo y Antonio formaban una sombra larga y amorfa en el piso. La sombra de su mano se movía como una extensión del lienzo.

—Presiento que ellos sospechan —dijo ella.

—¡Ah!, qué importa que sospechen —dijo sin apartar la vista del lienzo.

—Soy una mujer casada.

Antonio abandonó el lápiz junto al trípode y le hizo el amor. Luego volvió al lienzo y ella puso las manos debajo de su cabeza y volvió a posar como en un comienzo.

—Lo terminaré pronto si trabajo todas las tardes.

—Va a ser una pintura grande —dijo Emily.

—Tan grande como si fueran dos Emilys —se rieron por un instante. Antonio fue a preparar más café y ella lo siguió a la cocina. Eran pasadas las ocho, el sol se había escondido detrás del edificio del frente.

Antes de salir a la calle, miró hacia ambos lados. La calle estaba solitaria. Uno de los faroles tenía una luz intermitente que hacía ver la calle más larga. Caminó despacio y, cuando alcanzó la puerta de su auto, dio la vuelta y miró el edificio por un momento. La luz intermitente del farol hacía ver los cuernos de búfalo mucho más grandes.

***

De sus tías escuchó la frase que "toda mujer debe ser una dama en público y una damisela en la cama". Ella, que fue frugal en la intimidad con Joe, era imaginativa con Antonio, a tal punto que llegó a reinventar imágenes del *Tantra* y el *Kamasutra*. Había imaginado señales, signos y poses para sorprenderlo. Aunque ninguna de estas ideas se materializó, pues eran solo fantasías y no quería ponerse en evidencia, una vez pensó sorprenderlo poniéndole sus pantis en la gaveta de su máquina. Y así fue, la preparación de la sorpresa le llevó algún tiempo porque tenía temor y pensó mucho. Se le ocurrió impregnarlos de perfume, así que encargó uno de marca que encontró en los catálogos que le llegaban en el correo.

El día que llegó el perfume tuvo problemas con Sarah. Fue al llegar de la sastrería cuando encontró en la mesa del comedor una caja pequeña de lujo con una cinta rosa. Sarah la había abierto y la esperaba sentada en la mesa del comedor.

—Mi padre al menos hace lo que hace ante los ojos de todos— le dijo su hija al verla entrar—. No soy ciega —gritó.

Emily tomó la caja y sin poder disimular su prisa, entró a la alcoba. Luego de destaparlo y olerlo, impregnó los pantis de perfume y los puso en su cartera.

Llegó temprano a la sastrería, mucho antes que todos los empleados, y se dirigió a la máquina de Antonio. Abrió la gaveta donde él ponía las llaves de su apartamento antes de empezar a trabajar y le puso los pantis, perfectamente doblados. Luego se dirigió a su máquina, cuando vio a Sir von Wagner, en la entrada del cuarto en un estado de estupefacción que no podía moverse de donde estaba parado.

—Es un perfume muy sensual —el dueño rompió el silencio mirando hacia la máquina de Antonio.

Ella, no tuvo otra cosa que hacer sino sentarse a pedalear sin darse cuenta de que la máquina no tenía hilo ni aguja, ni una prenda para coser.

Había en aquellas palabras del sastre malicia, ira, disgusto y, tal vez, celos.

Desde ese día Sir von Wagner fue diferente. No la saludaba así se la encontrara frente a frente. Entraba a su oficina cuando la veía llegar en las mañanas y —si por alguna razón necesitaba preguntarle algo relacionado con el trabajo— se lo preguntaba evitando su mirada. Se asomaba al cuarto o aparecía de pronto mirándola fijamente a los ojos.

Y así pasaron los días hasta que sucedió lo que nunca pensó que sucedería.

Fue de la manera más baja y denigrante que un ser humano pueda victimizar a otro. Una mañana, Emily vio en la máquina de Antonio la carcasa de un pájaro, el mismo que vio algún tiempo volar en el cuarto. Quien lo puso en la máquina se tomó el trabajo de recoger todos los restos del animal, plumas, huesos y piel seca, junto con todo el polvo de su descomposición. Tuvo, además, muy claras intenciones al ponerle el animal en su máquina. Emily sintió un frío horrible en su cuerpo, sintió además ira y deseos de salir corriendo; sin embargo, empezó a recoger los restos del animal para tirarlos a la basura cuando llegó Antonio.

Antonio miró la carcasa y luego a ella. Esa mirada terminó por atormentarla, porque vio su estado de indefensión y humillación que describía exactamente lo que ella quería evitar. Las intenciones estaban bien servidas, pues habían logrado doblegarlo y humillarlo. No había dudas —para ella— que quién puso la carcasa era el Sir von

Wagner. Fue entonces cuando, sin importarle que la vieran, se le acercó y lo tomó de la mano. Ella misma terminó de recoger los restos y los botó a la basura.

Varios días después de ese incidente, en el mismo sitio donde puso la carcasa, el sastre le dejó un sobre. Alegando ineficiencia en el trabajo, el memorando le informaba, además, de una reducción considerable de su salario. Era otra humillación.

Emily, con el papel en la mano, fue a la oficina del dueño.

—¿Qué la motiva a defenderlo? —le preguntó antes de que ella le hablara—. Usted es una mujer casada.

—No vengo a hablar de mi vida privada.

—Puedo despedirlo de mi negocio cuando se me dé la gana.

—Es ilegal reducirle el salario a un obrero.

—Él es ilegal. Lo puedo denunciar ante la Oficina de Inmigración.

Emily, desde ese momento, tuvo el temor de que el dueño de la sastrería cumpliera sus amenazas.

***

Antonio tuvo que trabajar los fines de semana en una carpintería ubicada en otro pueblo no muy lejano. Todo siguió como antes, pero tenían miedo de que algún día los oficiales de inmigración se presentaran en su puerta.

Llegaba a su apartamento antes que él y preparaba el café. Algunas veces lo esperaba con una botella de vino en la mesa. Cuando lo escuchaba subir las escaleras, llenaba las copas de vino o las tazas de café y le quitaba el seguro a la puerta. Ahora, que se veían muy poco durante los fines de semana, un nuevo elemento se sumaba a sus días; era la anticipación de verse cuando llegaba el lunes.

Emily tenía muchos temores y miedo desde el momento en que vio al alcalde con sus hombres subiendo los cuernos en la entrada del edificio. Había una extraña coincidencia entre el retrato del torero y los cuernos de la terraza, y a veces creía que el edificio estaba poseído por el demonio. Los comentarios que escuchó en la sastrería sobre los cuernos que, era como si el alcalde les dijera algo a quienes pasaban por la calle. Pero, ¿qué era?

Le preguntó al hombre de la sastrería.

—¡Ay, Emily! —Exclamó—. Es una larga historia. Esos cuernos han existido desde 1932 cuando Ben Crompton Primero los subió a la terraza de la puerta del edificio para mostrarle a la gente lo orgulloso que estaba de sus actos. Crompton Primero era, quizás, más sanguinario que su hijo y nieto. Él ordenó la muerte de los líderes de la Unión porque habían llamado a los mineros a la huelga. Treinta hombres que vivían en el edificio con sus familias, todos ellos fueron asesinados en una de las noches más espantosas de la historia del pueblo. Todavía recuerdo aquella fatídica medianoche en que nos despertaron disparos y *ayes*, voces aterradoras de mujeres y niños. Luego, unos días después, los cuernos aparecieron en la entrada del edificio. En ese momento, la gente se preguntaba, al igual que ahora, por qué esos cuernos estaban allí. La gente de entonces tuvo diferentes respuestas, muchos creyeron que Crompton Primero estaba loco. Aunque alguien los bajó, el edificio ya estaba estigmatizado y ahora que los vuelvo a ver, después de tantos años, creo que el estigma sigue ahí.

—¿Por qué su nieto los volvió a poner allí? —Preguntó Emily.

—No lo sé, pero recuerde que Crompton Tercero es tan loco como su abuelo. Quién sabe cuáles son sus intenciones, pero creo que son siniestras.

Emily ahora estaba más preocupada que antes. Cada vez que iba a ver a Antonio, veía los cuernos y quería bajarlos y quemarlos. Sentía el mismo escalofrío cada vez que pasaba por debajo de la terraza, una ola de frío que le llegaba hasta los huesos, pero desaparecía cuando entraba en su apartamento.

Le propuso que se mudaran juntos a una gran ciudad donde pudiera olvidarse de sus miedos. Había visto que sus hijas pasaban más tiempo en casa de su padre y concluyó que las había perdido, que su responsabilidad como madre había terminado y que, por tanto, estaba libre. Mudarse a una gran ciudad donde pudiera ir a conciertos de música clásica, y ahora que estaba enamorada, le parecía que ya no era un sueño. Pero Antonio no la escuchaba, era como si le hablara en un idioma extraño.

Él, por su parte, trabajaba en el retrato todas las tardes y no abandonaba el pincel hasta que no completara un toque fundamental o cuando se daba cuenta que había avanzado tanto que podía permitirse un descanso durante el cual le hacía el amor intensamente. En esos momentos no existía el tiempo ni las oraciones; recomendaciones y temores se desvanecían al ponerse el sol. Las tardes se iban, y ella se levantaba de la cama, se vestía, se alisaba el pelo y se despedía desde la puerta, y —mientras bajaba las escaleras—

repetía las palabras que le había dicho: "piénsalo antes de tomar el pincel, mejor piénsalo esta noche, piensa mientras duermes, este edificio tiene secretos, voces que escucho del más allá que me dan miedo". Sin embargo, esas palabras no tenían eco ni él las escuchaba, solo necesitaba mirarlo a los ojos para que sus miedos se desvanecieran.

Una vez, frustrada, se levantó de la cama donde posaba para el retrato, se vistió y se fue a su casa sin despedirse. A la tarde siguiente, arrepentida, volvió y lo esperó desnuda para que siguiera pintándola; y así pasó el tiempo.

El retrato estaba casi terminado y era perfecto con su brazo izquierdo debajo de la cabeza. Emily se preguntaba si la alegría en su rostro era cierta. Tuvo la curiosidad de comprobarlo y —mientras Antonio preparaba los pinceles— sacó el espejo de su cartera y se miró el rostro junto al retrato. Ambas Emilys tenían la misma sonrisa, solo que la suya era de deseo y placer.

Capítulo 27

Joe fue ascendido a operador de maquinaria en la fábrica. El ascenso no significó un aumento sustancial de su salario a pesar de que tenía trabajadores bajo su mando. Guardó el excedente debajo del colchón junto al dinero que le quedó de la construcción del parque. El nuevo trabajo representaba menos actividad física, ya que se sentaba todo el día frente a un panel con botones de diferente color desde donde controlaba las máquinas de la planta. Empezó a aumentar de peso y a perder el cabello. Como antaño, tenía en la nevera una lista de oficios: hacerle mantenimiento al parque una vez al mes, cortar la grama una vez por semana y otros quehaceres. No tenía en la lista "Cuidar los gatos", pero había incluido cortar la grama en las tumbas del general Douglas, de Ronnie y de los soldados. Unos meses más tarde debió poner al final de la lista, "resanar los huecos de la tumba del General". Desde hacía algún tiempo la tumba había sido blanco de ataques; disparos y raspaduras con lima metálica de alto calibre que habían deteriorado sus bordes. Era como si alguien tuviera una cuenta pendiente con el General que no pudo saldar antes de su muerte. Al interés que tuvo en un comienzo de saber sobre su vida se sumaba ahora la curiosidad de descubrir quién o quiénes eran y las razones de tanto odio contra el General. Pensó en vigilar la tumba en las noches.

Hasta el sol de aquel día, había enterrado nueve soldados alrededor del General que parecía como si vigilaran su tumba. El deterioro era tal que pensó reconstruirla con cemento reforzado. Cada vez que cortaba la grama encontraba los casquetes de los proyectiles. Los acumuló en el garaje hasta que un día se dio cuenta que el montón era tan grande que pensó en fundirlos y hacerle un busto a el General. Pero tenía primero que saber cómo era su rostro y no tenía una fotografía siquiera. Pensaba que cuando la encontrara en algún libro, el montón de proyectiles iba a ser lo suficientemente grande para hacerle un busto de tamaño natural.

A pesar de que la reconstruía frecuentemente, los disparos seguían, le abrían huecos, pero no se daba por vencido. Era una guerra contra quien o quienes querían destruirla y, dado el número de disparos, tenía la convicción de que eran varios lo que se ensañaban contra la tumba del General.

Una noche, luego de unos tragos de whiskey en el bar, desvió su *Cadillac* hacia el cementerio. Lo estacionó detrás de una lápida enorme con las farolas que apuntaban directo a la del General y luego las apagó. La carretera, que subía por el lado sur del cementerio hasta bien arriba, se convertía en un hilo blanco iluminado por las luces de los autos que transitaban a esas horas. Un auto en la distancia venía despacio. El auto pasó el límite del cementerio y continuó hasta detenerse frente a la tumba del General. El conductor se bajó, encendió un cigarrillo y se sentó en la parte delantera del auto. Joe pudo ver todos los movimientos del individuo esa noche que era clara con una luna grande que brillaba arriba. El conductor apagó el cigarrillo con el pie en la gravilla, luego se dirigió hacia la tumba del General; de un salto se subió en ella. Joe prendió las farolas de su auto y vio que el intruso se bajaba los pantalones.

—Antipatriota —le gritó Joe bajándose del auto—. ¿Qué crees que estás haciendo?

—Estoy cagando —le respondió el hombre.

—No sabes que esa tumba es sagrada?

—¿Acaso es la tumba de Jesucristo?

Joe pudo determinar que era joven, tal vez un adolescente.

—A cagar a otra parte.

—No puedo —le respondió el muchacho.

—A ver si esto te obliga a respetar el sacro aposento del General.

Joe sacó su revólver.

—Cagar es tan sagrado como la tumba, así que déjeme en paz —le dijo el muchacho con una tranquilidad tan pasmosa que parecía que era una costumbre todas las noches—. Por alguna razón el gatillo de mi pistola no funciona esta noche y decidí cagarme en la tumba.

—¿Por qué?

—Porque siento un alivio profundo. —Con la luz de las farolas que le daban en la cara, el muchacho vio la frustración de Joe—. Es una larga historia —sacó un pañuelo del bolsillo—. Me voy a limpiar y no quiero que me vea. ¿Es su familia?

—No, pero es la tumba del General.

—Mi abuelo no piensa lo mismo, lo hago por él.

Antes de poner en marcha el auto le dijo que su abuelo sabía la historia de la tumba. Joe le dijo que quería conocerlo y, acto seguido, se fue detrás del joven por la carretera hasta que ésta se volvió un camino polvoriento.

Eran pasadas las diez cuando entraron a la casa que tenía todas las luces encendidas y un televisor a todo volumen. La casa no tenía nada ni un cuadro en las paredes, ni un objeto decorativo que la hiciera más habitable. Un sofá grande y un reclinable se podía decir que eran las camas de sus únicos habitantes, el abuelo y el muchacho. Éste llamó al abuelo desde la puerta, señor Rupert. El abuelo levantó la mano desde el reclinable.

—¿Cuántos? —Preguntó sin mirarlo y sin levantarse. Era tal vez la misma pregunta todas las noches cuando el joven regresaba.

—Ninguno —le respondió el joven —decidí cagarme en la tumba.

El abuelo soltó una carcajada ruidosa. Aún sin ponerse de pie y sin dejar de ver el televisor que pasaba un partido de béisbol, el abuelo dijo:

—Cuídate, no sea que el alcalde te coja.

—Pues ya me cogieron.

—¿Quién?

—Este señor.

El abuelo saltó asustado del reclinable como si fuera un joven en sus treintas.

Era jovial y de mente lúcida a pesar de que podría tener unos 80 años. Puso una cara grave y miró al suelo cuando el muchacho le contó que Joe era quien cuidaba la tumba. Quería decir algo, pero tenía que pensarlo primero y se notaba que había tenido años muy difíciles. Una cicatriz grande en la mejilla izquierda eclipsaba su sonrisa.

—Es una mala temporada beisbolera, no he visto bateadores tan malos —dijo para menguar el susto. Tres dedos que habían sido cercenados de raíz enmudecían los movimientos de su mano derecha mientras que la izquierda permanecía inmóvil—. Los *KC Royals* van por el título —continuó. Tal vez quería evitar preguntas o no hablar de lo sucedido con su nieto.

—Yo no sería tan optimista, aún tienen que enfrentar a los *Cardinals* —le dijo Joe—. Pero no es de béisbol a lo que vine.

—¿Vino por lo de mi nieto?

—Lo encontré defecando sobre la tumba del General.

—No sabía que aparte de Crompton Tercero, alguien más le tuviera tanto respeto a ese forajido.

—Es la tumba de un general —insistió Joe dirigiéndose a la puerta de salida.

—Quédese para la cena. Sé cosas que le pueden interesar, ahora que me doy cuenta de su relación con el muerto —le dijo el hombre que se fue a la cocina a preparar la comida.

El joven, que hasta entonces estaba concentrado en los resultados de la competencia beisbolera, se puso también de pie y desapareció en el sótano.

—Mi abuelo tuvo contacto directo con "su General", ya lo sabrá más tarde cuando la cena esté servida —le gritó desde el sótano.

Por el olor que salía de la cocina, Joe determinó que el abuelo estaba friendo hígado de toro. Lo probó una vez cuando niño, un tiempo en que su madre no tenía más que prepararle para que comiera. No recordaba el sabor, pero tenía memoria de que, a pesar del hambre, el pedazo de hígado sanguinolento en el plato le pareció horrible y, antes del primer mordisco, corrió para el baño a vomitar. Su madre, al ver la reacción de su único hijo, soltó un llanto de desconsuelo y él se había comido todo el pedazo solo para consolarla.

Luego le llegó el aroma de cilantro y cebolla, y unos minutos más tarde, apareció Rupert con una sartén que chisporroteaba grasa y llamas, Joe pasó saliva. El abuelo puso la sartén en la mesa y lo invitó a que se sentara luego de que su nieto trajera los platos y los cubiertos. Destapó una botella de vino rojo y llenó las copas. El abuelo puso una rodaja de pan en su plato y una tira de hígado a la que le puso cilantro y cebolla. Luego exprimió limón. Su nieto hizo lo mismo.

Joe los imitó exprimiendo todo el limón sobre el hígado. Luego de probar el primer bocado, se dio cuenta de que era exquisito y no se parecía en nada al que había probado cuando niño.

—Buen provecho —dijo el abuelo— es de ternera, cuanto más joven, más fresco y saludable. Sabe menos a mierda. Me refiero a todas esas hormonas que les dan para que crezcan y maduren antes de tiempo. —Y luego cortó la línea de la conversación—. Así que usted es quien cuida la tumba.

—Sí —respondió Joe.

—¿Sabe quién está enterrado allí?

—Por supuesto que sé, es el general Douglas, hombre honorable y bueno.

—Ya me lo temía —dijo el abuelo sin perder su calma—, ni era general, ni era bueno.

Llenó las copas y se sirvió otra porción de hígado. Luego de una pausa, se cubrió la cara con las manos. La mano derecha, la que había perdido los dedos, dejaba una parte descubierta del rostro. Parecía la pintura inconclusa de un pintor aprendiz.

—Doug Wade —exclamó suspirando profundamente.

Capítulo 28

—Asi se llamaba —dijo luego de una pausa.

Tenía 20 años cuando conoció a Doug Wade; fue por eso días cuando ocurrió la masacre del 32. Como todos los del pueblo, también trabajaba en la mina y era miembro activo de la Unión. Ávido lector de tratados de economía y sociología, había leído el *Manifiesto Comunista* de Lenin, *El Capital* de Marx y otros libros relacionados, de los cuales desglosaba estamentos, ideas, opiniones o recitaba fragmentos que dejaban boquiabiertos a los demás trabajadores. Combinaba la habilidad de memorizar fechas y datos con las noticias, las pocas que se colaban de la revolución Bolchevique en la América capitalista y reacia a lo que sucedía en Rusia. Era, además, buen observador, de una inquietud sin límites y un carisma que bien podía usar a su acomodo y a su favor para convencer o manipular si lo deseaba. Pero Rupert era bueno y era modesto e inteligente a pesar de su juventud. Su humildad era el factor que gustaba en su entorno; todos los obreros lo querían por esa cualidad más que por su inteligencia. Los líderes de la Unión lo tenían en la mira como un miembro potencial que podía darle un poco de respiro e innovación a la organización. Fue, al cabo de los meses, elegido secretario de la Unión. Fue él quien llevó a todos los obreros de la mina a la huelga del 32 y fue quien se opuso rotundamente a cualquier acto violento muchos días antes de aquella fatídica fecha. Pero los hechos sucedieron y no pudo su palabra ni su carisma detener esa masacre.

Luego, días después, la contraparte en represalia ejecutó una persecución secreta y violenta contra los líderes de la Unión. En ese momento entró en escena Doug Wade, miembro activo de una facción del KKK del estado de Mississippi que se encontraba en el pueblo en una convención secreta. El dueño de la mina y el nuevo alcalde, Crompton Primero, abuelo de Crompton Tercero, contrataron a Doug Wade para que controlara la situación que presumían que iba a hacia el caos. Controlar la situación era solo un eufemismo que en el fondo significaba eliminar de raíz las causas del problema. No acababa Crompton Primero de posesionarse como alcalde luego de unas elecciones muy extrañas, cuando vino el dueño de la mina, su amigo, de quien era también socio sin que nadie lo supiera, acompañado de Doug. El dueño de la mina cerró la puerta de la oficina y acto seguido se lo presentó. "Él es la solución", le dijo. Doug, sin más vueltas, les esbozó el plan en voz baja a sabiendas de que nadie los escuchaba. "En solo unos días la mina estará abierta y trabajando a toda máquina", les prometió.

—Solo un problema —dijo el alcalde —¿cuánto?

—Nada, solo una contribución voluntaria para la causa —les dijo. Eso fue todo. Empezó por donde debía y como le parecía más efectivo, cortando por la raíz la causa del mal que tenía al dueño de la mina y su socio alcahuete, Benjamín Crompton Primero, casi en la bancarrota. Para ayudarlo en su cometido, y sin que Doug Wade se lo pidiera, Crompton puso la policía a su disposición; eso fue, hacerse la vista ciega cuando alguien viniera a denunciar una muerte.

Resguardar las calles significó menos vigilancia en las noches y recomendaciones de no salir de casa que en realidad no fueron recomendaciones si no un toque de queda. Así le preparaban el camino a Doug Wade, haciendo la noche más oscura, solitaria, sin que nadie viera el trabajo de aquel asesino que dormía en el día y vivía en la noche, tal y como John Fletcher le describió a Joe el "general bravo" o "el murciélago".

Nadie adivinaba que, detrás de los 1.67m de estatura y complexión delgada de Wade, se escondiera un hombre ágil que podía domar caballos salvajes y vencer hombres mucho más grandes que él. Lo acompañaba un dóberman del que especulaban que lo alimentaba con sangre de sus víctimas, porque tenía unos ojos de humano tan escabrosos que daba miedo sostenerle la mirada; y era que miraba directo a los ojos de quienes estaban cerca.

Cuando apareció el primer muerto con un tiro de gracia en la nuca, Rupert, el joven veinteañero líder de los obreros, sabía que él estaba en peligro. Se armó de una pistola sin saber cómo dispararla; tenía mucho más que eso para defenderse, tenía determinación y cojones para esperar al asesino. Porque eso habían hecho sus camaradas, esperar y morir como si nada pudiera evitarlo. Ese estoicismo no iba con él. Esperaría sí, pero se defendería. Fueron quince días de terror. Los líderes de los obreros fueron cayendo uno a uno. Fue efectiva la limpieza como solían decir el minero y el alcalde cuando en la oficina de este último se reunían para hacer un balance de los avances. Al ver los resultados, Crompton Primero, en un instante de euforia, prometió erigirle un monumento a Doug Wade. La limpieza era tan efectiva porque aparecían los muertos y la policía les hacía un levantamiento inmediato, era como si nada sucediera en el pueblo.

Luego sucedió la masacre en el viejo edificio, la que hizo tristemente famoso a Little York, la masacre de 1932; la misma de la que Emily llegó a enterarse en la sastrería.

—Después de la masacre, la última víctima de Doug Wade era yo —dijo, mientras volvía a rascarse la frente, un acto que repetía automáticamente—. Tengo ese hábito desde aquellas noches en las que lo esperaba. Era como si rascándome la frente me diera ánimos de esperarlo. Pude haber huido, pero un sentimiento profundo no me dejaba huir, era el coraje de vengar a mis amigos. Ahora que veo los hechos desde la distancia de los años, creo que algunos hombres estamos hechos para huir de la muerte y otros para enfrentarla. Jamás tuve el deseo de huir, por el contrario, tuve el descaro de buscarla, es decir de buscar a mi asesino. Me expuse abiertamente y llegué al punto de creer que todo aquel que me sostenía la mirada era Doug. Fue por esos días que me aferré a mi ángel guardián. Nada hay de malo en tener un ángel, la religión, ya ve... Es buena porque da valor, así sea para hacer el mal. Mal porque tenía ese sentimiento de matarlo y cuanto más me encomendaba a mi ángel, más fuertes eran esos deseos. Era como esos matones de Medellín que besan la imagen de su virgen cuando van a matar. ¿Cree en Dios? —Le preguntó.

—No —respondió Joe.

—Ese es el punto negativo de los comunistas —dijo—. Me gusta el comunismo, pero ese es el punto negativo. —Joe detuvo la mirada en una pequeña biblioteca en la que una *Biblia* enorme de lomo brillante resaltaba entre los pocos libros—. No sé cuántas veces la he leído —dijo cuando se dio cuenta de que Joe miraba la *Biblia*—. Y entonces —dijo, saltando de un tema a otro—, llegó el momento de enfrentar al enemigo. Llegó cuando menos lo esperaba, y llegó a mi casa, con su perro que le obedecía fielmente. Recuerdo que, de un chasquido de sus dedos, el perro que amenazaba con venírseme encima, se tendió a sus pies como un cachorro indefenso. No era como me lo imaginaba, alto, corpulento, de mirada grave y amenazante. Siempre me vi en esos quince días de pesadilla enfrentando a un gigante, así como en la contienda de David y Goliat. Por supuesto que me veía como el joven David. Pero el Goliat que me había imaginado era más bien corto de estatura, más bien enjuto hasta dar la impresión de que era débil. Me di un poco de confianza cuando me puse de pie y vi que no sobrepasaba mis hombros. Pero inmediatamente pensé que un asesino como él no va a la confrontación física. Un asesino como él dispara y punto. Así que antes de que me dirigiera la palabra, antes de que tuviera la certeza de que era él, le disparé a la frente. Un disparo certero, nada mal en alguien que jamás había disparado un arma, para alguien que apenas había visto una pistola. Doug se desplomó en sus rodillas y luego se fue de cara al piso, sobre el perro que se puso de pie y olfateó a su amo.

Se dio cuenta de que Joe le miró la mano sin los tres dedos.

—Fue el perro —se le adelantó—. Fue ese maldito animal, tan inteligente como un humano que cuando vio que su amo estaba muerto, como si entendiera de eso, se me vino encima sin darme tiempo de dispararle. Se llevó los tres dedos de una tarascada y voló por la ventana. El perro les llevó el mensaje a Crompton y su socio, el minero. Sabían que era yo. Me iban a buscar hasta encontrarme, así tuvieran que ir al mismísimo infierno. Esto, en vez de darme miedo, me dio coraje. Estuve por unos días a pan y agua en un escondrijo, tan cercano a la alcaldía y tan evidente, que me buscaron en todas partes menos en aquel lugar desde donde podía ver al alcalde y su amigo arrancarse las barbas de ira y de frustración por la muerte de Doug Wade. Así esperé hasta aquella tarde que, sentado junto a la ventana, tenía a Crompton en la mira de un fusil viejo que hoy no recuerdo como logré conseguirlo, cuando lo que debía haber hecho entonces era huir y ponerme a salvo lejos de este pueblo miserable. Lo tenía en la mira, con el cañón apuntando a su sien. Hoy el pueblo sería otro si hubiera matado al abuelo. Crompton Primero pensaba mucho y se sabía que, cuando pensaba, miraba a un punto fijo sin moverse, como en un estado de meditación profunda. Solo tenía que apretar el gatillo y salir por la puerta trasera, caminando sin prisa y alcanzar la carrilera del tren, esconderme detrás de los árboles hasta que éste pasara a medianoche y huir al norte. Pero sucedió algo tan extraño en ese momento, como si percibiera que lo estaban mirando, volteó la cabeza y miró justo a donde me encontraba. En vez de tirarse al suelo ante la posibilidad de morir de un disparo en la cabeza, me sonrió y, con el índice me señaló su frente, como diciendo "ponlo aquí". Esa actitud me dio mucho miedo. Ese era Crompton Primero, el abuelo de nuestro alcalde, muy macho y corajudo; no me quitó la mirada y sabía que en ese instante estaba dando órdenes e indicaciones exactas a sus sabuesos de dónde me encontraba. Esa tarde hui como lo había planeado en el tren que venía de New Orleans y que pasaba a la medianoche con su cargamento de mariscos para las ciudades de Chicago y Detroit. Salí a las escaleras traseras del edificio y di una mirada a la estrecha calle para estar seguro de que nadie me viera.

Continué calle adentro hasta llegar la Broadway a la luz de la tarde y a la vista de todo el que pasaba. No sé cómo fue que no morí o no fui blanco de un disparo, un tiro de gracia que pudo haber venido de cualquier lugar, porque ya para entonces todo el pueblo estaba en alerta de mi presencia.

Rupert supo también de oídas que Crompton Primero le había pagado a Doug una generosa suma de dinero por sus servicios y que éste, en retribución, le había regalado unos cuernos de búfalo que había comprado en una reserva Sioux junto a un pueblo de Dakota del Sur a orillas del río Missouri.

—¿Cuernos? —Interrumpió Joe.

—Sí, los mismos que Crompton Primero, para celebrar su victoria, plantó en la terraza del viejo edificio luego de masacrar a los obreros.

Joe no creyó la historia. No podía aceptar que el general Douglas fuera un criminal a sueldo y se hizo a la idea de que la historia de Rupert era la de otro hombre con el mismo nombre, un homónimo, otro Douglas, el malo que tal vez logró plasmar su nombre en la memoria del pueblo, dejando una huella negra que eclipsó la del general Douglas, el bueno. Desde esa noche, Joe tenía dos Douglas, el bueno y el malo. De ambos tenía solo indicios y, en parte, sabía más del malo. Era una historia que, real o ficticia, no le iba a impedir su búsqueda hasta saber la vida del bueno.

***

Eran las doce pasadas y había luna llena cuando salió de la casa de Rupert. Tal vez éste se dio cuenta de su incredulidad porque, cuando lo despidió en la puerta, le dijo que pasara por la calle donde estaba el edificio con los cuernos para que viera con sus propios ojos que no le mentía.

Era la primera vez que oía de los cuernos y del edificio. Más decidido que antes en sus intenciones de averiguar la vida del General, esa noche regresó al pueblo. La Broadway era una calle solitaria a esas horas; disminuyó la velocidad del *Cadillac* hasta detenerse en una esquina donde un semáforo parpadeaba una luz roja por unos segundos y verde después. Miró a un lado y luego al otro. A la izquierda, la calle estaba en tinieblas y a la derecha los faroles iluminaban toda la extensión hasta perderse unas cuantas cuadras dentro de la noche. Al lado izquierdo, un solo farol hacía la calle algo tenebrosa. Se desvió hacia aquel lado. Unos metros más adentro reconoció los cuernos en la terraza del edificio. Rupert no mentía, pensó. Detuvo el auto y miró que eran enormes; a pesar de la oscuridad, pudo ver que abarcaban la amplitud de la terraza en la entrada. Crompton Tercero, lo mismo que su abuelo, tenía un desprecio por los habitantes del edificio que podía medirse con los cuernos, pensó. Él mismo, de haberlo sabido antes, los habría bajado de allí y tirado a la basura. Se bajó del auto y se subió a la terraza. Tres cintas de hierro los sujetaban a la misma y era imposible removerlos. Se dio cuenta de que los tornillos eran grandes y firmemente clavados en el cemento. Se iba a bajar cuando escuchó que alguien descendía por las escaleras del edificio. Quien fuera se detuvo debajo de la terraza y luego pasó la calle. Los pasos eran de una mujer y Joe la reconoció inmediatamente. Junto a su auto, Emily dio la vuelta y miró hacia arriba. En los ventanales del edificio del frente vio el reflejo, como en un espejo en la noche, la única ventana iluminada del edificio y la silueta de un hombre que alzaba la mano y se despedía de Emily. Ella se subió al auto y se marchó.

Emily tenía un amante, lo confirmaba esa noche. La idea misma fue tan remota hasta ese momento que no podía creer lo que había visto. Pensó subir hasta donde vio la silueta del hombre y matarlo, lanzarlo por la ventana, una defenestración silenciosa y sin huellas que ni su esposa misma llegaría siquiera a sospecharlo. Esa noche llegó a su casa, encendió la luz del *hall* y abrió la puerta del cuarto. En la penumbra la silueta de Rose, la curvatura de sus caderas, los hombros desnudos y su cabellera que reposaba en la almohada. Se desnudó y así como estaba ella, de espaldas se deslizó entre sus piernas y la penetró con rabia. Fue una eyaculación simple, sin un estremecimiento, sin un suspiro ni desgarro que alterara el silencio; fue una cópula simple y llanamente.

Capítulo 29

Una tarde calurosa fue a un bar cercano al edificio de los cuernos. Vio que eran mucho más grandes y parecían intimidar a los transeúntes que pasaban.

Joe pidió una cerveza fría, se sentó junto a la barra del bar e intercambió algunas palabras con el cantinero. La conversación pasó de las últimas noticias a los cuernos. Para el cantinero, un hombre de cuarenta y tantos años que acababa de verlos, no eran más que un amuleto para los inquilinos del edificio.

—Los cuernos en mi tierra dan buena suerte —dijo. De repente, se escuchó un bullicio en la calle. —Ahí están, hablando de cuernos— dijo el cantinero.

Joe miró hacia la calle, los cuernos ya no estaban. Los inquilinos del edificio los habían bajado de la terraza y formaban un círculo alrededor de dos hombres que simulaban una corrida de toros. Uno de ellos sujetaba los cuernos y embestía al otro que le *hacía el quite* con una manta roja. Para Joe, que nunca había oído hablar de corridas de toros, el espectáculo era extraño. Pero lo que le llamó la atención fue el hombre que tenía la manta roja, alto, moreno y bien parecido; sintió una punzada en su pecho cuando vio que en el cuello tenía la pañoleta azul, de círculos rojos y blancos de Emily.

Joe pagó la cerveza y se fue. Condujo sin rumbo por las calles del pueblo y luego fue a visitar la tumba del General. No podía olvidar la cara del hombre. Probablemente tenía la edad de Emily, joven y fuerte.

Esa misma noche fue a Colton, "quizás unos sorbos de whiskey le ayudarían a olvidar lo que vio y también a Emily de una vez por todas".

Había mucho movimiento en el parqueadero del burdel a esas horas. Los autos lujosos con placas de Missouri, Illinois y otros estados más lejanos en perfecta alineación le daban un cierto aire de importancia al lugar. A pesar de que iba a haber tormenta y el viento soplaba con violencia, los autos seguían entrando al parqueadero. Las prostitutas perfectamente vestidas, con trajes elegantes que las hacían ver como damas respetables, esperaban a los clientes en la puerta. La entrada estaba adornada con coronas y guirnaldas que pendían del umbral. Unas luces de colores, que se encendían y se apagaban, se camuflaban en el antejardín. Lo que nunca le había pasado a Joe, lo recibió una mujer joven con una copa de whiskey en las rocas y lo llevó al interior del burdel. Había un aire de sofisticación en los salones, bares y habitaciones también. La joven prostituta se sentó a su lado, tan cerca que podía oler su perfume y su aliento fresco. La sonrisa de la prostituta cambió de repente, una cara triste y trágica que sorprendió a Joe. Le contó que la noche no era para divertirse y estaba asustada. Le dijo al oído que el alcalde estaba molesto y que iba a matar a un hombre esa noche.

—¿Por qué?

—No sé.

—¿Conoces al hombre?

—No —dijo sollozando—, me duele pensar que puede ser un hombre inocente, un buen esposo o amante.

Joe tomó un largo sorbo de whiskey y pensó en los eventos de los últimos días, la historia de Rupert, haber descubierto que Emily tenía un amante, además de saber que alguien iba a ser asesinado esa noche. Por alguna extraña razón pensó que el hombre inocente que mencionaba la prostituta era el amante de Emily.

—No soporto esta sensación. Lo que más me molesta es que todos saben y nadie hace nada.

La mujer lloraba. Le cogió las manos con tal fuerza que Joe, conmovido, estuvo a punto de prometerle todo lo que le pidiera, así fuera matar al alcalde antes de que matara al hombre. Y justo lo que pensaba en ese instante, la prostituta le dijo "prométame que hará algo, aunque sé que no hay nada que hacer, miéntame, hágame creer que hará algo para detenerlo. Sólo hágame creer eso", y Joe se lo prometió, se puso de pie y se fue.

Once y treinta y ocho de la mañana

Sus voces desaparecían por momentos y entonces escuchaba su llanto que se iba disipando como si las dos aceptaran que nunca más lo volverían ver. Le pareció que se habían dado a la tarea de encontrar objetos escondidos como si buscaran algún secreto. Fue entonces cuando recordó que el retrato que le pintó Antonio estaba debajo de la cama y, justo en ese instante, apareció Rosario con algo envuelto en una tela envejecida por los años. Reconoció el envoltorio, era el mismo desde que recuperó el retrato en la tienda del fotógrafo. Ajustaba la tela una cinta roja, la misma después de tanto tiempo. Emily soltó el llanto.

—*Lo sé todo* —*le dijo su hija en voz baja evitando que Linda escuchara. Rosario le limpió las lágrimas* —. *Alguna vez, hace mucho tiempo, vi el retrato y entonces entendí todo...*

Capítulo 30

...A la media noche la despertó una corazonada, estaba tan segura de que había escuchado su voz que se levantó inmediatamente y lo primero que pensó fue ir a verlo. Llovía intensamente. Se puso la levantadora y tomó las llaves del auto. Intentó abrir la puerta, pero la tormenta no se lo permitió. Intentó varias veces, pero el viento era tan fuerte que parecía que la había bloqueado por fuera. Regresó a su cama y no pudo dormir.

Seguía lloviendo cuando el reloj despertador dio las cinco de mañana. Se levantó y fue a la cocina a preparar el café. Cuando estuvo listo, se sirvió una taza y luego le puso azúcar sin refinar como había visto que se lo tomaba Antonio. Vio a través de la ventana que el viento había derribado algunas ramas de los robles en su patio. Luego les preparó el desayuno a sus hijas y les puso los abrigos en la pequeña mesa de la entrada para que se protegieran de la lluvia. Antes de salir para la sastrería, les recordó que tenían que limpiar la casa, levantar el desorden que habían hecho en la celebración de los cumpleaños de Rosario.

La sastrería estaba sola a pesar de que eran las ocho pasadas. Preparó su máquina y se sentó a coser. Media hora más tarde los empleados empezaron a llegar y a las nueve estaban todos excepto Antonio. En su máquina había un pantalón que él había dejado sin terminar la tarde anterior. Recordó que le había dicho que esa noche le iba dar las últimas pinceladas a su retrato; feliz porque la pintura tenía valor artístico y bien podía pertenecer a una colección de arte. Con entusiasmo le dijo: "creo que estoy alcanzando madurez y estilo propio". Eso le dijo antes de salir para su apartamento. Le recordó ella que iría tarde a verlo porque una de sus hijas estaba de cumpleaños y le respondió que estaría esperándola para mostrarle el retrato terminado.

    Miró el reloj otra vez, eran las diez de la mañana y Antonio no llegaba. Pensó que estaba enfermo y se dijo a sí misma que iría al mediodía a verlo. Recordó también, mientras trabajaba, que antes de salir de su apartamento la noche anterior, lo vio pensativo. Aquel recuerdo le pareció un sueño: Antonio tenía el rostro pálido y ella le preguntó si estaba enfermo; él respondió que jamás se había sentido mejor. Todo el tiempo hablaron de muchas cosas. Volvió a contarle la historia de la huida de su patria, punto por punto, de la mala suerte de no haber recibido el asilo político y —de ella— que le dijo que lo había salvado. Ella, que vio los cuernos de búfalo en un rincón junto a la ventana, le pareció extraño y sintió escalofrío; le preguntó cómo era que éstos habían ido a parar a su apartamento. Lo que le contó le pareció inverosímil y lo primero que le vino a la cabeza fue quemarlos. Hicieron el amor y también por primera vez le había pedido que se divorciara, ya que así podían estar juntos para siempre. El viento era fuerte cuando había salido del edificio y, como siempre, se despidió desde la calle cuando lo vio en la ventana con el torso desnudo.

    A las doce en punto fue a buscarlo a su apartamento. Subió las escaleras, la puerta estaba abierta. Su sorpresa fue grande cuando al entrar, encontró a Sir von Wagner asomado a la ventana.

—La estaba esperando —le dijo el sastre.

—¿Qué hace aquí? —Le preguntó ella.

—¿Usted qué hace aquí? —El sastre le devolvió la pregunta con enfado.

—Busco a Antonio —Emily se dirigió a su alcoba. La cama estaba vacía y las cobijas en el suelo. Su retrato, que los dos habían colgado en la pared la noche anterior, estaba en el piso también.

—Es una pintura muy buena —le dijo el sastre cuando vio que la levantaba y enrollaba. Los pinceles estaban en el piso, lo mismo que el recipiente donde mezclaba las pinturas. Uno de los pinceles en el banco donde Antonio se sentaba a pintar destilaba un hilo de pintura fino y largo que casi alcanzaba el suelo. Algo había sucedido y Antonio, tal vez, había huido. Pensó que habían venido de inmigración y que lo habían deportado. Sin embargo, le preguntó al sastre,

—¿Dónde está Antonio?

—Antonio está muerto.

—¡Noooooo, no es cierto! —Gritó Emily.

Las palomas que se amontonaban encima del edificio del frente alzaron el vuelo. Parecía que el tiempo jamás había seguido su curso, que no había transcurrido la mañana ni la noche de tormenta, que no había escuchado al sastre hablar de nada y que era tan feliz como lo fue en todas las tardes que venía a verlo. Y toda esa negación se desvaneció de pronto como las palomas que alzaron el vuelo y desaparecieron. Quería morir, que se la llevaran a la tumba junto con él. Bajó a la calle. Las nubes se habían caído y todo estaba oscuro. El viento silbaba en las cornisas de los edificios y caminó hasta su auto sin importarle la lluvia. Reclinó la cabeza en el volante con la mente en blanco y dolor en el pecho. No era un dolor físico, era un dolor mortal, era el fin, el fin del fin, el fin de todo ...Ella moría ese día.

Once y cuarenta y dos de la mañana

Madre e hija guardaron silencio. Rosario intentó soltar la cinta del envoltorio, pero Emily se lo impidió tomándola de las manos.
—¿Tanto lo amabas? —Le preguntó.
—Lo amaba con toda mi alma.
—Todos estos años intenté preguntarte lo que pasó.
—Yo también quise saberlo todo, cómo sucedió y por qué lo mataron. Una historia inverosímil por donde quiera que se la mire.
—¿Sabía que amabas a otro hombre? —Le preguntó Rosario mirando hacia el cuarto de su padre.
—Sí —Emily miró largamente por la ventana. La respuesta fue muy simple y su hija la miró esperando que le contara algo más.
—¿Qué más sabes? —Le preguntó.
—Se lleva a la tumba un secreto que nunca me confesó.
—¿Qué quieres decir, madre?
—Sospecho que uno de los asesinos fue tu padre...

Capítulo 31

...Habían pasado tres años desde cuando lo vio en la sastrería por primera vez y el día en que lo llevó a la tumba, parecía que había pasado mucho tiempo. Las nubes oscuras seguían presentes, todo le recordaba a Antonio, los otoños, los veranos y hasta la nieve cuando no podía verlo porque las calles se volvían intransitables. Como si le hubiera hecho la promesa en su tumba de que iba desbaratar el mundo y pulverizar las rocas hasta descubrir a sus asesinos, seguía con el mismo rencor y la misma tristeza.

La reminiscencia de aquel momento, el sentido de culpa, los deseos de deshacer los hechos y enderezar el pasado eran un tormento, tanto que una noche subió al ático y bajó una cadena larga y gruesa. Como pudo la arrastró hasta el parque de Joe, sin hacer el menor ruido la ató a las bases del columpio, de la rueda giratoria y el carrusel. Estacionó su auto frente al parque, aseguró la otra punta a la parte trasera ajustándola al guardachoque y puso la máquina en marcha. Con toda su potencia salió calle abajo con la larga cola de hierros, latas y maderos detrás que dejaban una estela de chispas y de humo. Los perros del pueblo fueron los únicos que se despertaron al ruido. Pasó derecho por la calle principal y siguió sin rumbo. Más tarde, luego de que la cola fue menos ruidosa, porque el parque de Joe se fue dispersando por el camino en pedazos, se estacionó frente al edificio, miró hacia la ventana donde Antonio solía decirle "buenas noches, mi dulce amor".

Era muy de madrugada cuando regresó a casa. Se acostó sin poder dormir. Mientras afuera los vientos de otoño desprendían las hojas de los árboles y algunas tejas del techo, volvió a recordar los momentos que vivió con Antonio. Tenía preguntas, dudas y sospechas. Sospechas que después creía infundadas como la de que Joe lo había matado. Sospechaba del sastre, cuya presencia en su apartamento era inexplicable, y lo más extraño era su actitud, como si estuviera satisfecho por el desenlace de los acontecimientos. No tenía por dónde empezar sus averiguaciones y hasta llegó a pensar en darse por vencida.

Jamás se preguntó qué habría pasado si el destino no hubiera tomado el camino trágico. Evitó esa pregunta, así como evitó preguntarse qué hubiera sucedido si su vida junto a Joe hubiera sido distinta. Vio los signos de la tragedia antes de que sucediera: su palidez, la actitud de Antonio que esa noche le pareció que no pertenecía a este mundo, y luego haber escuchado en sueños su voz. Fue ciega a las señales.

***

Una tarde, después de tanto pensar y de llegar a la conclusión de que la muerte de Antonio se iba a quedar en el misterio, golpeó en su puerta alguien que hacía mucho tiempo no veía.

Camille Cadwell no era la misma de aquel tiempo que compartieron en la sastrería. Había perdido algunos kilos y los años le habían dado un toque de importancia. Vestía elegantemente un sastre de última moda color rosa que le sentaba muy bien. Llevaba sombrero del mismo color, guantes que se quitó inmediatamente luego de ver a su amiga y una cartera debajo del brazo. Camille parecía una princesa de la nobleza de algún país europeo.

Fue un reencuentro efusivo. Camille le contó lo qué le pasó en todo ese tiempo desde que salió de la sastrería. Deambuló por algunos estados y por algún tiempo vivió en Detroit, donde trabajó de mesera con un salario que no le alcanzaba para cubrir sus necesidades. Luego pasó a Canadá, donde trabajó en un ancianato en Toronto y más tarde en una firma privada de detectives. Ninguno de esos empleos le alcanzaba para cubrir sus necesidades y por último regresó al pueblo.

—Y aquí empieza la otra parte de mi vida que es difícil de explicar y de entender —dijo.

Sin un empleo y sin deseos de volver a la sastrería, no tuvo otra alternativa que ir a Colton donde empezó por lo más bajo, limpiando cuartos que olían a cópula, a macho y hembra, a almizcle y vómito, a alcohol y menstruación, a fluido de hembra y semen, levantando ceniceros, aspirando residuos de cocaína y colillas de marihuana con huellas de pintalabios. En fin, toda la inmundicia humana, más despreciable que la de un hospital. El salario le daba para subsistir gracias a los beneficios que proveía el burdel, pagando un porcentaje por la alimentación y cuarto privado que no estaba mal comparado con aquellos donde había vivido. Después de hacer cuentas, podía guardar algunos dólares bajo el colchón. Sentía admiración por la dueña del burdel, quien le propuso un ascenso ganando más dinero y respeto dentro del burdel. El ascenso a prostituta fue algo que tuvo que pensarlo por muchas noches, y luego de hacer muchas más cuentas, de imaginar una vida cómoda luego de retirarse si era inteligente y ahorraba dinero, aceptó la oferta y su primer cliente, "no lo vas a creer, fue Sir von Wagner, así como lo oyes, el sastre". Ella, que alguna vez le dijo que ni muerta se iría a la cama con él, un alemán racista que miraba para otro lado cuando pasaba a su lado, y que hubiera preferido masturbarse pensando en Paul Newman, le confesaba que durmió con el sastre por el dinero que le pagaba.

El sastre jamás la reconoció y seguía sin identificarla hasta el sol de aquel día. Pagaba por noche precios altos que él mismo proponía y que, para la dueña del burdel, eran exagerados. La dueña decía que una mujer sin experiencia en la cama, no se merecía tanto, aseveración que en cierta medida no era cierta porque Camille era, como se definía ella misma, "sabia en la cama". Y la dueña recibía el dinero que pagaba el sastre, descontaba un porcentaje y el resto era para ella. Luego de un tiempo, el sastre le propuso hacerla suya, exclusivamente suya, cuando la deseara y como la deseara. Tenía que estar a su disposición, así fuera en los momentos menos esperados. Por ejemplo, si al mediodía se le daba por estar con ella, solo tenía que presentarse en su alcoba sin anunciarse de antemano. Por último, los servicios se volvieron más exclusivos. Pagando un sobreprecio, el sastre la quería a domicilio. Y así terminó en su casa, convertida en su amante y en cierta medida su esposa, sin boda, sin anillo de compromiso ni ceremonias.

Ella, por su parte, sin darse cuenta, se enamoró del sastre y ese era el motivo de su visita. De ese enamoramiento tenía solo sobresaltos, celos que no podía apartar de su diaria cotidianidad, ya que el sastre que, en un comienzo le dedicaba toda su atención, había empezado a despertarse todas las noches con pesadillas y dolores de cabeza. En su sueño intranquilo exclamaba un nombre de mujer que no era el suyo. Ese nombre era "Emily". El sastre le aclaró todas las dudas y, después de unas semanas, cuando todo parecía en calma, se despertó a medianoche gritando otra vez tu nombre, "Emily". Ella había encendido la lámpara y vio el rostro de un hombre atormentado que no sabía quién era ni dónde estaba. El sastre, además de la enfermedad que tenía, sufría un mal de amores. Esa noche se sinceró contándole la verdad: sus sentimientos estaban en otra mujer, y esa mujer era Emily.

Fue una confesión terrible para Camille que siempre estuvo segura de que el amor del sastre era indivisible. Para ella, que en las lides del amor no le iba tan mal, aquella confesión le había herido su autoestima. Así que, más por orgullo que por el amor que sentía hacia el sastre, había venido a preguntarle si lo amaba.

—Nunca —le respondió Emily—. Mi amor está muerto.

Acto seguido y en pocas palabras Emily le contó su vida también, desde el momento en que Camille abandonó la sastrería hasta el último día: cómo conoció a Antonio, el amor que llegó a sentir por él y su asesinato.

Camille sacó de su cartera un pañuelo, se lo pasó por los ojos y luego suspiró profundamente. Sacó una pitillera fina, de plata brillante y letras doradas con su nombre y un corazón atravesado por una flecha, extrajo un cigarrillo y lo encendió. Los modales de Camille habían sufrido una transformación que no le sentaba mal. El vocabulario vulgar que solía usar cuando estaba en la sastrería lo reemplazó por uno más elegante, aunque se notaba el esfuerzo seleccionando las palabras. Parecía que Camille era elegante y culta por naturaleza, pero esa elegancia tenía una dosis de pretensión.

Más tranquila, luego de lo que le dijo Emily, su rostro tuvo una metamorfosis instantánea que la hacía irreconocible porque los rasgos que la ira, los celos y la decepción habían enmascarado, ahora reaparecían con un aire fresco que la hacían ver mucho más joven. Empezó con tono alegre y dicharachero a hablar sin parar.

En un comienzo, Sir von Wagner le llevaba cada noche al burdel un vestido nuevo que él mismo le diseñaba. En todo ese tiempo, jamás le trajo el mismo diseño ni le repitió algún vestido. A la relación no le faltaba casi nada. Que más podía pedirle a la vida en estos tiempos de recesión en que ser prostituta es una opción razonable y, en la mayoría de los casos, apetecible. Había acumulado una buena cantidad de dinero, el suficiente para salir del burdel y sostenerse por un tiempo hasta encontrar un trabajo honorable, pero no lo hizo. La vida en Colton tenía algo, un *no sabía qué*, que la atrapaba o mejor la encarcelaba. Se sumaba a todo ese romanticismo el amor por el sastre.

Todo había alcanzado el nivel de la perfección, desde el romance hasta los detalles más insignificantes, a veces la sorprendía con un dije diminuto en oro puro o una pulsera de incuestionable calidad, o una minucia como un pastel de queso y fresas. Pero le faltaba algo a ese mundo que con resignación había aceptado más por costumbre que por tolerancia. Faltaba eso, "imagínate", le dijo; "lo más importante de todo, te digo de todo", la cumbre, el clímax en el que Sir von Wagner fallaba con la misma lamentación con que justificaba su imperfección, la desgracia y la tragedia de una virilidad débil y nada funcional. El sastre maldecía, puteaba a su madre, a su padre y a su hermana, "la gran meretriz de Berlín" como la llamaba, contra quien descargaba toda su rabia porque lo que le faltaba a él, le sobraba a ella, la lasciva que se gozaba a todos los jóvenes berlineses. Ella le había quitado todo, la hermana gemela que le hizo el daño más terrible de la vida en el útero de su madre absorbiendo todas las hormonas que le pertenecían por derecho biológico. Esa era la maldición que echaba siempre, palabra por palabra, punto por punto, cuando veía su órgano fundamental desaparecer, empequeñecer, esfumarse sin dejar el menor rastro, escindido, escondido en su pelvis de macho disminuido. Camille lo consolaba dándole palmaditas en la espalda, dulces besos en la mejilla, en la frente y finalmente el besito de las buenas noches.

Y, por último, como si fuera una artista capaz de disimular sus emociones, el rostro de Camille cambió de alegre al de una tristeza profunda al contarle que esa noche, la de la confesión, además de celos sintió miedo, porque vislumbró en el rostro del sastre la actitud de un hombre capaz de cualquier cosa, hasta de matar para lograr el amor de la mujer que amaba.

Emily sintió miedo también y estaba segura de que Camille se guardaba confesiones que tal vez por temor no quería contarle. Definitivamente tenía miedo y se lo había pasado a ella. Camille terminó la visita abruptamente y, antes de salir, le prometió que vendría más seguido.

—Es mejor que no vengas —le dijo Emily.
—¿Por qué?
—No es una buena idea.
—¿Estás pensando que él lo mató?
—Sí.

A Camille no le importó la advertencia de Emily y volvió de nuevo. En una de las conversaciones, hablaron sobre el retrato de Emily. El sastre se lo había arrebatado de las manos ese día trágico. Lo llevó a su casa y lo guardó en una habitación segura. Apreciaba el retrato, pero al mismo tiempo quería destruirlo. Camille desconocía su existencia hasta hacía unos días cuando lo vio que se lo llevaba en su camioneta. No se atrevió a preguntarle, pero sospechó que lo llevaba al taller, tal vez para enmarcarlo o restaurarlo.

***

Varios días después de haberlo pensado muchas veces, Emily fue al taller. Su retrato estaba extendido en una mesa, asegurado en las esquinas con bloques de metal. En lo que pareció ser un acto instantáneo de ira, el sastre raspó la cara de Emily hasta que desapareció e hizo lo mismo en otras áreas. Un hombre vino a atenderla; le dijo que era fotógrafo, pero que la restauración de arte era su pasión.

—Extraño —dijo el fotógrafo—. El sastre lo quiere enmarcado y no restaurado.

Se inclinó hacia el retrato hasta que su nariz tocó una de las áreas que estaban rayadas, "hijo de perra, usó querosene para borrar lo que le daba identidad al retrato, un acto de odio, ahora es una alegoría de lo que era, mejor una imagen grotesca". Y el hombre tenía razón porque la idea del sastre era enmarcar la pintura para colgarla en el cuarto privado donde nadie —solo él— tuviera acceso, para reírse de Emily cuando quisiera, y así tal vez descargar toda su frustración.

—Fui la modelo para ese retrato —dijo Emily.
—Me estaba preguntando —dijo el hombre.
—Es una larga historia, pero ese cuadro me pertenece.

—El sastre me pagó una cantidad considerable de dinero por el enmarcado y...
—Sé que no hay nada que pueda hacer para recuperarlo, pero tengo la esperanza de que algún día lo haré —Emily interrumpió al hombre y salió del taller.

Capítulo 32

Pasaron los meses y Sir von Wagner murió de pronto. Un aneurisma cerebral le causó un derrame masivo en la región dorsoparietal y una muerte instantánea que fue conocida en todo el pueblo por la importancia que representaba el sastre. Murió en su cama bajo los cuidados de Camille y una enfermera que estuvo a su lado todo el tiempo. Al entierro asistieron algunas personalidades de No-town: Crompton Tercero y su gente, los empleados de la sastrería, amigos, amigas y personas que —sin conocer al muerto— vinieron por curiosidad. Emily estuvo también porque Camille se lo pidió.

Camille vestía de luto, sombrero negro, gafas oscuras y guantes del mismo color. Su elegancia contrastaba entre quienes vinieron al funeral. Quien oficiaba la ceremonia abrió la *Biblia* en el Nuevo Testamento: San Juan 11:38-44 y empezó a leer la resurrección de Lázaro. Al comenzar el verso "yo sabía que siempre me oyes; pero lo dije por causa de la multitud que está alrededor" ...El reverendo se dio cuenta de que la multitud desviaba su atención hacia una limosina oscura que se acercaba muy despacio. La limosina se estacionó cerca y las puertas se abrieron automáticamente para dar salida a un grupo de mujeres bellas y elegantemente vestidas de negro. Las mujeres vinieron hasta donde estaba Camille y —una a una— le dio sus condolencias; luego, como si hubieran ensayado los movimientos, con un cierto toque protocolario, se ubicaron a su lado dispuestas a atender la lectura bíblica. La ceremonia no terminó como se esperaba porque una mujer, al parecer celosa, reconoció que las recién llegadas eran las prostitutas de Colton. La mujer abandonó el funeral llevando casi a rastras a su esposo mientras les gritaba improperios. Luego, todas las mujeres que atendían el funeral hicieron lo mismo y el funeral terminó en un entierro solitario.

Después del sepelio del sastre, Emily fue al taller del fotógrafo. El retrato seguía en la mesa y el fotógrafo no sabía qué hacer ahora que el sastre estaba muerto. Le propuso restaurarlo con la aplicación de una técnica nueva que lograría que la pintura quedara igual que antes. Pero Emily le dijo que no.

Tenía un problema con el lienzo, debido a su tamaño temía que sus hijas, sobre todo Sarah lo descubriera. Lo envolvió en una manta blanca para protegerlo del polvo y luego le amarró una cinta roja en la mitad. Rápidamente lo guardó en el lugar que pensó que era el más seguro de la casa, debajo de su cama.

* * *

Tan triste como en el funeral le dijo en la puerta, "tenemos que hablar" y acto seguido entró. Se arrepintió por no habérselo contado en la primera visita. Con la muerte del sastre, tenía la libertad de contarle lo que sabía, todos los eventos que llevaron a Antonio a su muerte.

Empezó a contarle como si tuviera afán de zafarse de una responsabilidad... En aquella fatídica noche, daban las diez en el reloj cuando el sastre le dijo a la enfermera que se fuera para su casa, que ya no la necesitaba. Ella se opuso diciéndole que no podía abandonarlo en el estado en que estaba, que —obedeciendo a su juramento y principios profesionales— tenía que cuidarlo. La verdad era que estaba muy enfermo para despacharla de esa manera; poco respetuoso, le insistió y la enfermera guardó el estetoscopio, el termómetro y un paquete de jeringas hipodérmicas en su cartera y se fue. Afuera llovía y el viento era fuerte, disgustado por el mal tiempo, se levantó arrastrando los pies y de la mesita de noche sacó un revólver. Más tarde sonó la campana del portón y ella preguntó: "¿Quién podía ser a esas horas?

—Es alguien que espero para discutir un asunto, quédate aquí y no bajes, es un asunto de hombres—. Escuchó voces que se confundieron con la tormenta, la conversación no duró más de un minuto, y luego cerró la puerta. Él, pensativo como quien tiene que hacer algo que no quiere, fue directo al bar y llenó un vaso con whiskey. "No con las píldoras", le dijo ella, pero no le hizo caso y más tarde miró el reloj. Lentamente se vistió de campaña como si se fuera de cacería y luego le dijo que iba a matar al amante de la mujer que amaba, así le dijo, escuetamente como si le dijera que iba a matar un venado. En aquel entonces Camille no tenía conocimiento de quién era la mujer que amaba el sastre. Confundida, tomó la botella de licor y bebió hasta perder el sentido. Al otro día cuando se despertó, el sastre dormía a su lado. Jamás había visto su rostro tan inquieto, era como si tuviera una pesadilla. Sintió celos porque pensó que soñaba con la mujer. Vio el revólver sobre la mesita de noche y pensó matarlo y luego quitarse la vida, pero le faltaron fuerzas.

—Me pregunto —le dijo mientras se secaba las lágrimas—, qué habría sucedido si me hubiera reconocido entonces.

El día en que el sastre se iba a morir, moribundo y tal vez arrepentido, le confesó que el plan para matarlo fue en Colton esa misma noche.

—El sastre no estaba solo —concluyó Emily.

—Crompton era el hombre que vino a visitarlo esa noche, pero había más gente involucrada.

Le propuso descubrir a los otros asesinos; empresa difícil y peligrosa, pero era una detective inteligente.

Había que empezar en la casa del sastre; ahora que estaba muerto, podía requisar todos los rincones sin ningún problema. Segura estaba de que el sastre guardaba archivos, cartas, comunicados, etc, entre los que esperaba encontrar los nombres de los otros asesinos y sus motivos.

Sacó cajas, baúles, gavetas, urnas y cabinas que amontonó en la gran sala del primer piso, e invitó a Emily a que la ayudara buscar. Solo buscarían, solo eso porque no sabían qué, algo que al menos les iluminara el camino hacia la solución del problema; un indicio o evidencia para empezar. La pregunta que tenían era que, si llegaban a saber quiénes fueron los otros en el plan para asesinarlo, cuál sería el siguiente paso. En un pueblo como No-town, donde la justicia nunca existió, acusar a alguien de asesinato, así las evidencias fueran incuestionables y más allá de la duda razonable, era una utopía.

Pero empezaron a buscar, abriendo cajas de cartón, urnas y baúles cuyo contenido vaciaban al piso y luego revisaban. Encontraron cosas inverosímiles: una colección de posters de comerciales, todos originales provenientes de una galería de Aspen, Colorado; uno de Coca-Cola, con recibo adjunto que tenía un valor de 150.000 dólares. También hallaron cartas a proveedores y compradores, recibos, notas, memorandos de bancos, balances, transacciones etc; nada de donde al menos sustentar una sospecha. Pero seguían buscando. En una gaveta encontraron diarios meticulosamente escritos, como si reportaran datos científicos de expediciones a lugares remotos. Parecía que, día tras día, el sastre había consignado parte de su vida. En uno de los diarios encontraron mensajes a su familia, a su hermana a quien odiaba. Y "bingo", dijo Camille, "mira ésto", cartas de amor dirigidas a Emily en las que le decía o proponía noches de amor y —por último— la carta en la que le confesaba su odio por Antonio, a quien se refería como *the latin, the ilegal, my enemy, the spaniard,* y *Piece of*

Shit. Una carta sin dirección, en la que prevenía al misterioso destinatario de dos damas cuyos nombres le haría saber cuando estuviera seguro de cuál era su relación con "el blanco", le decía en clave. Concluyeron que se trataba de ellas, y "el blanco" era Antonio.
—Hijo de perra, tenía todo planeado y solo esperaba —exclamó Camille.

Capítulo 33

Una mañana Emily abrió el portón y, en las escaleras de la entrada, estaban los cuernos de búfalo con la nota:

"Haz lo que quieras con ellos, córtalos en pedacitos, quémalos hasta que se vuelvan cenizas y las cenizas hasta que se vuelvan nada, porque odio esos malditos cuernos tanto como tú, tanto que no descansaré hasta descubrir a los otros asesinos".

Emily puso los cuernos en una de las esquinas del patio y pensó quemarlos en la tarde, pero se olvidó de ellos porque se aproximaba otro aniversario de la muerte de Antonio y su mente estaba en otra parte.

El día del aniversario, parqueó su auto lejos de la tumba, tomó un ramillete de rosas rojas y caminó por la senda empedrada. De pronto, se detuvo y miró hacia atrás porque presintió que alguien la seguía. La sorpresa fue grande cuando vio a Joe que venía a unos metros con herramientas y vestido con ropa de trabajo.

—¿Para dónde vas con esas rosas? —Le preguntó.
—Voy a visitar una tumba.
—¿La de tu padre?
—Sí —le mintió.
—La tumba de John está allá —le dijo señalando la dirección opuesta.

Ambos desaparecieron entre las lápidas, Joe fue a limpiar la tumba del General. Además de cortar el césped, necesitaba encontrar un lugar para enterrar a otro soldado cuyo cuerpo llegaría al día siguiente.

El soldado había muerto en una emboscada en Afganistán, en un trayecto desértico, donde los protocolos de movilización de las patrullas americanas no fueron tan estrictos como en las calles de Kabul. Los soldados que no murieron en la emboscada, fueron rematados inclementemente por nómadas del desierto con cuchillos y dagas. El soldado había perdido la mitad de su cuerpo, de las caderas para abajo, pulverizado por la explosión.

El padre del soldado se le presentó a Joe: *soy el reverendo Thomas Johnson*. El reverendo Johnson ofició la ceremonia. Dos hermanas del soldado cantaron un aria triste que hizo llorar al reverendo y a la poca gente que vino al entierro. Él había amado a su hijo desde el mismo momento en que lo vio salir del vientre de su madre, a quien no le permitió ver su cuerpo en el féretro. Y después, cuando pudo sobreponerse al dolor, le habló a Joe; al oído, le dijo que hubiera querido sepultarlo en otra parte.

—No hay en el cementerio un lugar más apropiado que ése —lo consoló Joe.

—No necesito decirle que es un soldado negro.

—El General está feliz de tener otro acompañante.

—Solo hago votos porque que mi hijo descanse en paz.

—Así será, créame —le dijo Joe.

Pero el reverendo, hombre muy sabio, tenía sus dudas bien fundamentadas porque ese mismo día, después del entierro, Joe no acababa de bajarse de su *Cadillac,* cuando escuchó la frenada abrupta de un auto en la Oak Street, frente a su casa. Quien se bajó del auto era nada menos que Ben Crompton Tercero.

—A alguien como usted lo recuerda el mundo entero, y no es por los gatos —le gritó desde la calle.

Hacía tanto tiempo que no lo veía; el alcalde vestia el mismo atuendo de cuando lo vio la primera vez en su oficina. Le dijo que lo buscaba por dos motivos, el primero era que no estaba de acuerdo con que hubiera enterrado al último soldado junto a la tumba de Doug.

—No entiendo.

—Usted sabe a qué me refiero; hay gente a la que no le gustó que lo enterrara junto al General.

—¿Usted en particular? —Le preguntó Joe con sarcasmo.

—Hay que exhumarlo y enterrarlo junto a los suyos.

—Eso va a estar muy difícil.

—Y el segundo asunto, son los cuernos —le dijo el alcalde.

Llevaba mucho tiempo buscándolos y los había encontrado cuando ya los daba por perdidos. Los cuernos estaban encima del auto viejo, el *Chevy Cupé* del 49, en el parque de Joe.

Sus hijas los habían encontrado en el patio de la casa y los habían subido en el auto y sujetado con la misma cadena que su madre usó para destruir el parque. Ellas habían pintado el auto de tal manera que parecía un mamífero prehistórico, por un lado, y por el otro un híbrido extraño, entre dinosaurio y reptil; de frente parecía un búfalo con los cuernos y por la parte trasera, una tortuga. Parecía, en resumidas cuentas, una criatura salida del Cretáceo, pintoresca; los cuernos encima le daban un toque cómico, tan cómico que el alcalde miró el auto por todas partes y —sin más que decir— fue a retirarlos, pero éstos estaban fuertemente sujetos al techo. Como no pudo, se trepó al techo del auto y empezó a desatarlos.

Sarah salió de su casa y vino a gritarle improperios. Luego llegaron sus hermanas que la secundaron en el griterío. Shane, que para entonces tenía 10 años también hizo presencia desde la puerta de su casa. El alcalde se enfureció porque Joe no reprendía a sus hijas y todo el bullicio llamó la atención de algunos vecinos que se asomaron al parque. Con el peso de alcalde encima, el techo se vino abajo. Solo entonces pudo desatar los cuernos. Para Joe, ver el auto que era parte de la diversión de sus hijos destruido, fue humillante; así que entró a su casa, se armó con un rifle de dos cañones y salió amenazando al alcalde que tomó los cuernos de búfalo y se fue.

El auto, lo único que quedaba del parque luego de que Emily lo destruyera, quedó reducido a un montón de latas oxidadas. No volvieron los chicos del vecindario, ni sus hijas. Shane, que había aprendido a sostener conversaciones lógicas la mayoría de las veces, se asomaba a la puerta continuamente y miraba el auto preguntándole lo mismo todos los días, "dónde está el tirrex, ¿dónde está el tirrex Joseph?"

Unos días después, Joe le trajo otro auto que puso en el mismo lugar del anterior. Sus hijas lo pintaron de bandas negras y blancas que lo hacían ver como un auto de safari. Joe reconstruyó el parque con las mismas atracciones y los chicos volvieron como antes.

Capítulo 34

Por aquellos días visitaba el pueblo un circo muy pobre que no tenía, elefantes, leones ni osos, y —los más triste de todo— no tenía payasos. El circo tampoco tenía equilibristas ni carpa colorida que se pudiera ver de lejos, pues la que tenía era vieja y hecha a retazos. Una columna sostenía la carpa y en lo alto una bandera de los Estados Unidos que el viento había vuelto flecos. El único espectáculo era el diálogo entre un ventrílocuo y un muñeco que aquél sacaba de un baúl. El muñeco estaba vestido de marinero, en la cabeza una boina con una pluma de papagayo larga, de colores iridiscentes a los rayos de sol que se escapaban por los huecos de la carpa.

Joe lo contrató para celebrarle el cumpleaños a Shane. A la celebración vinieron sus hijas y los niños del vecindario. El ventrílocuo llegó con su baúl, se sentó en la grama del patio con los niños que formaron un círculo a su alrededor. Empezó a esparcir el contenido del baúl pieza por pieza, los zapatos de marinero, las manos con los guantes, el tronco con el chaleco, la cabeza con su cabellera brillante y la boina. Rosario le preguntó qué hacía el muñeco y el dueño le contestó que hablaba.

—¿Cómo? —Volvió a preguntar y el muñeco la miró con sus ojos bien abiertos.

—Así —le habló el muñeco con una voz ronca y muy extraña que hizo reir a los chicos.

—¿Cómo te llamas? —Le preguntó Rosario.

—Matías, ¿y tú?

Después el ventrílocuo se sentó en el baúl y sobre su rodilla el muñeco que miró a sus espectadores con detenimiento.

—Marinerito que vas por el mundo, dime qué ves en lejanas tierras —Le preguntó el dueño. El muñeco lo miró y se puso pensativo. Agachó la cabeza y luego respondió:

—Ciudades grandes y pequeñas —su voz ronca se desvaneció en una tos aguda como el silbo de una lechuza; se llevaba las manos a la boca para esconder su dentadura incompleta.

—¿Por qué cubres la boca? —Preguntó Shane.

—Mis dientes, la sal del mar —el muñeco miró a los chicos y su voz se le adelgazó hasta convertirse en un silbido agudo como el de una serpiente que les causó esalofrios. El muñeco dirigió su mirada hacia Shane y le dijo, *happy birthday boy*, y Shane dijo *thank you*.

La diversión apenas empezaba cuando llegó el alcalde con sus hombres quienes se detuvieron justo en el círculo que formaban los niños y pisotearon los objetos que el ventrílocuo había esparcido en la grama. Uno de los hombres se puso una máscara horrible que los asustó a todos. Rosario lloró, Linda estaba perpleja y Sarah tenía ira.

Shane vio los cuernos en el techo del auto del alcalde y gritó *my tirrex, Joseph, my trrex is here*. Shane se puso de pie y corrió hacia el auto y, Sarah vino detrás a detenerlo.

—"Matagatos" —gritó el alcalde.

Joe estaba en la cocina cortando la torta de cumpleaños y llenando los vasos de refresco para los chicos. El alcalde venía a decirle que iba exhumar al soldado negro y a exigirle que buscara otro lugar para enterrarlo. No le permitió siquiera abrir la boca, porque le dio la espalda y se dirigió a su auto seguido por sus hombres.

Joe miró el desorden que había en el parque y —conteniendo su disgusto— le pidió al ventrílocuo que siguiera divirtiendo a los niños. Cuando la diversión terminó, le ayudó al hombre a empacar sus cosas en el baúl. Los hombres del alcalde habían destruido parte de los objetos de su circo. El ventrílocuo, un hombre pequeño, que vestía prendas de otra época (pantalones a rayas, un saco largo y un sombrero de copa alta que lo hacían ver como esos personajes de los dibujos animados), no se lamentó del daño. Recibió el pago alegre y se fue muy agradecido.

***

Joe fue al cementerio. La tumba del general Douglas tenía los cuernos de búfalo. El alcalde los había atornillado de la misma manera que en la terraza del edificio. Para Joe, los cuernos sobre la tumba del General eran una profanación y tenía que removerlos.

Regresó con una tenaza gigante corta-metal, una sierra para cemento y hierro, y una cuña levanta-tornillos. Pacientemente, fue levantando los tornillos, luego cortó las láminas de acero hasta dejar los cuernos libres de toda atadura. Su error fue dejarlos en la grama, porque días más tarde los cuernos estaban de nuevo en la misma posición, con las mismas ataduras, solo que esta vez había una advertencia inscrita en una lámina metálica, también aferrada a la tumba: "un año de prisión para quien sea aprehendido arrancando los cuernos". La advertencia estaba firmada por el alcalde. Joe arrancó la lámina, que luego cortó en pedazos y separó los cuernos otra vez, y los dejó en la grama, solo con la idea de seguirle el juego al alcalde. El alcalde volvió a sujetar los cuernos y aumentó el castigo a dos años. Esto duró hasta que los cuernos, de tanto atar y desatar, se rompieron en pedazos. Parecía una contienda de adolescentes en la que ninguno osaba mostrarle la cara al otro.

Capítulo 35

Camille vino vestida con un atuendo muy insinuante, escote abierto que casi dejaba ver sus senos, falda exageradamente corta y maquillaje propio de un burdel de barriada.
—No te olvides que soy detective —le dijo.
Emily corrió al baño a traerle su camisón para que se cubriera y no la vieran sus hijas.
Había conocido a un joven con quien, después de unas copas de whiskey y una larga conversación, terminó en la cama donde le confesó que había presenciado el asesinato de un hombre. Palabras más palabras menos, Trevor, como se llamaba el joven, se vio envuelto en la muerte de Antonio sin saberlo.
La noche que el sastre recibió al alcalde en su casa, salió para el burdel, pero antes tenía que hacer una parada en un lugar donde iba a comprar marihuana, que era lo que últimamente le calmaba el dolor de cabeza. Allí lo esperaba Trevor, quien estaba nervioso, porque era la primera vez que traficaba marihuana. Hicieron el intercambio, dinero por hierba, y —antes de poner el auto en marcha— el sastre lo invitó a una cacería esa noche, "vamos a cazar venados o de pronto algún ilegal escondido en el bosque", le dijo en tono de mofa, o eso fue lo que Trevor pensó que le decía. Al ver que el sastre iba vestido de campaña, aceptó. Luego de un tiempo, y después de sortear curvas y una carretera que se iba haciendo cada vez intransitable, llegaron a un descampado en el que —a juzgar por lo que las farolas del auto iluminaron antes de que el sastre las apagara— había un pastizal y un bosque a unos cuantos metros. Lo que le llamó la atención fue una casucha de madera que el sastre le dijo que era donde se escondían cuando venían a cazar de día, pero que esa noche se subirían a una tarima. Llovía fuertemente, el sastre apagó las luces del auto y esperaron. Le dijo a Trevor que le dolía mucho la cabeza y que se iba a dar "unos toques" porque necesitaba estar con los cinco sentidos para la cacería. La reacción de la marihuana fue inmediata, porque el sastre se volvió más conversador y dicharachero: "mataremos a un gran venado", le decía frecuentemente. Luego los acontecimientos sucedieron tan rápido que Trevor apenas recordaba la conversación con el sastre, las voces, la tormenta, los disparos y su huida; pero tenía clara memoria de lo que vio en la choza. Vio el reflejo de luces que se acercaban y la tranquilidad del sastre cuando dijo, "ahí vienen los

otros". Los autos se estacionaron a cierta distancia. El sastre bajó el vidrio de la ventana y el joven escuchó que gritaban desde los autos. "El venado está en la casucha", dijo el sastre; subió el vidrio de la ventana y preparó el revólver. "Pensé que iba a usar carabina", le dijo Trevor. "Es presa fácil; la lluvia lo obligó a buscar refugio en la casucha", le respondió. "Cacería fácil no es cacería", continuó Trevor, a lo que el sastre respondió: "cacería fácil es perfecta para aprendices; ¿quiere tener la experiencia de matar un venado, sí o no?" Le dijo con voz de mando pasándole el arma. Trevor la tomó, se bajó del auto y caminó hacia la choza.

Los autos tenían las luces apuntando a la línea del bosque, pero podía ver la choza claramente. Se acercó y se dio cuenta de que no había ningún venado adentro, ni escuchó ningún ruido, solo la lluvia que golpeaba en el techo de hojalata. Luego, entre las tablas de madera, vio la mano temblorosa de una persona. Trevor pensó volver al auto del sastre, pero escuchó desde los otros a la gente gritando, "mátalo, mátalo, mata a ese ilegal, mata a ese hispano". Luego, de uno de los autos se bajó alguien gritándole, "dispárale", y él volvió a negarse a disparar. Quien se bajó del auto, con el rostro cubierto, le arrebató el arma que envolvió en un trapo para amortiguar los disparos. El hombre se acercó a la choza, le disparó a la persona que estaba dentro, y luego se subió a su auto y se fue. Trevor no pensó en otra cosa más que huir mientras los autos se iban excepto el del sastre. El joven desapareció, arrastrándose en la grama y —un minuto más tarde— escuchó disparos. Esos disparos eran del sastre, que quería también matarlo y así evitar testigos. Desapareció hasta cuando supo que el sastre había muerto, el único que podía reconocerlo, porque los otros no lo vieron, tampoco quien disparó el arma.

—¿Quién le arrebató el arma a Trevor? —Preguntó Emily.

—Trevor dice que el hombre que se la arrebató no era tan gordo como el alcalde ni tan bajo de estatura como el sastre. Sabemos que los dos estaban presentes. Pero quien se la arrebató, no fue ni el uno, ni el otro, es un misterio —dijo Camille.

Esa fue la última vez que la vio.

***

Una mañana, Emily recogió el periódico en la entrada de la casa y leyó la noticia en primera plana de un joven que fue envenenado por una prostituta en Colton y que ésta se había suicidado. No leyó más, ni se atrevió a comprobar los nombres, estaba segura de que eran ellos.

El entierro de Camille y de Trevor fue unos días después, a una misma hora los dos funerales, distantes uno del otro, separados por una carretera que dividía el cementerio; a la derecha las lápidas eran altas, letras vistosas y a la izquierda pequeñas y perdidas en la grama. Al joven lo enterraban a la derecha un grupo de gente de no más de 6 personas y a Camille a la izquierda las prostitutas de Colton. Emily condujo el auto, por la carretera que atravesaba el cementerio, para unirse a las mujeres, cuando del bosque aledaño salió otro grupo de personas que venían gritando. Bajó el vidrio de la ventana y escuchó improperios dirigidos a las mujeres del burdel. Los gritos dieron paso a las piedras que empezaron a caerles a las prostitutas, quienes desaparecieron por entre las lápidas, excepto una que se enfrentó a la gente.

—Hipócritas —les gritaba la mujer.

"Hijas del demonio, putas empedernidas, corruptoras de menores, asesinas", gritaba la gente que había salido del bosque, y —entre el bullicio— se escucharon algunos disparos. De pronto, la mujer cayó herida.

Emily estacionó el auto para ayudarla.

La llevó a su casa. La mujer tenía heridas en la cabeza y la espalda, pero nada de consideración. Le puso paños de agua con sal y azufre para aliviarle los moretones en la espalda. Se quejaba de un dolor en el costado derecho y Emily le mandó que se acostara en el sofá mientras iba prepararle un café. Cuando salió de la cocina, la mujer dormía profundamente; Emily le echó encima una cobija. En la tarde, cuando sus hijas llegaron de la escuela, la mujer seguía durmiendo. Ellas subieron a sus cuartos y —de cuando en cuando—, bajaban a la sala, y la miraban. La mujer durmió hasta la media mañana del siguiente día. Emily le sirvió el desayuno en la mesa, se sentó también y hablaron.

Se llamaba Lucrecia y era menuda y tenia solo 20 años. Sus ojos brillaban cuando hablaba y, en su mirada, que por momentos era alegre, había mucha tristeza.

Con la promesa de un trabajo que le representaría un futuro estable, se embarcó en Manila con otras mujeres que tenían las mismas características, jóvenes, bellas, con sueños y fáciles de engañar. La promesa jamás se cumplió y, víctima de una red de proxenetas que se hacían pasar como dueños de una firma de modelaje de Nueva York, llegó a Chicago en donde la encerraron en una pocilga con mujeres que hablaban otros idiomas. Sin una ventana por donde entrara la luz del sol y condiciones de hacinamiento, se enfermó. Sus captores la llevaron al hospital, reteniéndole el pasaporte y lo poco que tenía de dinero para que no escapara. Cuando estaba más o menos saludable, la llevaron a Colton. En el burdel conoció a Camille.

—Lo del envenenamiento era solo un montaje para encubrir los verdaderos hechos —le dijo—. A Camille y Trevor los mataron de un disparo en la frente, los vi en el cuarto.

Lucrecia se puso de pie, estaba tan nerviosa que podía colapsar en cualquier momento. Buscó algo en su pequeña cartera, que jamás soltó de su mano, aún mientras dormía, como si tuviera un valor incalculable.

—Señora, lleveme a Colton, por favor —le pidió cuando vio su pasaporte en la cartera.

—Si regresa a Colton, la matan. Se queda conmigo.

Y Lucrecia no volvió al burdel.

Emily tomó inmediatamente algunas medidas para protegerla: no podía salir a la calle ni asomarse a la ventana. Las medidas se extenderían por un periodo de tiempo que ella determinaría con el paso de los días. Luego de las recomendaciones, tomó el teléfono y le dijo que llamara a su familia en Filipinas.

Llevaba tres años que no sabía de sus padres, hermana y hermano. Las voces al otro lado del teléfono fueron entre alegría y llanto. La creían muerta. En ese tiempo habían pasado muchas cosas: su madre padecía de un cáncer en el seno, su padre había gastado casi toda la fortuna familiar en abogados, detectives, viajes a los Estados Unidos, coimas aquí y allá, visitando a mujeres que habían corrido la misma suerte de su hija, pero que lograron escapar y regresar a Filipinas. Le agradecieron a Dios por estar viva y querían que regresara muy pronto. Pero su regreso nunca sucedió.

Lucrecia se adaptó muy bien a su nuevo hogar. Sarah, Linda y Rosario la aceptaron como si fuera su hermana mayor, un rol que asumió complacida. La respetaban y jugaban con ella; hasta cierto punto fue la hermana modelo. Vestía las prendas de Sarah, aunque le quedaban grandes y dormía en el cuarto de la abuela Maggie. Ella se hizo cargo de la cocina sin que Emily se lo pidiera.

Emily tuvo tiempo libre para tocar el piano; después encontró un trabajo en una cadena de droguerías que por primera vez se arriesgaba a hacer presencia en el pueblo.

Cuando llegaba Emily de la farmacia, encontraba la casa limpia, la cena en preparación y las tareas de sus hijas completas. La menor, Rosario, se dormía en sus rodillas y luego la llevaba a su cuarto cuando todas se iban a dormir. Las despertaba en las mañanas, con el desayuno preparado, y les ponía sus maletines en la mesita de la entrada antes de que llegara el bus escolar a recogerlas.

Emily le recordaba todos los días las recomendaciones; no asomarse a la ventana ni salir de la casa, así tuviera el urgente deseo de recibir el sol. Le había comprado ropa nueva a su gusto y medida.

Y así pasó el tiempo, pasó el verano y llegó el otoño. Un anochecer estaban todas en la mesa cenando cuando la puerta se abrió de par en par. Joe entró con un bulto en el hombro que quería guardar en el ático. Pasó por la sala y subió las escaleras sin prestar atención a los reclamos de Emily. Lo que llevaba en el bulto producía un ruido agudo y desagradable.

—Sea lo que sea, no tiene ningún derecho de perturbar la privacidad de la casa —dijo Emily.

—No es para tanto, madre, después de todo es nuestro padre —dijo Sarah.

Lucrecia, que antes de la irrupción de Joe les contaba historias que las hacían reír, estaba en silencio, pensativa, y temblorosa, tenía miedo. Emily se dio cuenta. Mandó a sus hijas a sus cuartos, las dos se sentaron en el sofá y hablaron en voz baja. Le contó que había reconocido a Joe como el hombre con quien estaba la noche de la muerte de Antonio.

—¿Estás segura?

—Sí.

—Así que Joe es el tercer asesino.

—No creo que él sea el tercer hombre en la muerte de Antonio.

—¿Cómo lo sabes?

—Esa noche al verme nerviosa y preocupada porque le conté que el alcalde iba a matar a alguien, me prometió evitarlo, me dijo que a su debido momento hablaría con él, porque lo conocía muy bien y sabía cómo convencerlo para que desistiera de sus oscuras intenciones. Eso me prometió.

—Te mintió —le dijo Emily.

—Y aún hay algo más.

La Otra Casa

—¿Qué más?
—Me siento la mujer más despreciable del mundo.
—¿Te fuiste a la cama con él?
—Sí.

Capítulo 36

Llegó el otoño frío desprendiendo las hojas amarillas de los árboles. El viento arrastraba las hojas calle abajo y —en el patio— las amontonaba en las esquinas y bases de la casa. Lucrecia, que jamás había desobedecido las reglas de Emily, salió al patio con el rastrillo y empezó a amontonarlas. Antes de aventurarse a salir, se puso unos pantalones de Sarah, un abrigo, unos botines, una gorra que le bajaba a las orejas y unas gafas oscuras. El atuendo la hacía ver como uno de esos chicos que se ganan unos dólares recogiendo las hojas en el otoño. Las amontonó en el centro del patio y les prendió fuego. Luego se sentó junto a la hoguera y esperó hasta que éste consumió todas las hojas. Vio al cartero que metía el correo en la caja postal y fue a recogerlo. Lo que nunca hizo, esa vez tuvo curiosidad y revisó el correo, sobre tras sobre, y así encontró uno que le llamó la atención. No era el remitente, pues no tenía ninguno, ni el sello postal, porque carecía de uno; era la letra en cursiva, elegante, perfecta e inconfundible de la dueña del burdel que había escrito el nombre de Emily. Lucrecia comprobó la dirección solo para asegurarse de que no era una equivocación del cartero. Tuvo curiosidad de abrirlo, pero lo puso encima de los otros sobres y esperó a que llegara Emily, una larga espera en la que volvió a sentir miedo.

—Léela —le mandó Emily cuando llegó del trabajo. Lucrecia sacó del sobre una hoja de papel amarillo del que se desprendió el perfume suave que le recordaba los pasillos del burdel.

Estimada Emily:

No nos conocemos en persona, pues no la he visto ni usted a mí. De cómo llegué a saber su nombre, es un asunto muy secundario si vemos los otros que nos atañen a las dos y que son los motivos de esta nota. Cuando ya no tenía la esperanza de saber el destino de Lucrecia, llegó a mi conocimiento de que se esconde en su casa. La fuente que me informó tampoco tiene relevancia, pero sí su seguridad. Durante todos estos meses llegué a pensar que estaba muerta o —en el mejor de los casos— viva, pero sufriendo. No he dejado de pensar en ella y mi temor fue grande cuando me enteré de que la están buscando. Quienes la buscan no son los traficantes de personas (los que la trajeron de Manila), pues les pagué para que la dejaran libre. Como ve, mi burdel es un refugio a pesar de todo; aquí mis mujeres están libres de hacer lo que mejor les convenga. Algunas hacen dinero y se establecen en otros lugares como mujeres respetables; otras envejecen y aún así tienen su espacio. Como Lucrecia, ha habido otras que no corrieron con mejor suerte; aún lamento lo que le pasó a Camille y al joven Trevor y tengo temor de que a ella le pase lo mismo. Es un temor que no me deja tranquila, ya que mi intuición y el sexto sentido de mujer mayor experimentada en asuntos de la cama, que es como si supiera todo, me dice que quien o quienes la buscan, saben dónde encontrarla. Tal vez ya conozca las razones y los nombres de quienes la persiguen y, si no es así, al menos tenga sospechas. Por mi parte, sigo en la tarea cuidadosa de obtener información que podría ayudar de alguna manera. Si me preguntara por alguna recomendación, le diría que lo que usted ha hecho hasta ahora es lo mejor, aunque sería conveniente, por la seguridad de Lucrecia y la suya propia y de su familia, esconderla en otro lugar.

Estaré a la espera de mejores noticias.

Sinceramente,
    La Mama

    Lo que la dueña del burdel decía en la carta era muy serio y debía de esconderla en otra parte y muy pronto; pero no tenía dónde. Pensó que su tío Mark en Filadelfia podría ayudarla, pero hacía tanto tiempo que no sabía de él que descartó esa posibilidad. A lo mejor ya estaba muerto y tampoco sabía del paradero de sus tías. Así que decidió esconderla en su casa.
    Bajó las cortinas de las ventanas. Esta vez las recomendaciones que le dio a Lucrecia no fueron simples, fueron órdenes, y a sus hijas les prohibió que mencionaran su nombre en la escuela. Pero después pensó que teniendo las cortinas abajo todo el día podría ser motivo de sospecha, así que se recogerían de día y se bajarían de noche, como siempre, como en todas las casas del vecindario, dando la sensación de normalidad a quien pasara por la calle. Luego pensó que el lugar más recóndito de la casa era el ático, donde la escondería todo el tiempo.
    Cuando Sarah le escuchó decir la palabra escondite, le dijo que conocía uno que solo ella sabía dónde estaba. Detrás del tocador de la tía Lisa había una pequeña ventana que daba a unas escaleras estrechas entre las paredes de su cuarto y el de su hermana Linda.

Las escaleras bajaban a un subterráneo que se prolongaba unos metros hasta una puerta que daba finalmente a la choza del patio. Emily jamás supo del subterráneo a pesar de que era su casa y de que vivía en ella. Era un pasadizo secreto con la función —de quién sabe qué actividades— y que ahora sería el escondite de Lucrecia. No podía ser más perfecto, porque podía vivir normalmente y si se daba la urgencia de esconderse, podía desaparecerla. Eran necesarias otras medidas como vigilar permanentemente la calle e identificar movimientos sospechosos de autos y de gente. También una alarma, pero tenía que hacerla en casa porque si compraba una, podía ser motivo de sospechas.

Lucrecia y Sarah bajaron al túnel para sacar los gatos y limpiar la materia fecal. Encendieron las viejas bombillas que una mente curiosa se habría preguntado de cuántos actos, movimientos, o voces aquellas luces habrían sido testigo en todo ese tiempo. Y fue Emily quien, justo en el momento en que iba a diseñar la alarma, la detuvo algo que recordó.

Pudo entonces unir piezas sueltas de su niñez y fue, solo en ese instante, que se preguntó por qué las voces en el cuarto de su tía Lisa se parecían tanto a las de su padre. Cómo era que, mientras su madre dormía en el más recóndito de los cuartos de la casa, su padre desaparecía aduciendo que se iba al bar a tomarse una cerveza y luego escuchaba su voz pausada en el cuarto contiguo al suyo, el de su tía Lisa. En todo ese tiempo, treinta y dos años para ser exactos, había venerado a su padre prodigándole un respeto tan alto que llegó a pensar que era un "santo varón". Hasta entonces pensó que John Michael Fletcher, su padre, jamás le había sido infiel a su madre y para comprobarlo, le preguntó una vez —aún siendo niña— si visitaba el burdel y la respuesta que le dio fue un "no" rotundo. La imagen del padre fiel y bueno se esfumó ese día.

Subió con Sarah y Lucrecia al ático a buscar todo lo que pudiera usar para diseñar la alarma: cables, alambre de cobre, clavos, etc. Sarah accidentalmente tocó con su pie el bulto que había traído su padre y escucharon un ruido extraño, agudo e insoportable que hería los oídos haciendo vibrar todas las neuronas del cerebro. Era exactamente lo que quería, algo que produjera un ruido que no solo las despertara, sino que también asustara a los intrusos. Es imposible describir lo que se inventó Emily porque todo el aparato parecía más un proyecto escolar de algún niño de quinto de primaria. Cuando hizo el primer ensayo, las piezas metálicas produjeron un ruido aún más desagradable que el de antes; los gatos salieron de sus escondites y se refugiaron en el patio.

Extendió cables en puntos estratégicos a la entrada del *driveway* y en el patio. Pero esta alarma solo garantizaba la seguridad de Lucrecia por las noches. Si venían por ella, la alarma las despertaría y Lucrecia se escondería en el túnel. De ser necesario, saldría al patio por la choza, y de ahí en adelante quedaría a su suerte. Esa posibilidad atormentaba a Emily porque nada garantizaba que, más allá de los confines del patio, estuviera a salvo. Con suerte llegaría a otro pueblo donde la policía la llevaría a la oficina de migración, que a su vez la reportaría como ilegal, y una deportación la pondría en manos de los mismos proxenetas en Manila. Allí podía suceder que la volvieran a vender como prostituta o la mataran como le pasaba a la mayoría de las que eran deportadas. Así que la vida de Lucrecia estaba en peligro.

Pasaron varios meses en los que nada sucedió y el estado de alerta cedió un poco. En ese tiempo la alarma sonó unas cuantas noches y fue porque los gatos jugaban en el contenedor de las bolas metálicas en el recipiente o tiraban de los cables en el patio. Pero el problema dejó de repetirse después porque los gatos, luego de escuchar el ruido, aprendieron cómo evitarlo.

Una noche sus hijas y Lucrecia se fueron a dormir. Cuando Emily apagó las luces de la casa, por la cortina transparente vio el reflejo de la luna en un auto que estaba estacionado al frente. También pudo ver las siluetas de dos hombres que estaban a la entrada del *driveway*. Los hombres fumaban. Subió al cuarto de Lucrecia y le mandó que se escondiera. Encendió todas las luces de la casa y vio que los hombres se subían al auto y se iban. El auto regresó la siguiente noche y las que siguieron.

Lucrecia no salió de su escondite. Le llevaban los alimentos al túnel. Para la limpieza personal, salía en la mañana y volvía inmediatamente a esconderse.

Por esos días Emily recibió otro mensaje de La Mama. En resumen, le decía que Lucrecia debía tener conocimiento de las oscuras jugadas de Ben Crompton Tercero y que —por eso— la buscaban, "le pondrá sus perros detrás y no descansará hasta que la encuentre", le decía. El mensaje le llegó justo en el momento en que, desesperada, había pensado denunciar a los hombres ante la policía, pero inmediatamente desistió.

Una tarde, al regresar de la farmacia, el auto estaba frente a su casa, a plena luz del día. Emily parqueó el suyo en el garaje y se dirigió a los hombres que —al verla— pusieron el auto en marcha y se fueron. Sus visitas continuaron ahora todas las tardes. No se bajaban del auto, pero miraban hacia la casa. Tuvo temor por sus hijas, por ella misma y por Lucrecia, a quien el encierro ya la estaba afectando; no hablaba y comía muy poco, la debilidad en su cuerpo era tal que no podía sostenerse de pie. Emily estaba nerviosa pero no había perdido su coraje, pues una vez salió con un bate de béisbol y les rompió los vidrios de las ventanas. Al otro día volvieron en un auto diferente.

Emily, desesperada, pensó pedirle ayuda a Joe. Le mandó un mensaje con Sarah diciéndole que necesitaba hablar con él urgentemente, pero Joe no vino. Entonces, decidió verlo en persona. Nunca pasó por su mente que algún día se viera en la necesidad de pedirle un favor ni mucho menos que, circunstancias como tales, la obligaran a pedirle su protección. Fue a su puerta, golpeó varias veces, pero nadie le abrió. Regresó a su casa vencida, se sentó en el sofá y soltó algunas lágrimas.

Pasaron unas cuantas tardes y al fin Joe vino a verla.

La conversación no tuvo la dirección que quería. Joe no le creyó y desvió el diálogo hacia otros asuntos ya del pasado, como el día en que Sarah vino a decirle que unas cabras se estaban comiendo las flores de la tumba del General. Le preguntó por qué su hija estaba en el cementerio ese día y con quién.

—¿Y qué crees que estaba haciendo? —Le preguntó ella.

—No estaba visitando la tumba de sus abuelos.

—¿Eso crees?

—Tal vez hacía lo mismo que la madre todas las tardes hasta bien entrada la noche.

—Eres un canalla.

—¿Y qué eres tú?

—Y aún me pregunto dónde aprende Sarah esas palabras.

—Pues tal vez tu hija tenga razón.

—No tienes derecho a juzgarme.

—Mis hijas viven con una prostituta y una madre de cuestionable reputación.

—¿Y quién es el padre de mis hijas, no es el mismo que vive con una prostituta?

—Cualquiera que sea el motivo de esos hombres, no es de mi incumbencia, es tu problema.

—Tus hijas corren peligro —le dijo como último recurso.

—Saca a esa mujer de la casa y el problema está resuelto —le dijo.

La situación no podía ser más complicada, sus hijas, sobre todo la menor, se quejaba porque no podía salir al patio a jugar ni al parque de su padre, y lo más grave era que Lucrecia se había debilitado tanto que tenían que ayudarla a salir del escondite y sostenerla para llevarla al baño. Emily le daba suplementos vitamínicos, suero en polvo, aminoácidos deshidratados, lecitina, lisina y otros compuestos de moda en ese tiempo. La quietud, la carencia de luz, el encierro y la soledad habían debilitado su cuerpo y sus ánimos tanto que se había vuelto pequeñita, de la misma estatura de Rosario. No podía llevarla al médico porque estaba segura de que la entregarían a la policía después de que estuviera saludable.

* * *

Una mañana entró a la farmacia una señora de avanzada edad. La mujer vino derecho al mostrador y le dio a Emily una lista de medicamentos. Emily reconoció a la señorita Carter; tal vez en sus ochentas, con la jovialidad y sonrisa de aquellos años cuando le enseñaba las técnicas de piano.

—Señorita Carter —la llamó Emily. Rita la miró fijamente.

—Emily Fletcher, ¿dónde te metiste todos estos años? —Por esos días, se había acordado de su alumna favorita, y se preguntaba cuál había sido su destino.

—Soy una pianista frustrada y con muchos problemas —le dijo a su maestra en voz baja.

La tomó del brazo y fueron al depósito de medicamentos. Después de cerrar la puerta, le contó toda la historia, un resumen de su vida y los problemas por proteger a Lucrecia. No tuvo que pedírselo, Rita le ofreció su casa para esconderla. Planearon trasladarla esa misma tarde, a plena luz del día, para no levantar sospechas.

De ser necesario, dijo Rita que la llevaría a donde una hermana en Cincinnati. Allí podía recuperarse y en cierta medida moverse con libertad.

Capítulo 37

Joe entró al bar y dio una mirada donde se sentaba con sus amigos, la mesa y los asientos como antes, con la diferencia de que una lámpara enorme adornaba aquel rincón. El bar estaba concurrido, pero nadie se sentaba allí a juzgar por la capa de polvo en la mesa. Joe se sentó en el mismo lugar. El dueño del bar vino con una cerveza holandesa y un platillo de pasabocas.

—¿Dónde están sus amigos? —le preguntó.
—Hace mucho que no los veo —le respondió.
—Por algún motivo nadie se sienta en esta mesa.
—Tal vez sea el fantasma de Ronnie —le dijo Joe en tono jocoso.
—Pareciera que está reservada de por vida.
—Si cambia la mesa y los asientos, seguro que la gente vuelve al rincón —le sugirió Joe.
—No lo he pensado ni voy a cambiar nada; el bar perdería carácter —se rieron ruidosamente.

Se tomó la primera cerveza y el dueño le trajo otra.
—Alguien quiere saludarlo —le dijo.

De la última hilera de bancos junto a la barra se asomó una cara conocida. Rupert, el abuelo del joven que hacía sus necesidades en la tumba del General, lo invitaba a que se sentara a su lado. Hablaron por un largo rato de diferentes cosas, de la nueva guerra en la que se había embarcado la nación, de los soldados muertos, del General para Joe, y Doug Wade para Rupert. Joe lo puso al tanto de los últimos hechos relacionados con la tumba del General en todo ese tiempo en que no se habían visto, los problemas con el alcalde por el asunto de los cuernos y su disgusto por haber enterrado a un soldado negro junto al General.

Rupert insistió que le había contado la verdad y que debía de desistir de la idea de que en la tumba estaba sepultado un hombre bueno. Quien está en la tumba fue tan malo, que los últimos eventos que pasaron en el pueblo —fueron en última instancia— determinados por la maldad de aquel hombre y los Crompton —le dijo. Se refería a la muerte del muchacho y la prostituta.

—El joven —dijo —era mi nieto.
—¿Qué?
—El mismo que conoció esa noche; ahora quieren hacerme creer que la prostituta envenenó a mi muchacho.

Había ido al departamento de la policía para abrir el caso, empezar una investigación que esclareciera los móviles del crimen y descubrir a los asesinos. En la primera oficina le dieron esperanzas de que el caso se podía abrir. De esa oficina lo mandaron a una segunda donde le pidieron que completara unos documentos en la tercera oficina. Y de esta última lo mandaron con los documentos a otra que resultó ser la primera y en ésta, los mismos policías que lo mandaron a la segunda oficina le dijeron que el caso estaba cerrado: "al joven lo envenenó la prostituta" sentenció el oficial. Después de descubrir que jugaban con él, estupefacto y disgustado, les recordó que, hacía apenas media hora, le habían dicho que el caso se podía abrir, y un policía que jugaba con un ratón blanco en su escritorio, sin levantar la cabeza le gritó, "caso cerrado". Él les preguntó quién había cerrado el caso, y el policía con el índice señaló hacia el techo. Entendió que señalaba la oficina de arriba, es decir la del alcalde.

—¿Cómo fue que me olvidé de que estaba en No-town?

Cuando se despidieron, Joe le recomendó que desistiera de saber quiénes habían matado a su nieto.

***

En la calle, estaba el auto intruso, el mismo que su esposa le había mencionado.

Su casa, como siempre, en silencio. La puerta del cuarto de Rose seguía abierta, la miró en su cama, desnuda hasta las caderas. Se echó a su lado y tuvo deseos de bajar la cobija un poco, pero ella le dijo "no insistas". Se dio cuenta de que no podía tocarla y que todo contacto físico estaba vedado también. Como siempre, sin mirarlo, le dijo que extrañaba el bullicio de los niños en el parque y entonces pensó que la presencia del auto en la calle, frente a la casa de su esposa, también le incumbía a Rose. El auto en la calle había alterado la tranquilidad de su mujer, eliminado el ruido en el parque porque sus hijas no venían, ni Shane, ni los niños del vecindario podían jugar. Sin dudarlo más, y sin fijarse siquiera cuántos hombres estaban dentro del auto, desarmado, salió a enfrentarlos.

—No es su problema —le dijo quien estaba al timón.

—En esa casa viven mis hijas —dijo Joe.

El conductor sacó la lengua e hizo un gesto ruidoso como si le practicara un *cunilingus* a una mujer. Si hubiese tenido su pistola, Joe le habría volado el cráneo a aquel hombre que se atrevía a insultar a sus hijas.

—Tienen tres minutos para que se vayan, el tiempo que necesito para traerles una grata sorpresa— les dijo.

Seguro de que eran los hombres del alcalde, entró a su casa para armarse. Cinco minutos después, salió con una metralleta mini-uzi, un rifle en la espalda, y, como si eso fuera poco, llevaba sobre el overol de la fábrica una armazón de metal brillante como las de los templarios de la Edad Media. Con el cañón rompió el vidrio de la ventana del conductor y se lo puso en la frente.

—Dígale al alcalde que lo estoy esperando para cobrárselas todas —le gritó al hombre quien masculló unas palabras y asustado, puso el auto en marcha. Los hombres no volvieron.

Para Emily, que jamás se enteró, la razón por la que los hombres dejaron de volver obedecía a que tal vez sabían dónde se escondía Lucrecia. Pero Rita la tranquilizó en su última visita a la farmacia, le dijo que todo marchaba sobre ruedas. Lucrecia se había recuperado.

Capítulo 38

Desde mucho antes de su celebración, el desfile que cada 4 de Julio se llevaba a cabo y que algunos, con mucho optimismo llamaba el "festival", era el evento mas comentado por esa fecha. En la fábrica, los trabajadores hablaban con menos entusiasmo, porque se sabía que su organizador, el alcalde, había anunciado que iba a cerrar la fábrica porque la consideraba una guarida de comunistas. Joe fue a la Broadway que estaba adornada de guirnaldas y pasacalles.

Parqueó su auto y subió por la Pine Street hasta la Broadway, y en una esquina se detuvo a mirar. El desfile era el mismo, como el de aquella vez que vio a Rose; muy poca gente había ido. Las mismas carrozas, con una decoración mediocre, una detrás de otra, dejando atrás fragmentos: patas de puma, latas, momias cuyas cabezas caían en el pavimento, etc. Joe continuó por la calle, unos metros más arriba, la música salía de un solar escondido entre los edificios. Al fondo, contra la pared, en una tarima, unos niños en perfecta formación esperaban ansiosos la señal para cantar el himno nacional o una canción popular. Un rayo de luz se encendió de pronto e iluminó otra tarima más pequeña, al nivel del suelo, junto a la otra donde estaban los niños. En ésta, un individuo disfrazado de Elvis Presley empezó a bailar cuando se escuchó *Jailhouse*. El acto era extraño, más bien grotesco porque el atuendo le quedaba grande y la guitarra no tenía cuerdas. El imitador bailaba sin coordinación, pero estaba tan concentrado que no escuchaba las risas ni las mofas de la gente. Un patán le lanzó un petardo, el individuo se rascó las orejas y la peluca se le cayó. Fue entonces cuando Joe reconoció a su hijo.

¿Cómo sucedió?

Cuando llegó con Shane vistiendo el disfraz de Elvis Presley, sus hijas estaban en el patio, preocupadas. Sarah le contó que el alcalde había pasado en su camioneta con otros niños y vio a Shane en el parque. Lo obligó a subir y lo demás era historia.

Se acostó junto a Rose y furioso le contó lo que había sucedido. Ella no le dijo nada, encogió sus hombros como si le dijera que ya "nada le importaba", que le daba lo mismo, pasara lo que pasara. Fue a la cocina a preparar café, luego fue a cerrar las ventanas cuando oyó un rumor en la biblioteca. Shane con el movimiento repetitivo de cuando era niño, tenía un libro con el título *The Life of S. John Douglas*;

Joe sintió una punzada aguda en el pecho. Era el libro que había buscado durante tanto tiempo, era la biografía del General.

El libro, de autor anónimo, estaba dividido en tres partes; en la primera narraba su origen, niñez y juventud; la segunda cuando emigró al sur, su vida como caporal de hacienda y la tercera, su caída. La tercera parte incluía historias escritas en tono anecdótico de su vida como *hitman*. Joe lo leyó esa misma noche y bien entrada la madrugada concluyó que Rupert le había dicho la verdad; el General no era general ni tampoco era militar, ni era bueno.

El libro tenía al comienzo la advertencia que decía: *No es el propósito de este libro glorificar ni enaltecer a un individuo de dudosas cualidades e intenciones.* Entre los datos que no le había contado Rupert estaban que su verdadero nombre era Set John Douglas Wade y que había nacido en Kansas el 18 de agosto de 1890, que llevó una vida de bajo perfil al punto que no tuvo amigos y, quienes estuvieron cerca, lo describían como un hombre silencioso, de pocas palabras, cuya voz pausada solo se le escuchaba cuando era necesario. La biografía de Seth John Douglas Wade narraba con gran énfasis un caso muy conocido en la elite social de New Orleans a comienzos de siglo XX. Tenía entonces solo 28 años y pasó en las vísperas de unas frías Navidades. Una mujer blanca salía de un almacén con paquetes de regalos en una mano y su pequeña hija en la otra. Las calles estaban con lodo y había mucha nieve. La mujer se resbaló y —al caer— soltó todos los paquetes, quedando esparcidos en el lodo. En ese instante un joven negro que pasaba la ayudó a levantarse. Cuando la mujer supo que quien la ayudaba era negro, empezó a gritar. De todas las tiendas salieron a perseguir al joven que despareció por arte de magia. Corrió el rumor de que la mujer había sido violada por el joven negro. Seth John Douglas Wade, que ya era conocido en los círculos secretos de la mafia de New Orleans, sin que nadie se lo pidiera, lo persiguió hasta que lo encontró en el camino de Menphis y lo mató. Aquel acto le dio un estatus en el círculo que le representó muchas ventajas, dinero y aventuras; pero más que todo era una fama que no salía del ámbito donde se movía. Del sur llegó a No-town, allí fue contratado por el dueño de la mina y el alcalde, el joven Ben Crompton Primero, historia que ya sabía por boca de Rupert. De su muerte, el libro mencionaba que había sido asesinado por un líder de la Unión de Mineros y nada más, no mencionaba su nombre ni decía si su asesino fue capturado o no.

—El héroe de toda esta odisea es Rupert —exclamó luego de leerse todo el libro. Ahora que la misteriosa identidad del General quedaba resuelta, Joe pensó en los soldados muertos. El hombre de Kansas, como empezó a llamarlo, era en realidad malo y no podía seguir enterrando soldados junto a su tumba. Tenía el dilema de dónde enterrar los que llegarían de la guerra del Golfo. Hasta entonces había sepultado a quince soldados junto a la tumba del General y le causaba cierto malestar.

Ese era otro problema. Era como tener una cicatriz en la cara causada por el peor enemigo. Había pensado exhumar los cadáveres de los soldados y enterrarlos en otra parte. Rupert le dio una idea que le pareció muy razonable, la de volar la tumba del hombre de Kansas, en otras palabras, dinamitarla. Pensó en esa posibilidad, pero se le ocurrió que era mejor pulverizarla a mazo y taladro en una noche. Rupert estuvo de acuerdo y se ofreció para ayudarle.

***

Eran las doce en punto de la noche y habían taladrado hasta el fondo de la tumba. Rupert desprendía pedazos de cemento que Joe subía a la camioneta.

—Siento que me estoy zafando de un fardo que me pesaba mucho —dijo Rupert.

—El alcalde va estar muy feliz cuando vea que la tumba desapareció —dijo Joe.

—Quisiera ver su cara de cerdo cuando se dé cuenta.

—Va a ser una venganza muy dulce.

—No es lo que quiero, pero me conformo —dijo Rupert.

—Algún día las pagará todas juntas —lo consoló Joe.

—La última que te hizo fue grande —se refería a la humillación de su hijo.

—No quiero recordarla.

Eran las tres de la mañana cuando terminaron de destruir la tumba; llenaron de leña el hueco donde estaban los restos de Seth John hasta lograr una pila alta y le echaron querosene; luego le prendieron fuego con la idea de quemarlo hasta que sus huesos se convirtieran en cenizas y sus cenizas en vapor. Así querían eliminar toda huella que les recordara al hombre de Kansas. Algunos años más tarde, en el hueco levantaron una columna, un obelisco al que le imprimieron en letras doradas los nombres de los soldados sepultados.

Capítulo 39

Joe sabía que el alcalde iba a venir a buscarlo luego de que se diera cuenta de que la tumba de Seth John había desaparecido. Así fue.

Una tarde salió a quemar la biografía de Seth John, cuando lo vio llegar. Crompton estacionó su auto en la entrada del parque, se bajó despacio, se arregló los pantalones y el saco. Joe vino a su encuentro y a tres metros de distancia se detuvieron. Hablaron en voz baja como si fueran dos viejos amigos en una conversación de negocios. Joe le habló en tono de reclamo y Crompton en tono acusador. Joe le dio explicaciones más o menos razonables, y las de Crompton eran inverosímiles: por ser el alcalde, le decía que no tenía ningún derecho de presentarle justificaciones a nadie ni excusarse de sus actos.

—Usted es un psicópata —le dijo Joe, cuando Crompton Tercero justificó el secuestro de Shane diciéndole que hizo lo que hizo porque le había venido en gana. Joe lo acusó de la muerte del nieto de Rupert. Crompton soltó una carcajada vulgar que Joe interrumpió cuando le dijo que lo acusaría en otra corte que no fuera en el pueblo.

—Usted no tiene evidencias.
—Las tengo.
—Se arrepentirá de sus palabras.
—El pueblo le tiene miedo, pero yo no.
—Cuídese, tiene hijas.
—Si algo le llega a pasar a una de mis hijas, lo mato.

El alcalde cambió de semblante, se puso en guardia para atacar a Joe, pero éste, antes de que se le viniera encima, le propuso (sin saber cómo se le ocurrió la idea) dirimir el problema de la forma como lo hacían los caballeros de la época victoriana; mejor aún, rectificó Joe, dejarlo todo a la suerte de la *ruleta rusa*. Era una locura. No era una contienda como las de la Edad Media, ni una confrontación a puños como las de los incas en las planicies peruanas que resuelven sus conflictos en una lucha física hasta que uno cae vencido. Le había propuesto lo que sabía hacer, algo que ya le era familiar. Con esa propuesta intentaba intimidar al alcalde, causarle miedo y, en última instancia, forzarlo a que desistiera de sus humillaciones contra él y su familia. Muy dentro, sin embargo, era él quien sentía pánico y albergaba la esperanza de que el alcalde se fuera, huyendo como un perro con la cola entre las piernas. Pero el alcalde aceptó el reto y le dijo que tenía el derecho de decidir la fecha, hora y lugar, y Joe también aceptó.

El alcalde le mandó —en un sobre— una fotografía en blanco y negro del viejo campamento, unas millas al este del pueblo. En el reverso de la fotografía le anunciaba la fecha y hora; la cita era el viernes 13 de agosto (dos semanas después) a las tres de la tarde en el viejo campamento. Joe le respondió en una carta que estaría puntual en el lugar, el día y a la hora propuesta.

***

Joe fue a ver el campamento para asegurarse de que el alcalde no le tendiera una emboscada. Construido por los obreros de la mina a comienzos de siglo, era un edificio de paredes gruesas, tres o más pisos, con muy pocas ventanas bien arriba. Las paredes cubiertas de musgo y las lianas de la enredadera entraban por las ventanas en la parte alta. Le llevó un tiempo encontrar la entrada, una puerta camuflada detrás de unos arbustos, puesta allí a propósito, tal vez con la intención de que nadie interrumpiera las reuniones de los mineros. La puerta produjo un chirrido agudo cuyo eco despertó a las torcazas en sus nidos. Subió al último piso, una sala vacía por cuyas ventanas entraba el sol. En el centro había una mesa y dos sillas, dispuestas una frente a la otra. Había sido el alcalde quien dispuso la mesa y las sillas. El piso, que estaba lleno de polvo, tenía huellas de zapatos; las examinó para estar seguro de que nadie más había venido con el alcalde. Miró una y otra vez tratando de descubrir cualquier maroma de Crompton, como un agujero por donde alguien pudiera dispararle. A través de las ventanas se dio cuenta de que la sala estaba tan alta que no era posible la presencia de un segundo hombre, cómplice del alcalde, que pudiera matarlo. De todo eso se cercioró, de la seguridad de la edificación, de que los ecos no salieran de la sala y de la manera de escapar en caso de que le jugara sucio. Cuando salió del edificio, dio otra vuelta por entre los arbustos. No encontró nada sospechoso.

***

En las dos semanas previas a la cita, Joe no tuvo otra cosa en qué pensar. En las barracas de Hanoi, cuando jugaba a la ruleta rusa, se jugaba la vida por dinero; ahora era por honor. Pero en Hanoi no sintió miedo y ahora sí lo tenía. Le temblaban las manos y todo el cuerpo. Su miedo era tal, que a veces no recordaba eventos tan rutinarios como los de dejar las llaves del *Cadillac* en la mesita junto a la puerta cuando llegaba del trabajo. Y así con otras actividades similares; por ejemplo, no volvió al cuarto de Rose ni jugó con su hijo.

Muy dentro de sus pensamientos tenía la sensación de vivir cada momento como si fuera el último.

Capítulo 40

El alcalde, por su parte, no salió de su casa. Les dio vacaciones a sus guardaespaldas sin una fecha de retorno; les dijo simplemente "váyanse de vacaciones". No volvió a su oficina y desconectó el teléfono. Con el temor de que, en los días previos a la cita fuera a enloquecer, pensó que la única manera de no recordarla era ocuparse en oficios simples y domésticos. A su esposa le pidió que se tomara un descanso del trajín del hogar y se hizo cargo de los quehaceres diarios. Pero no pudo evitarlo, porque cuando preparaba el desayuno, las imágenes se cruzaban en su mente, el campamento, o el tic del revólver. Cuando ponía la parrilla para asar la carne, Joe se cruzaba en sus pensamientos. Al fregar los pisos, recordaba la inmensa sala del viejo campamento con la mesa y las dos sillas; y así, sin poder evitarlo, iban pasando los días.

Se dio cuenta de que la espera lo estaba matando, de que era más difícil que el mismo momento de la cita. Pensó también solucionar la situación sin usar armas, hacer un pacto de caballeros en el que no volvería a irrespetar a Joe ni a su familia, un pacto en el que todo quedara olvidado. Pensó proponerle que, cuando estuvieran en un lugar público, evitaran verse a la cara. Era una propuesta civilizada, sin llegar al extremo de arriesgar la vida. Decidió ir hasta la casa de su oponente a hacerle la propuesta.

Se cambió de ropa. Se puso su vestido blanco de lino, con el corbatín rojo y su sombrero. Cuando salía rumbo a la casa de Joe, su esposa le traía una última carta de su enemigo. Joe le confirmaba, además las reglas del juego con una variación jamás llevada a cabo en la ruleta rusa, una variación que nunca se tuvo en cuenta en los registros de ese juego; y era que cada uno llevaría su revólver con un solo proyectil.

Joe lo pensó muy bien. Si él moría, el revólver tendría sus huellas y no las del alcalde, y su muerte quedaría como un suicidio y lo mismo contaba para su enemigo. Le escribió en palabras simples las razones de esa variación; le decía, "si usted muere, el arma tendrá sus huellas, no las mías, y yo quedaré exento de culpas".

El alcalde leyó la propuesta de Joe ante la mirada expectante de su esposa. Su enemigo le decía: "si usted muere" que era como si estuviera seguro de su muerte. No le decía: "si yo muero". Y esa propuesta, en especial esa frase, era un mensaje claro, la sentencia que ahora le daba terror. Se dio cuenta de que no podía detener la ruleta, de que todo seguía su rumbo, de que no había nada que hacer.

—¿Quién es? —le preguntó su esposa cuando lo vio rasgar la carta en pedazos muy pequeños para tirarlos al cesto de la basura.

—Un viejo amigo —respondió.

Ella era bella, de esas mujeres a las que nadie intenta siquiera alterarles el genio. Era inocente además, y pensaba que no había en el mundo esposa tan buena y la necesitaba más que nunca en las noches previas a su cita. Luego de la última carta, se despertaba gritando como un adolescente aterrado, lloraba y la excusa de esos accesos a altas horas de la noche era la misma: "un ataque de pánico repentino".

—No tienes nada a que temerle —lo consolaba ella—. Eres el alcalde de No-town.

No podía ser débil ni pensar que era débil, ni desfallecer ante los ojos de su mujer. Muy dentro de sí, se arrepentía también de todo lo que había hecho en su vida que —en resumen— no era nada bueno, una triste contribución para la sociedad. Esa conclusión incluía a sus antepasados y le parecía que era él quien debía responder por todos los Crompton. Era como si llegara el día de rendir cuentas, el día del juicio final para él, su familia y sus ancestros. No dormía y llegaba el amanecer despierto; se levantaba con el pensamiento de que tenía una cita con la muerte. Ni con las canciones de BB King, que tanto le gustaban y que por esos días escuchaba sin parar, podía olvidarse de Joe. Su enemigo lo estaba matando desde la distancia, *the trill is gone, baby*, con la voz ronca de BB King, le parecía la más triste, devastadora y trágica sentencia; era como si tuviera la certeza de que iba a morir.

***

Y llegó el día de la cita. Joe se levantó temprano como siempre, no recordaba dónde había puesto la cafetera, así que no pudo tomar café esa mañana. Llamó a la fábrica y se excusó de no ir a trabajar diciendo que estaba enfermo.

El temblor en las manos seguía igual y —había llegado a tal punto— que estaba seguro de que iba a morir por causa de ese mal. Pensó que, en el preciso momento de apretar el gatillo, su índice apretaría no una, sino dos o más veces en un solo turno. Eso sería una muerte segura. Su temor fue aún más grande cuando tomó la pistola y no pudo introducir el proyectil en el cargador. Intentó varias veces y cuando lo logró, fue al garaje, puso el cañón en un saco de arena y apretó el gatillo. Ocurrió exactamente lo que había temido, su índice, incontrolablemente apretaba el gatillo más de dos veces antes de apuntar en el saco de arena. Era un problema muy grave que lo ponía en desventaja frente a su enemigo. No tenía salvación, se aproximaba la hora y las probabilidades de morir eran grandes.

Al mediodía, ya había intentado varias soluciones, pero ninguna había sido efectiva. Se había tomado casi una botella de whiskey, otra de brandy con leche, café concentrado y todo lo que pudo encontrar en la alacena de la cocina: pimienta en polvo, pimienta roja disuelta en aceite de oliva, hojas de malva y tomillo; todas las hierbas que usaba para prepararle a Rose el estofado ruso; pero ninguna de aquellas mezclas le calmó el temblor. Optó entonces por poner todos los ingredientes en un recipiente y los mezcló con whiskey, brandy, café y leche, y se bebió el brebaje; media hora después se dio cuenta de que el temblor seguía igual, tal vez peor que antes.

Fue al hospital de urgencias. El médico le diagnosticó un ataque de nervios causado por una excesiva secreción de adrenalina que iba a afectar considerablemente sus riñones y que debía hospitalizarlo. Joe se negó rotundamente, argumentando que tenía algo urgente esa tarde que no podía aplazar y que volvería al otro día para la hospitalización.

—Nada puede ser más urgente que su salud —dijo el médico.
—Regresaré mañana... Si no llueve...
—¡Ah, cree que va a llover mañana!

Le recetó unos calmantes y le dijo que lo esperaba al otro día por la mañana.

Los calmantes tampoco surtieron efecto. Faltaban dos horas para la cita y, cuando se dio cuenta de que nada podía hacer para calmar el temblor de sus manos, salió para la casa de Emily. Quería ver a sus hijas por última vez.

Sarah les había cortado el cabello a Linda y Rosario, un corte moderno que las hacía ver diferentes.

Se sentó en la silla y le pidió a su hija que le cortara el cabello.
—Estás temblando —le dijo Sarah.
—Estoy enfermo de los nervios.

Linda y Rosario empezaron a lavarle el pelo mientras Sarah fue a la cocina. Regresó con una infusión de valeriana con agua y azúcar en una taza.

Joe se tomó el brebaje y en un instante cayó en un sueño profundo. Empezó a soñar que llovía, el viento comenzó a soplar leve y luego se convertía en un tornado gigante que pasaba por el centro del pueblo y se alejaba en la dirección del campamento al que destruía, dejando el espacio limpio, tan limpio como una baldosa de cristal. Cuando despertó, Linda y Rosario aún le lavaban el cabello. Sarah sacó los utensilios de una urna y acercó la silla al espejo grande.

—Córtamelo al rape —le dijo a su hija.

Sarah le rasuró la cabeza por los lados primero, dejando la parte alta para lo último, al estilo *mokawk*.

—Te pareces al *taxi driver* de la película —le dijo Linda. Sarah llegó con la cámara y le tomó fotos y sus tres hijas rieron alegremente.

—Así quiero que me recuerden siempre, sin tristeza.

No esperó a que su hija terminara de cortarle el pelo. Era la hora de ir a la cita. Les besó la frente a Linda y Rosario y le pidió a Sarah que lo siguiera hasta el patio. Desaparecieron detrás del gran roble. Del overol sacó un revólver pequeño. Le explicó cómo retirar el seguro, cómo disparar y dónde apuntarle al enemigo. En ese corto entrenamiento se dio cuenta de que el temblor en las manos había desaparecido y miró a su hija a los ojos, y sintió que no había en el mundo persona a la que amara tanto.

—Eres mi ángel —le dijo.

—¿A qué se debe todo esto? —Le preguntó su hija con el revólver en la mano.

—Solo prométeme que defenderás a tus hermanas.

—Hablas como si te fueras a morir.

—Prométemelo —le mandó.

—Te lo prometo —le dijo su hija guardando el arma en el bolsillo de su pantalón y él se despidió besándola en la frente.

—Te olvidas de algo —le recordó ella.

—No lo he olvidado —ese día Sarah cumplía 18 años.

—Te espero para el pastel.

Le dio el "feliz cumpleaños" y fue a su casa a prepararse para la cita. Pensó olvidarse del alcalde y celebrarle el cumpleaños a su hija favorita. Tuvo deseos de llorar, pero contuvo sus lágrimas. Rose dormía en su cuarto y Shane estaba en la biblioteca, leía un libro enorme y no quiso interrumpirlo.

Tomó el revólver. Salió. Pasó por las calles del pueblo. Se enrumbó por la carretera hacia el este. El viejo campamento se veía a lo lejos, a unas tres millas entre los árboles. Se desvió por la carretera que llegaba hasta un bosque donde parqueó el *Cadillac*. En las escaleras que subían a la inmensa sala donde estaba la mesa y las dos sillas, vio sus huellas, el alcalde lo esperaba.

—Sé que vino —le dijo el alcalde—. Vi sus huellas.

—Solo vine a ver.

—Soy hombre de palabra —dijo— lo que hice o dije fue porque insultó la memoria de un héroe.

—Usted insultó mi familia —le dijo Joe, sentándose en la otra silla.

Joe puso el revólver sobre la mesa y el alcalde hizo lo mismo. Ambos miraron las armas, parte por parte, un examen que se llevó a cabo en silencio, solo el sonido del cargador en el que pusieron casi toda su atención para estar seguros de que tenían un solo proyectil. Sin decir nada, solo con el movimiento de sus cabezas, se dijeron que todo estaba listo. Faltaba determinar quién empezaba primero, para lo cual el alcalde sacó una moneda del bolsillo.

—Examínela —le dijo. Joe miró la moneda—. ¿Cara o cruz?

—Cara —respondió Joe.

El alcalde lanzó la moneda al aire. La moneda dio unos giros en la mesa hasta caer con la cara hacia arriba, empezaba Joe. Giró el tambor, puso el cañón sobre sus sienes y apretó el gatillo. El ruido metálico vibró en la sala. Joe respiró profundo. El alcalde, se puso pálido y le temblaron las manos cuando tomó su arma. El tic del gatillo se escurrió como el primero, sala adentro o sala afuera, dependía de dónde se viera la escena de los dos, sentados en el centro, sin mirarse y sin mediar palabras. El turno era de Joe que tomó su revólver se lo puso en la sien y apretó el gatillo. El sonido se repitió por varios minutos.

—Esto es más terrible que la misma muerte —exclamó el alcalde.

—Usted empezó la guerra —respondió Joe—. Tiene una bella esposa —Le dijo.

—Se la encomendé a un amigo si muero —mintió.

El alcalde miró la inmensa sala y abrió los labios para decir algo.

—Es su turno —lo interrumpió Joe.

El alcalde se llevó el arma a la cabeza. El disparo fue silencioso; el eco se escurrió escaleras abajo y quebró uno de los vidrios de las ventanas, una bandada de palomas salió de las cornisas del edificio. El ruido de sus alas se interpuso al eco del disparo. Joe miró que las palomas sobrevolaban sobre su cabeza, pero no se había dado cuenta de que el alcalde había inclinado la suya a un lado. El arma —aún en su mano— apuntaba al piso. Joe sintió pavor. Sus manos temblaban mientras guardaba el revólver en el overol.

Desde del desván de la escalera dio la última mirada. El alcalde se había puesto blanco y un hilo de sangre bajaba por su mejilla; en su mano el revólver apuntaba hacia el piso. Ya fuera del campamento, Joe cerró la cortina de hierro que servía de puerta; arriba —en las cornisas— las palomas entraban a la sala.

El camino de regreso a casa fue largo. Cuánto tiempo había durado aquel encuentro, tenía la sensación de que nada había sucedido, era inverosímil que el alcalde estuviera muerto y él —en su *Cadillac*— rumbo a su casa. Le parecía un sueño o una historia irreal como las que leyó en los libros, por accidente, cuando buscaba la biografía de Seth John. Llegó a su casa. La tarde se negaba a morir. Sus hijas jugaban en el patio con un balón multicolor grande. Recordó que Sarah estaba de cumpleaños, entonces soltó el llanto.

La casa, como siempre en silencio, empezaba a llenarse de sombras. Rose dormía y Shane seguía en el cuarto ensimismado en los libros. Parecía que jamás había salido de casa, solo que sus lágrimas seguían bajando por sus mejillas. De reojo se miró en el espejo con la cresta que Sarah le había hecho. Puso el revólver en la mesa de noche y se acostó en la cama.

Más tarde lo despertaron los gritos de sus hijas que entraban por la ventana y vio el revólver, sombrío y brillante. Pensó en el alcalde muerto a esas horas, solo, en la silla, esperando a que un alma caritativa se dignara a entrar al viejo campamento y trajera la noticia al pueblo. Tomó el revólver y, por la ventana, vio un gato en las ramas del roble. Giró el tambor, apuntó y disparó. El animal dio un alarido, se desprendió del árbol y murió instantáneamente. Ese era su turno, el que le correspondía si la suerte hubiera sido contraria, el proyectil que habría de entrar en su cabeza. Sintió escalofríos.

Salió a celebrarle el cumpleaños a su hija.

Capítulo 41

Su esposa lo vio por última vez mientras les arrancaba las hojas muertas a las plantas del jardín. Caminó hacia el auto despacio y meditabundo, jamás lo había visto así. Le dijo solo "adiós", y se fue con el sombrero y su traje de lino de un blanco impecable. Había embetunado sus zapatos y, a las dos de la tarde, estaba elegantemente vestido como si tuviera que asistir a una ceremonia seria y de etiqueta. Que recordara, lo había visto vestido así solo una vez cuando un congresista había anunciado una visita corta que jamás sucedió. Ella lo ayudó a hacer el nudo de la cinta roja de su camisa y no le preguntó para dónde iba, aunque aquella vez tuvo deseos de saberlo.

Jamás sospechó que su esposo tenía una cita con la muerte, pero se preguntó si tanta elegancia tenía que ver con sus reuniones rutinarias. Ni una sola duda pasó por su mente ni premoniciones en aquel momento.

Contrario a su vida pública de patán y corrupto, Ben Compton Tercero, no era tan mal esposo o al menos eso le había dado a saber. Sabía que frecuentaba Colton, pero le había jurado por la vida de sus hijos que jamás había puesto sus ojos en ninguna de las prostitutas del burdel y ella le creía, aunque eran mentiras. Aún más, nunca le había cuestionado sus tardanzas ni jamás había encontrado un indicio, como el olor de un perfume de mujer en sus trajes, ni había pasado por su mente poner a prueba la fidelidad de su esposo. Le había dado dos hijos, una niña —que entonces tenía 9 años— y un niño de 7.

Mandó a sus hijos a la cama tarde y se sentó con una copa de whiskey a esperarlo, como siempre, hasta la media noche. Pero pasaron las horas. Se fue a dormir y cayó en un sueño profundo. A la mañana siguiente se levantó a preparar el desayuno, huevos, tocineta, chorizo curado de Alemania y café negro de Centroamérica. Les sirvió el desayuno a sus hijos; como en otras ocasiones, ella se sirvió una pequeña porción de cada alimento, y guardó el resto para su esposo, sabiendo que a veces llegaba a casa dos o tres días después.

Cuando llegó la mañana del cuarto día, empezó a preocuparse y decidió ir a Colton la mañana del quinto día, algo que nunca antes le había pasado por la cabeza.

La mujer que le abrió el portón, una rubia que casi no podía abrir los ojos del sueño, le dijo que, por discreción y seguridad de los clientes, no podía darle esa información. No olvidó que era la esposa del alcalde ni que era una mujer honorable, así que volvió a preguntar y recibió la misma respuesta,

—¿Puedo ver a su jefe? —La prostituta fue a hablar con la dueña del burdel. Minutos después vino La Mama, quien le dijo lo mismo.

—Sé que viene a Colton y no me importa —le dijo.

—No sabe los problemas que tendría si le doy esa información. Y usted no es la primera que viene a Colton a buscar al marido —le dijo para consolarla.

—Han pasado cinco días.

La Mama se llevó las manos al rostro y pensó por un momento.

—Por primera vez en todos estos años que soy dueña de este lugar, voy a romper las reglas— cedió —. Su esposo no ha venido desde hace tres semanas.

Continuó su búsqueda en los bares del pueblo y luego en el edificio municipal donde le dijeron que no lo habían visto en las últimas semanas. Al cabo de los días, la policía tenía algunas hipótesis de su desaparición. La posibilidad de un secuestro era la explicación que todos decían. Le dijeron que había que esperar a la comunicación de sus captores. También tenían otras explicaciones como la de un homicidio.

Pasaron muchos días y una tarde escuchó que llamaban en la puerta. Un policía le traía la noticia que unos niños habían encontrado a un hombre muerto en el viejo campamento. Fue con el policía a identificar el cadáver.

✳✳✳

—Hay que sacarlo antes de que se lo terminen de comer los gallinazos.

Ella bajó las escaleras escuchando los pasos del policía que venía detrás y las alas de los cuervos y gallinazos que volvieron a escurrirse por los resquicios del campamento. No sabía en ese momento que su dolor iba a ser aún más grande y que iba a maldecir su mala suerte, al pueblo y a su esposo. Ben Crompton Tercero iba a alimentar las aves de rapiña por varios días más, durante los cuales, las caravanas de autos se detenían a ver desde la distancia la nube de aves que entraban al edificio.

El pueblo tenía la vaga memoria de la vieja edificación y quienes recordaban la historia, sabían de la primera huelga de los obreros de la mina y el trágico desenlace de ésta. Los que recordaban aquellos días, quizás porque lo habían vivido en carne propia o tal vez porque la historia pasó de generación en generación, decían que "la justicia es ciega y coja; tarda, pero llega". Allí en la sala inmensa del campamento, Ben Crompton Primero, deshizo con su firma los derechos de los trabajadores y más tarde, para asegurarse de que nadie osara en promover rebeliones, tomó la decisión de matar a los últimos rebeldes de la mina, la misma masacre de 1932. En ese mismo lugar estaba muerto el último de su generación que alimentaba a las aves de rapiña. Eso no podía pasar inadvertido en el pueblo cuyos habitantes iban en sus autos todas las tardes a ver a lo lejos la nube de aves que entraba a la sala del viejo campamento.

Nadie, ni la policía, ni los oficiales forenses fueron a levantar el cadáver del alcalde a pesar de los ruegos de su esposa. Ella iba de un lado para otro pidiendo que le hicieran el levantamiento que por ley se les hace a los muertos, aún a los más miserables. Pero le respondían con evasivas o directamente, como alguien que dijo a sus espaldas, "se lo tiene bien merecido". Ella recorría las calles en su auto, vestida de negro en busca de un alma piadosa que la ayudara a enterrar a su esposo.

Capítulo 42

Emily vio a la viuda en la farmacia. Había sido tal la confusión de sentimientos, la noticia de su muerte, la extraña sensación de liberación y —por último— la compasión que sintió cuando la vio entrar, tan triste, que no pudo más que prometerle lo imposible. Y ahora dejaba de lado su orgullo para pedirle a Joe que ayudara a la viuda a sepultar el cuerpo del alcalde.

—Tú, que entierras a los soldados, puedes ayudarla —le dijo.

Tenía aún la cresta *mohawk* en la cabeza. Sin hablar, Joe daba la vuelta y se iba.

Para Joe era más doloroso ver a la viuda sufrir por el esposo que ver el morbo público que se deleitaba con la noticia. Pero jamás iría por el cadáver del alcalde, eso jamás. Ni le había pasado por su mente que su esposa, que había sido víctima de los ultrajes del alcalde y sus hijas irrespetadas, viniera a pedirle ese favor que se lo negaría —aún a la viuda— si venía en persona a pedírselo.

—¿No te das cuenta de que, si hubieras sido tú, yo estaría en las mismas? —Le dijo.

Joe se preguntó, cómo era que su esposa le alteraba la firmeza de sus pensamientos, sin haber vivido la cruda realidad de verlo morir, sin saber que era más difícil enterrar al enemigo que haberlo matado.

—Si supieras, no pedirías piedad por el muerto y estarías celebrando como los demás —le respondió.

—¿Qué sabes? —Le preguntó tomándolo por el brazo.

Joe guardó silencio, continuó pasando la calle y desde el pequeño parque le gritó.

—Ni lo preguntes siquiera.

Su silencio y la incapacidad de darle la cara lo confirmaban todo; pero ella no dijo nada más ni osó en hacerle más preguntas.

Luego, al otro día por la mañana, vino a verla. Le pidió bajo juramento, poniendo a sus hijas de por medio que no llegaran a enterarse, aún después de muerto, y ella se lo prometió.

Ese mismo día por la tarde la viuda vino a verlo, siempre de negro, pañoleta negra en la cabeza y gafas oscuras que escondían a unos ojos que lloraban.

—Vengo a pedirle un favor que se lo agradeceré por el resto de mi vida. Es el único favor que he pedido en esta vida y me lo han negado, ahora espero que usted se apiade de él —le dijo.

Su voz tenía el cansancio de varias noches sin dormir y de llorar. Tenía un pañuelo con el que se secaba las lágrimas. Había parqueado el auto en la entrada del parque. Joe vio el ataúd en la cajuela, la mitad se balanceaba por fuera, largo y ancho, sin adornos, pero de madera fina y esmalte opaco; era de esos ataúdes a cuyos muertos se les debe alguna dignidad. Joe salió a ajustar los lazos que lo ataban a la cajuela. Se notaba —además— el trajín, pues la viuda llevaba varios días con el ataúd de un lugar para otro pidiendo ayuda.

Se subieron al auto y salieron a la calle principal cuando la caravana se preparaba para ir al viejo campamento.

—Hijos de puta, no les voy a dar más el gusto —murmuró y luego su voz se le quebró en llanto. Continuaron por la Broadway arriba; el ruido del ataúd, que saltaba en los huecos de la calle, se unía al llanto silencioso de la viuda.

Los autos se detuvieron a verla pasar y luego continuaron detrás.

La viuda tenía preparada la fosa desde hacía varios días junto a sus ancestros. La hilera de lápidas con el nombre de los Crompton desde el primero hasta el último, todos con el mismo nombre y apellido sobresalían entre las demás. Tres generaciones de una hegemonía sin rumbo que se había adueñado de No-town, porque hicieron y deshicieron según sus instintos y ahora que Joe enterraba al último, la historia parecía detenerse.

Joe hechó la última palada de tierra sobre el ataúd; en ese momento pasó por su mente la imagen de Benjamín Crompton Primero enterrando a Seth John Douglas Wade ochenta años atrás. Se preguntó qué pensaba el abuelo en aquel momento, quizás en la prolongación de su hegemonía como pasan los genes de padres a hijos. Quizás su risa sarcástica era la misma de Crompton Tercero, de mirada dura, sin compasión y mucho orgullo, y luego la degradación, como carne putrefacta que alimenta a los gusanos; el fin, el único enemigo de los Crompton.

***

La fiesta duró tres días. Empezó después de que la gente presenciara su entierro desde los autos, con las ventanas abajo y una sonrisa placentera en el rostro. Septiembre 10 fue una fecha para recordar y celebrar cada año en el pueblo como aquel día glorioso en que todo cambió. Los tres días de fiesta fueron ruidosos, un carnaval en el que la gente vistió disfrazes, atuendos extraños; algunos parodiaban al alcalde con su traje blanco. La celebración no tenía nada en común con el *Desfile* o el *Festival*, porque fue multitudinaria y muy alegre.

    Días después, se empezaron a oír los rumores de todo lo que el alcalde había hecho o dejado de hacer en su largo periodo en la alcaldía: asesinatos, negocios con mafiosos de Kansas City y Chicago, asaltos a bancos, secuestro de mujeres jóvenes que si bien no las violó, procuró o facilitó las circunstancias para que sus secuaces incurrieran en tales actos; robo al tesoro del municipio, manejo ilegal de caja menor por donde se iban las arcas del pueblo, incumplimiento de pagos a surtidores que implicaba —como le pasó a Joe—, robos descarados, y muchas otras acciones. A los rumores se sumaban también los actos criminales de sus antepasados. Se comprobaron sospechas, se descubrieron planes oscuros, eventos que iban a convertir el pueblo en la escoria del sur, el paria condenado a la extinción luego haber sido condenado al ostracismo en toda la nación por la masacre de mineros en 1932.

    Emily vio la lista de crímenes cometidos por el alcalde que el periódico local publicó, los nombres de las personas que había asesinado o había contribuido directamente a sus muertes y no vio los nombres de Antonio, Camille ni Trevor.

    Pero todos esos rumores eran un mal sueño y parecía como si al cuerpo se le hubiese extirpado un tumor maligno, porque —desde entonces— el pueblo empezó a vivir. El pueblo volvió a llamarse Little York, su antiguo nombre. Little York tuvo finalmente un *Concejo*, un departamento de policía que —por encima— tenía otra cabeza que vigilaba, una oficina abierta para ayudar a los necesitados y un alcalde joven y educado que —desde el primer día en su oficina— abrió las puertas de la alcaldía, cambió la dirección de la policía, y lo más importante, abrió el pueblo al progreso; las multinacionales empezaron a llegar. Walmart empezó a construir un centro de distribución, uno de los más grande del sur del estado, Pizza Hut abrió las puertas en noviembre, McDonals en diciembre, y la lista seguía. Se empezó a construir una carretera que comunicaba al pueblo con la autopista 57. El nuevo alcalde quería borrar todo el pasado, no se celebró más el *Desfile* porque no tenía en esencia nada característico, nada que celebrar; todo lo contrario, era la parodia de un pueblo que se negaba a morir y era un mal recuerdo.

La celebración de la muerte del alcalde se cambió también. Aunque la conmemoración era en la misma fecha, ahora todo el pueblo celebraba su liberación y así se llamó, *el Festival de la Liberación* al que muchos se referían también como *el Festival del Renacimiento*. El pueblo al fin tenía uno como en todos los del estado y de la nación, un festival de verano con bandas de música pop, jazz y una que otra presentación de música clásica. Incluía un nuevo desfile de apertura que nada tenía que envidiarles a los festivales de los pueblos cercanos. El desfile no incluía las carrozas tristes y extrañas de antes, ni la que transportaba a las prostitutas de Colton.

Colton siguió intangible a los cambios del pueblo. Los varones iban a visitarlo como antes; venían hombres poderosos de muy lejos, pero todo lo que sucedía en el burdel no tocaba a Little York como antes. Colton y el pueblo, que antes coexistían en una simbiosis, fueron dos entidades separadas desde entonces. Pero la existencia del burdel estaba en entredicho para la población femenina. Era como esos apéndices que se vuelven inservibles o estorban y que deben extirparse lo más pronto posible.

El burdel, que por un tiempo llegó a considerarse el centro y el corazón donde se manejaban las riendas del pueblo, estaba condenado a morir y solo se esperaba que un evento provocara su colapso. Y el evento llegó, como en un círculo donde todo vuelve a repetirse: un hecho que ya había sucedido y que el sino con las mismas circunstancias reproducía la tragedia de la dama que —celosa— se camufló de prostituta y mató al esposo luego de hacerle el amor toda la noche. Los mismos eventos con la diferencia de que el último —como sucedió con la masacre de mineros— fue conocido en toda la nación. Un periodista de un diario muy respetado, también de Nueva York, investigó la historia del pueblo y le recordaba a la nación su mala fama en su columna. Con frases muy certeras que ponían en peligro su renacimiento, el periodista le recordaba a la nación la masacre de 1932 junto con la noticia del homicidio perpetrado por la esposa celosa. La noticia era una amenaza si se tenía en cuenta que la democracia del país pasaba por una de las mejores épocas, los derechos humanos estaban en la agenda del presidente de turno, el control a la corrupción era política de estado y pueblo que malgastara sus recursos estaba condenado a su extinción. La noticia fue comentada, analizada y estudiada en los círculos femeninos del pueblo, en especial la otrora asociación de damas protectoras de animales. Ellas revolucionaron a la gente contra el burdel, en seminarios, visitas casa por casa, panfletos, discursos, invitaciones; un proceso pedagógico cuyos resultados fueron positivos. Todo este plan salvó el pueblo de otra condena que pudo ser más devastadora y que pudo haber terminado en más soledad o en un éxodo total.

El alcalde tenía una orden para cerrar el burdel, lista en su escritorio, solo faltaba la firma del presidente del consejo municipal. Pero las mujeres no podían esperar. Reunieron al pueblo en la Broadway un domingo por la mañana después de salir de las iglesias y de allí iniciaron una peregrinación silenciosa, con pancartas y consignas. Todas las mujeres del pueblo estuvieron presentes, novias, comprometidas en matrimonio, esposas, amantes, abuelas, hombres sensatos y aquellos con una dosis de resignación, porque la gran mayoría de los varones no podía aceptar o les iba a costar mucho esfuerzo adaptarse a la ausencia del burdel. La gente llegó al prostíbulo y se aglomeró en la entrada.

El portón se abrió de par en par y se vio la gran antesala iluminada por un candelabro alto y lujoso; de las entrañas salió un olor a perfume revuelto con licor y nicotina. Las mujeres, aún en silencio se miraban hasta que una dijo: "¿qué diablos vinimos a hacer aquí?". "Esperemos", dijo otra, cuando muy dentro escucharon la voz de La Mama dando órdenes, por momentos soltaba una risa ruidosa y ronca. La risa se volvió entonces más fuerte como si se acercara a la puerta, "ahí viene", dijo una mujer.

La Mama apareció con una toga verde, un turbante rojo que terminaba en un moño en flor en la frente del mismo color que la toga, labios rojos, uñas rojas, sandalias blancas, pestañas largas y una actitud que podía doblegar a cualquiera. La Mama parecía una sacerdotisa egipcia, altiva a pesar de sus años, la delicadeza de sus ademanes y la candidez de su mirada contrastaban con su voz; en conclusión, la dueña de Colton inspiraba —además— respeto. La Mama llegó hasta el portón y, contrario a lo que esperaban las mujeres, las saludó muy elegantemente. Pero las mujeres, en suspenso, no le respondieron. La Mama miró a la multitud.

—Caramba, parece que todo el pueblo está aquí.

—Vinimos a cerrar el burdel —dijo una mujer.

—¿Cerrar Colton? —dijo La Mama sin levantar la voz, tan apacible como si le hubieran dicho que venían a visitarla.

—Sííí —respondieron al unísono las mujeres.

—Colton es de ustedes —les dijo. Las mujeres se miraron, esta vez sin entender —. Colton les pertenece a ustedes, a sus hombres.

—A mí no me pertenece —gritó una.
—Ellos lo necesitan —les dijo.
—Mi hombre nunca viene a su burdel —gritó una mujer y varias la secundaron.
—¿Cómo lo sabe? —La Mama preguntó dirigiéndose a la mujer.
—Lo conozco más de lo que me conozco a mí misma —le respondió la misma mujer.
—¿Tu hombre tiene un empleo?
—Sí, por supuesto.
—¿Tiene amigos?
—Sí.
—¿Son sus amigos tan buenos como él?
—Cállese —gritó una mujer.
—¡Ciérrenlo, ciérrenlo, ciérrenlo! —Gritaron todas.

En ese momento empezaron a salir los últimos clientes que habían pasado la noche en el burdel. Las mujeres abrieron paso, formando un largo camino a los hombres que salían hasta el parqueadero. Algunos, quizás los que venían de lejos, salían arreglándose el saco, con la frente alta y una sonrisa galante; otros se arreglaban el pelo. Por último, salieron dos hombres que se habían cubierto la cabeza casi completamente dejando un hueco para orientarse.

—¿Ay maldito, así que ese era el viaje de negocios? —Reconoció una mujer a su esposo.

—¿Así que estabas donde tu abuelita, bastardo? —Reconoció otra al segundo hombre. De pronto empezaron a lloverles escupitajos, bofetadas y trompadas a los dos hombres. Se escucharon maldiciones, lamentaciones, amenazas de divorcio y —por último— llanto, un llanto muy triste de decepción. Y así los ánimos se exaltaron, la gresca se impuso al miedo y —cuando empezaron a demandar con gritos que cerraran el burdel— el alcalde llegó en su auto oficial. De la misma manera que las mujeres les hicieron camino a los hombres que salieron del burdel, le abrieron paso hasta la puerta donde estaba La Mama, que observaba apacible todo el bullicio. El alcalde, vestido de camiseta, bluyines y tenis de moda —parecía más una estrella de música pop que un funcionario público— traía un sobre en sus manos.

—Por orden de la corte del municipio de Little York, el burdel debe cerrarse a partir de la fecha, transmito el mensaje tal como está en la carta.

La Otra Casa

El alcalde le dio el sobre a La Mama y se escuchó un ¡Yayyy!, un solo grito de euforia entre las mujeres. La Mama le dio la espalda la multitud. En silencio, sin decir nada, con el sobre en sus manos y con la dignidad con que abrió la puerta, la cerró para siempre.

Capítulo 43

Joe recorría las calles del pueblo sin el temor de ver al alcalde; las humillaciones a su familia y las que él mismo fue víctima, quedaban atrás. En Hanoi ganó muchas veces la cantidad de dinero que el alcalde le robó. Tenía ahorros que ahora iba a depositar en el banco con la tranquilidad de que nadie se los robara. Habían llegado bancos que jamás se pensó que fueran a establecerse en el pueblo: el Chase Manhattan, entre otros, empezaron a ocupar los viejos edificios del centro de Little York.

Sus días seguían iguales, el trabajo en la fábrica se había vuelto tan rutinario, que a veces se aburría. La fábrica, que había iniciado un contrato con una compañía de maquinaria para renovar el proceso de producción, le había prometido un mejor salario dados su experiencia y tiempo de servicio. Se preguntaba a cuál experiencia se referían los administradores, si presionar botones —los mismo todos los días— no requería ningún esfuerzo mental. Más que un aumento de salario, Joe quería que lo ascendieran a otro nivel donde pudiera ejercitar su mente. Pero esa promoción, lo sabía, jamás iba a suceder.

Estaba seguro de que, con la innovación total que se especulaba en la fábrica, la nueva maquinaria iba estar controlada por computadores y gente que había estudiado en la universidad, y que —llegado el momento— él quedaría excluido como una máquina vieja en un rincón. Eso sería una humillación tan grande como la del alcalde, que era a su honor, pero la de la fábrica iba a ser a su inteligencia. Ante el temor de que era un hecho inevitable, pensó en su retiro y empezó a hacer la cuenta de cuánto tiempo le faltaba.

Cada tarde que bajaba por la Oak Street cuando venía de la fábrica, miraba hacia la casa de Emily, sus hijas en el patio jugaban con Lucrecia, y en su parque infantil los niños de toda la cuadra también jugaban con Shane.

Su hijo había desarrollado tal apetencia por la lectura, que devoraba dos o tres libros cada mes y —lo que era más importante—, se había vuelto muy hábil para memorizar fórmulas matemáticas y constantes como π, e, gamma, etc. Recitaba párrafos de los clásicos de la literatura universal, su memoria era una bendición para Joe que hablaba de las cualidades de su hijo en la fábrica, en la barbería y en la tienda de víveres.

Shane era un muchacho extraordinario y era feliz por ser su padre. Shane era como un cachorro sin experiencia que se tropieza con todo y se cae al menor traspié, pero la inteligencia de todos los niños que venían a jugar estaba en su pequeño cráneo. Jamás castigó a su hijo ni le alzó la voz. A sus hijas les enseñó a amarrase los zapatos, y las reprendía cuando se los veía sueltos, pero con Shane era diferente. Su hijo jamás aprendió a amarrárselos y no le importaba. Jugaban en el parque, algo que no hacía con sus hijas, al menos con Rosario la menor. No había días más felices que esos.

***

De vez en cuando se encontraba con la viuda del alcalde en la calle o el supermercado, la saludaba muy caballerosamente; ella le agradecía siempre el favor de haber enterrado a su esposo. Vestida de luto a pesar de que había pasado el tiempo, persistía en recordarle lo buen esposo que fue y cerraba la corta conversación diciéndole, "aunque la gente diga lo contrario". Joe solo la escuchaba y —cuando se despedían— la viuda volvía a agradecerle.

Se había olvidado del alcalde, no tenía ningún remordimiento, pues todo su odio había quedado en el olvido y —ver a la viuda— era como volver a recordar, por eso a veces evitaba encontrarse con ella.

Y luego empezó a recibir esporádicamente sus cartas en las que, después de volver a agradecerle el favor en unas cuantas líneas, le contaba casi en detalle, con tono de reivindicación el pasado del alcalde. Cada carta contenía un evento diferente, anécdotas, sus debilidades como las de llorar mucho cuando era niño. Le decía que en su imponente figura se escondía el alma de un niño desventurado. Y le llegó una carta el 10 de septiembre, el aniversario de su muerte, en la que le decía que pesar de su debilidad, el niño llorón tenía explosiones de fortaleza. Le contaba que el niño, que no osaba matar una mosca, perseguía gatos monteses que si se dejaban atrapar terminaban colgando en la rama de un árbol. Joe leyó aquella frase con estupefacción, sin creerlo. No supo si darse golpes contra la pared o responderle a la viuda con otra carta pidiéndole que, por favor, no le escribiera más. Lo último que le interesaba en la vida era saber las locuras del alcalde ni le importaba saber que su enemigo también mataba gatos. Lo había olvidado y recuperado de sus humillaciones, y saber que compartían una misma locura le daba ira y malestar, porque era como si el vínculo con el alcalde continuara después de muerto.

Dejó de recoger el correo y mandaba a Shane o Rosario, a quienes les pidió tirar a la basura las cartas de la viuda.

Capítulo 44

Y así recibió una carta de Korn. Le contaba que era feliz en un pueblito a la orilla del mar en la costa occidental de Florida donde vivía con Romina. Le había escrito muchas cartas a Rick, pero no había recibido respuesta y estaba preocupado por su amigo. Le pedía el favor de que fuera a visitarlo y que le mandara noticias tan pronto como lo viera. La preocupación de Korn también lo conmovió y fue a ver a Rick tan pronto como leyó la carta.

Recordaba que la última vez que lo vio, el pobre Rick vivía con un rebaño de cabras. Joe bajó en su auto hasta el final de la Oak Street y pensó que estaba perdido porque no encontró la casa. Regresó y tampoco la encontró. Pensó por un momento que su memoria le estaba fallando, pero recordaba muy bien que él mismo les había comprado la casa que quedaba casi al terminar la calle. Volvió a pasar por tercera vez, despacio, y entonces fue cuando reconoció sus ventanas amplias, el portón alto y la entrada.

La casa estaba restaurada, parecía que después de una larga reconstrucción y de una inversión grande de dinero, la hubieran convertido en la más bella de la Oak Street. Era, en conclusión, diferente a la que les compró a sus amigos en esa subasta poco después de haber llegado al pueblo. Aunque tenía su diseño ecléctico entre bungaló y contemporáneo, se podía pensar que por dentro también había sido restaurada. No se veía ningún rastro de las cabras que, recordaba, habían destruido los marcos de las ventanas y parte de las paredes. El patio frontal tenía un antejardín y faroles alineados perfectamente a los costados de la entrada. Al lado derecho había una fuente con una réplica de tamaño natural de Afrodita, y al izquierdo otra con la de Calíope.

Joe parqueó el auto en la calle y caminó hasta el portón. Dudoso de encontrar a Rick, dio tres toques en la puerta, con la esperanza de que quien le abriera, le diera noticias de su amigo.

Le abrió un hombre elegante, tal vez en sus tardíos cincuentas. Tenía una calvicie señorial que llevaba con honor y una barba limpia y podada con esmero, gafas de aros de oro cuyos lentes, muy finos y claros, le daban un cierto aire intelectual.

—Joe —lo llamó el hombre—, ¿no me reconoces?

Solo hasta cuando lo escuchó, Joe reconoció a Rick; bien vestido y perfumado, lo saludó efusivamente de abrazo. La casa por dentro no era el muladar o el establo que había visto hacía mucho tiempo.

—¿Y las cabras? —Le preguntó Joe.

—Las liberé y ahora andan en el bosque.

La casa tenía luz, decorada delicadamente como si hubiera una mujer que mantuviera el cuidado de la misma. Olía a rosas, las cortinas estaban atadas al centro y —detrás de las mismas— había otras cortinas transparentes. Lámparas en los rincones de la sala principal, cuadros en las paredes, floreros en los estantes, y —en el centro— el sofá, las sillas y la mesa completaban la decoración.

Su amigo lo invitó a subir las escaleras que conducían al segundo piso. La planta alta de la casa era la alcoba, con la cama en el centro y las ventanas amplias que dejaban entrar la luz; era un espacio abierto que daba la sensación de libertad. Los tendidos blancos y limpios de la cama, de entretejido fino y costoso, tocaban el suelo. A un lado, casi contra la pared, la tina donde se bañaba, con toallas limpias, perfumes, aceites y jabones aromáticos. Una tiza de sándalo expedía un hilo de humo en una mesa de fina decoración junto a una ventana. Él tomó una caja de hierbas aromáticas y se las dio a oler, "vienen de las faldas del Himalaya", le dijo.

Rick no era el mismo y Joe le preguntó por las causas de tanto cambio.

—El amor —le respondió.

Le preguntó quién era la dichosa mujer que había traído tantos cambios a su vida y le respondió que era un secreto, que se lo daría a saber a su debido tiempo. Pero le contó que había hecho todos los cambios porque estaba enamorado y que la mujer vendría a vivir en su casa muy pronto. Tenía planes de llevarla a Filadelfia donde pasarían dos semanas. Hablaba de Filadelfia como si hablara de una mujer, "porque las ciudades" —le dijo— "son como las mujeres, se pintan y se visten de noche", una comparación que desconcertó a Joe, que pensó de nuevo que su amigo estaba loco. Le dijo que la llevaría a Nueva York donde también pasarían otras dos semanas visitando museos y la Quinta Avenida, luego iban a subir a una de las torres del World Trade Center y allí, mirando *La Gran Manzana*, le iba a pedir que se casara con él.

—Debí explicarle las razones por las cuales la llaman *La Gran Manzana*, ella es diáfana y valga decir que jamás me he aprovechado de su inocencia, no he dormido con ella— le dijo mirando la cama —No ha pasado por mi mente tanto atrevimiento. Estas sábanas están sin estrenar —Joe se dio cuenta de que su amigo era un hombre feliz a pesar de su locura.

—Ha sido una espera larga; sin embargo —Rick continuó—, cada cambio merecía una visita —o mejor— cada visita, un cambio. Primero fue la ardua limpieza de caca y orines, refregando con cepillo y jabón por todas partes hasta que recuperé el brillo original del piso. Entonces, ella vino a ver la casa. Un movimiento de su nariz me dio a entender que algo olía mal y era los meados de cabra. Por muchos días abrí las ventanas y puertas para ventilar el olor, hasta que el fermento de orines fue reemplazado por el suave olor a polen y el aroma de yerbas que quemé en un recipiente. ...Y entonces la invité otra vez y ella dio el visto bueno. El próximo cambio tenía que ser la alfombra, y la extendí por toda la casa. Le abrí la puerta y entró con ese andar de gacela. Al escucharla, me arrepentí de haber puesto la alfombra que amortiguó el ruido de sus de sus tacones y solo me quedó la opción de imaginarlo. ¡Ah... Mujer de mis sueños, me duermo con el taconeo de sus pies! Me parezco al *Gallito de Los Andes* que recoge paja, pedazos de cristal, colillas de cigarrillo, latas de cerveza, cualquier objeto brillante que haga el nido más llamativo para atraer a su hembra.

Pero los cambios que Joe vio no eran tan simples, no eran solo la limpieza del muladar o los estragos de las cabras. Después de una mirada alrededor, supo que su amigo había hecho cambios que, sin una inversión grande, no hubieran sido posibles. Le preguntó de dónde había obtenido el dinero.

—No me lo vas a creer—. Abrió la gaveta de la mesa y le mostró una bolsa pequeña con cocaína. El polvo era tan blanco y cristalino que daban deseos de tocarlo y acercar la lengua y probarlo. La bolsa se la había mandado un amigo de New York que le propuso un negocio de distribución en la región que comprendía la cuenca del Mississippi.

—Pero debo contarte desde el comienzo, Joe.

Se sentaron luego de pasar por el bar que exhibía los licores habidos y por haber, desde los más rudimentarios hasta los más finos, desde pisco peruano hasta el vino añejo de Sicilia. Toda la pared, de abajo hasta arriba y de lado a lado, era un estante lleno de botellas de diferentes tamaños, formas y colores; un museo con todos los licores del mundo.

Le preguntó a Joe cual le gustaba. Tenía whiskey de marca, champaña, ron bacardí, la lista era interminable. Destapó una botella de vodka ruso cuyo valor era del orden de los cuatro dígitos. Escanció el licor en las copas y el flujo del líquido era tan puro que el aroma transcendió firme, consistente y duradero. Se lo bebieron de un solo sorbo y sirvió más. Luego se fueron a la sala.

—Empecemos por el comienzo —le dijo cruzando las piernas— porque todo parece como esas tiras de papel de los restaurantes chinos que traen envuelta la suerte, que "debes mirar la luna esta noche porque mañana te alumbrarán las estrellas", que "tus planes presentes van a ser exitosos mañana", tú sabes, toda esa clase de basura. Pero así parece que fue mi suerte. Empezó una mañana como te decía, cuando vi a mis cabras tristes, tan tristes que una de ellas, la Catalina, tenía el tasero contra la pared, como si la hubiera atrapado, estaba con esos ojos de llanto que las demás también se pusieron a llorar.

Tenía en la pared la imagen del trasero de la cabra, con la vulva y la cola que se proyectaba hacia lo alto. La imagen estaba encuadrada en un marco de oro y cubierta de esmalte y cristal fino, parecía una pintura abstracta sin imaginación y pintada por un pintor sin inspiración.

—Luego ella, mi ángel redentor, pasaba en ese momento. La sola visión me despejó las nubes, la vi pasar como levitando en la mañana. Quizás el balar de las cabras le llamó la atención, porque miró hacia la casa y ahí me vio —o mejor— ahí me descubrió. Ese día decidí encarrilar mi vida porque, juré bajo el nombre de cada una de mis cabras, bajo el nombre de Catalina, que la haría mía, costara lo que costara. Por aquellos días los papelitos de China me revelaban que todavía tenía otra esperanza, "el mundo es tuyo, tómalo", y me fui a Nueva York a ver a mi amigo David...

...No tuve que mirar dos veces ni preguntarle para comprobar en qué andaba David. Me esperaba en el aeropuerto en un auto lujoso, vestido muy elegante con cadenas de oro en el cuello y gafas oscuras Dolce & Gabbana. Sin más preámbulos, nos fuimos a su oficina: un viejo café que ventilaba un aroma revuelto a tabaco, sal marina y caldo de ostras; te imaginas, un antro en Harlem o Queens. Pero su oficina no estaba en el café; a ella se entraba por el café para despistar a los inteligentes detectives de Manhattan. Nos metimos penumbra adentro, subimos no sé cuántas escaleras porque tuve que parar a tomar resuello, tú sabes, los estragos de la mala vida. De pronto, como si tuviera la magia de hacer aparecer cosas en la oscuridad, abrió la puerta y la luz opaca se fue escaleras abajo. La oficina era un desorden total. Su escritorio no tenía nada que admirar ni documentos, ni máquina de escribir, ni plumero, ni libros. Mi amigo no era un académico, mucho menos administrador de un restaurante de mala muerte; solo una balanza de precisión marca Brother, la más moderna, pues estaba calibrada a una millonésima de error. Hizo a un lado la balanza y las bolsas con el polvo blanco y —mientras se acomodaba los tirantes del pantalón— miró el cuarto alrededor y me dijo, "ya te imaginas el negocio: el oeste es virgen". Pensaba distribuirla en Chicago, Saint Louis, y las ciudades del valle del Mississippi, Menphis y New Orleans. Un imperio grande se le abría en sus ojos que brillaban cuando hablaba de Chicago, Kansas City, etc. Y esa área iba a ser mía, me iba a volver millonario en cuestión de unos días. Pero la conciencia a veces se impone a la ambición, pues estuve a esta distancia de decirle que no. Pero pensé en ella, o mejor, ella me decía "tómalo, no seas flojo, no seas hombrecito, hazlo por mí". Y ahí fue cuando la conciencia falló, la conciencia se parece a un globo, se agranda y se comprime...

...Lo que viene se merece otro vodka, Joe. Cuando las cosas están para uno, Joe... Con el tiempo, la oficina se volvió más cierta, porque las cosas aparecieron como si nada tuvieran que temer y entonces mostraban su cara; la gran caja fuerte con su timón brillante se asomaba en la penumbra, tan alta como la puerta. Estaba abierta. Me delató mi curiosidad y me sorprendió su confianza; "no hay nada que temer", dijo, "quien quiera alcanzarme tiene que saber el camino", y era cierto, porque subimos muchos pisos en la oscuridad y él era el único que sabía cómo llegar o cómo escurrirse en las entrañas del edificio.

Rick fue a llenar las copas de vodka y —por un momento— se detuvo pensativo, con la mirada en la pared donde tenía el cuadro de Catalina.

—¡Qué bella es! —suspiró.
—¿Quién? —Le preguntó Joe.
—Ella. ¿En qué íbamos?
Joe le recordó.
—Mi amigo abrió la cortina y la oficina se llenó de sol. Tuve entonces idea de qué tan alto estábamos, porque alcancé a ver —sobre las cabezas de los edificios— que más allá se extendía el mar, al frente de Manhattan. Un buque gigante maniobraba su anclaje en el puerto de New Jersey al extremo sur y él miró con los binoculares, luego abrió la gaveta de su escritorio y extrajo su libreta. Ahí viene, dijo mirando de nuevo, "colombiana pura". Daban las doce en el campanario de alguna iglesia; era la hora del almuerzo y me preguntó si tenía hambre, le dije

que sí. "Caldo de ostras, o mejor sopa de saliva de golondrina, sopa de criadillas de toro, o cola de buey, la que quieras, sopas para hombres con cojones", dijo. Me recomendó la de saliva de golondrina porque era buena para despejar la inteligencia. Me decidí por la de criadillas de toro y mi amigo salió por donde habíamos venido, "te traeré ambas", dijo desde la puerta. Quería decir que me iba a traer también la de saliva de golondrinas…

…La caja fuerte no tenía más espacio para guardar dólares, Joe. Tenía dinero para comprar una ciudad o un país pequeño en el trópico. Di un vistazo a Nueva York desde la ventana, el sol golpeaba las cabezas de los edificios. Las torres gemelas de Manhattan, tan esbeltas y arrogantes, un avión pasó tan cerca como si se fuera contra ellas. Me acerqué a la ventana y vi una escalera muy estrecha que se desprendía bordeando la pared, dando vueltas y vueltas hasta desparecer bien abajo, daba vértigo solo mirarla. De pronto escuché pasos que venían subiendo. Mi amigo entró y detrás unos hombres empujándolo con sus metralletas. ¡Qué mala suerte!, me lamenté. Uno de ellos fue hasta la caja fuerte. Recuerdo que la había cerrado mientras mi amigo traía las sopas y no sé por qué lo hice, tal vez para evitar mis tentaciones, porque, Joe, no sé si debo contarte… Pasó por mi mente el oscuro pensamiento de matarlo o de esconder un fajo de esos billetes entre mis pantaloncillos. Vi la cara de satisfacción de mi amigo cuando se dio cuenta de que la puerta de la caja fuerte estaba cerrada; me agradecía con sus ojos, en tanto yo le respondía con los míos, "no hay de que, amigos hasta en los malos momentos". Uno de los ladrones se aferró a la manivela de la caja fuerte y le dio vueltas después de que forzaran a David a decirles la clave, pero la puerta no se abría. Estaban nerviosos, y quien intentaba abrirla aún más, sudaba y estaba a punto de llorar. Podía adivinarse que eran inexpertos. El ladrón siguió intentando y su nerviosismo le nubló los sesos. Entonces obligaron a mi amigo a que la abriera, y él se dirigió hacia la caja fuerte, cuando —de pronto— la puerta de la oficina se abrió otra vez y entonces los disparos. Joe, me dio miedo, por primera vez en tanto tiempo sentí miedo. Aunque debes acordarte de la guerra, tuvimos momentos peores y no te olvides del día que mataron a Ronnie. Me escondí detrás de la cortina, los disparos duraron unos segundos, no pude saberlo. Esperé hasta que todo estuvo en silencio, ni una voz, ni un quejido, ni un murmullo. La cortina tenía un agujero y vi que la oficina estaba llena de humo. Me asomé cuando el humo se disipó. En un rincón estaban los ladrones que habían venido a robar a mi amigo, todos muertos, los otros, los que habían venido a cobrarle cuentas a mi amigo o tal vez venían a robarles a los ladrones en el otro rincón, muertos también. Mi amigo estaba aún vivo, sangraba tendido en el escritorio; me pidió que lo bajara al café donde pudiera atenderlo un médico. Joe, lo vi sin esperanzas y lo pensé antes de echármelo al hombro escaleras abajo. No era la primera vez. En la guerra lo hice cuando uno de mis soldados me pedía clemencia luego de perder sus piernas, parte de su tórax y me decía que lo matara. Joe así es la vida. Y pensé en ella, mi musa, mi diosa, mi virgen y recordé la clave de la caja fuerte, la cual mi amigo había recitado tantas veces al ladrón que me la aprendí. Tenía en sus manos el arma, se la retiré con cuidado, evitando dejar cualquier huella. Mi amigo no vaciló un solo instante en señalarme el sitio, "aquí en el centro del pecho". Lo rematé. Ahora tenía la caja fuerte frente a mí y la clave. Pero ¡ay, Joe! Mis dedos no funcionaron, tenían un temblor incontrolable, la memoria no es cobarde como los dedos, la memoria no tiembla, funciona o no, recordaba la clave claramente, pero mis dedos, Joe. Allí dentro estaba mi vida. Empecé a girar la manivela, di las vueltas y no escuché el clic; mis dedos no obedecían. Mi amigo le había recitado otros números al ladrón, pensé. Escuché que golpeaban en la puerta y preguntaban si había alguien adentro y, como nadie respondió, se volvieron a escuchar los pasos que se alejaban. Joe, el tiempo es relativo, se expande, se dilata, exactamente como la conciencia. Apenas hacía unos momentos, mi amigo me preguntaba si tenía hambre y después estaba muerto sobre su escritorio y ya el campanario de la iglesia cantaba las tres de la tarde. Lo absoluto en ese momento era la imagen de mi musa que me dio coraje, pues intenté otra vez abrirla, y nada. Decidí irme, pero no podía bajar por donde subimos; así que no me quedaba otro camino que la escalera exterior, la que me producía vértigo. Vi la caja fuerte ya con un pie fuera de la ventana y el otro dentro. Fui a intentarlo otra vez y ¡ay, Joe!, lo que es para uno no hay quien se lo quite. El clic, el sonido maravilloso y salvador me abría la puerta de la vida. Tanto dinero que llené mis bolsillos, y una bolsa plástica que me la tercié al hombro y empecé mi descenso; ya mis nervios se habían ido y necesitaba bajar con vida...

...Y aquí estoy Joe, esperando el instante en que pueda traer a mi musa.

Se bebieron la última copa de vodka y fue al bar a destapar otra botella. Joe le dijo con señas que ya tenía suficiente y Rick regresó la botella a su lugar. Tenía una caja fuerte en un rincón, con la puerta abierta y los billetes en rollos apiñados uno sobre otro en las tres o más divisiones. En el piso, esparcidos alrededor de la caja, tenía tres veces más y en el segundo piso otro tanto. Joe se imaginó por un momento las cabras comiéndose los billetes.

—Ahora que soy rico, puedo casarme con mi musa —le dijo acercándose a la ventana. La cortina transparente dejaba ver el sol brillante y la cinta de asfalto de la Oak Street—. Aquí viene, Joe —dijo como si viera una aparición. Joe se aproximó a la ventana y reconoció a Lucrecia que pasaba para la tienda con la pequeña canasta. Su amigo levantó la mano para decirle adiós.

—Si ve cómo me devuelve el saludo con su manita—. Joe solo vio que Lucrecia pasaba sin mirar y sin levantar la mano. —Su sonrisa, la lleva siempre desde que me vio —Joe se dio cuenta que su amigo no tenía salvación.

* * *

Le escribió a Korn una carta extensa en la que le contaba todo, cómo Rick se había enriquecido llegando a ser el hombre más rico del pueblo y el amor platónico por una exprostituta a quien su amigo consideraba una mujer de noble ascendencia. Un amor que, en vez de redimirlo, lo había enloquecido más, como el caballero andante que amó a una campesina creyéndola una reina, le decía; pero aquella mujer era una campesina y la que ama nuestro Rick es una prostituta y me preocupa mucho. Terminó la carta diciéndole que mantendría una vigilancia cerrada sobre Rick y que le prometía salvarlo de cualquier locura que podía ser (ojalá que no) la de hacerla su esposa, tú sabes —tanto como yo— que Rick no da pie atrás, es tan terco como sus cabras.

Pero Joe se olvidó de la promesa. No volvió a visitar a Rick ni le importó que, con todo el dinero que tenía, era una presa fácil de los ladrones que podían hasta matarlo.

* * *

Una tarde, Joe vio que Catalina estaba en el patio de Emily y, curioso, fue a averiguar cómo llegó el animal hasta allí. Ocurrió una mañana cuando Lucrecia venía de la tienda con los comestibles, la cabra se le vino detrás olfateando los vegetales que traía en el canasto. Lucrecia intentó espantarla, pero la cabra la siguió hasta el portón de la casa. Le habían puesto el nombre de Maggie, pero empezaron a llamarla Catalina cuando Joe les contó la historia de su amigo.

Lucrecia, que hasta entonces no sabía que tenía un admirador, se preguntaba quién y cómo era. Por las indicaciones de Joe y la existencia de Catalina, recordaba la casa, y vagamente la asociaba con el ruido de las cabras.

A pesar de las advertencias de Emily, siguió pasando por la calle cuando iba a la tienda. "Ese hombre es peligroso, cuidado, no sea que te haga daño", le decía Emily; recomendaciones que le recordaban los días oscuros en el túnel de la casa. Sabía, por las descripciones que le habían dado, que su casa era una de las más bellas de la Oak Street. Había visto varias, con sus antejardines floridos, garajes abiertos y elegantes cortinas, pero jamás tuvo curiosidad de identificar la casa de su amor secreto.

Una vez miró sin querer y lo vio en la ventana, con la cabeza ladeada a un costado, ojos entrecerrados como si durmiera despierto o como si acabara de levantarse de la cama. Ella siguió su camino y —más adelante— miró hacia atrás; el hombre había bajado las cortinas. La imagen era siempre la misma, el mismo rostro en penumbras ni tan desagradable, ni tan extraño como le habían dicho. Si lo hubiera visto frente a frente, no habría sentido repulsión, tal vez compasión y un poco de curiosidad.

Capítulo 45

Joe recibió la inesperada visita de Rick mucho tiempo después de la larga conversación que tuvieron. El estado mental de su amigo seguía igual. Desorientado y haciendo esfuerzos para recordar los motivos de su visita, lo único que hizo fue sacar de su chaleco una caja negra y diminuta con un anillo fino en hilos de oro con un diamante incrustado. La diminuta caja tenía la marca de la compañía donde compró el anillo, una casa famosa de Nueva York llamada *Emerals and Diamonds Brokers*.

—Es para mi ángel —dijo.

—No se merece tanto —le dijo Joe, pero su amigo le respondió que ella era el espécimen humano más bello del mundo, así le dijo, un adjetivo que Joe jamás había oído, expresión que —de haberla conocido— la habría usado para referirse a lo más bajo de la especie humana.

—Ese espécimen es una prostituta —le dijo Joe. Hasta entonces tuvo la esperanza de que su amigo cayera en cuenta de que le decía la verdad y desistiera de sus intenciones.

—No, no lo creo, mientes —le dijo cambiando el tono de su voz.

—Se escapó de Colton.

—Mientes —le repitió rascándose la cabeza, cerró la pequeña caja y la metió en el bolsillo del chaleco.

—Nunca la has visto, Rick.

—Joe, lo único que nos falta es hacer el amor.

Había hecho todo por sus amigos, arriesgó su vida por ellos en la guerra y en el pueblo; fue el hermano mayor y últimamente había intentado apartar a Rick de sus locuras. Había llegado el momento en que no quería siquiera levantar un dedo por Rick, tal vez el tiempo los había distanciado. Estaba cansado y se dio cuenta de que, después de confesarle que Lucrecia era una prostituta, arrepentida, revindicada y todo lo demás, no iba convencerlo.

Faltaba la última confesión y no quería llegar al extremo de decírselo, pero se lo dijo.

—Me fui a la cama con ella.

Rick lo miró incrédulo. Su rostro fue el de un niño a punto de llorar de tristeza. Dio una mirada hacia la casa de Emily, la cabra pastaba en el patio frontal. Rick sacó un pañuelo de su chaleco para secarse las lágrimas y se fue.

Se dirigió a donde estaba Catalina. Apenas traspasaba la entrada del patio de Emily, cuando la cabra emprendió carrera y lo embistió por sus partes nobles derribándolo al suelo, casi inconsciente y sin aire en las entrañas. El animal se alejaba unos metros y embestía de nuevo, punzando sus costillas y espaldas con sus cuernos. En ese momento llegaba Lucrecia y la cabra fue a olfatear las verduras que traía en la canasta.

Lucrecia vino a ayudarlo. Luego de sentarlo en los peldaños de la entrada, fue a la cocina por paños, y agua tibia. Le limpió el lodo del rostro. Tenía la mirada más dulce que hubiera jamás visto en su vida y se preguntaba dónde estaba el hombre temerario, el loco y criminal. Él era quién había inventado una fantasía como las que solo se ven en las películas de Hollywood. Un amor que estuvo en boca de otros antes de conocerlo.

Rick había perdido la caja con el anillo en el ataque de Catalina y cogidos de la mano buscaron en todo el patio y solo encontraron la caja vacía.

—No importa —le dijo Lucrecia —Tengo que contarte muchas cosas: mi pasado, lo que fui y lo que soy: una mujer sin suerte—. Sentados en los peldaños de la entrada, Lucrecia le contó todo. —Y hay algo más.

—Entonces, ¿es cierto?
—Sí.

De aquel encuentro nadie supo nada, a pesar de que Emily estaba en casa y sus hijas de vacaciones.

***

Rick no volvió y ella miraba a la ventana con la esperanza de verlo, pero no lo veía. Empezó a amar por primera vez y súbitamente, con un amor que se inflaba día tras día, como un globo que nunca iba a estallar. Las noches se volvían largas y las mañanas dulcemente frías. En la mesa apenas probaba los alimentos y Emily vio todo.

—Richard te está esperando —le dijo.
—¿Cómo lo sabes?
—Lo sé y creo que deberías ir a verlo —le dijo.
—¿Qué? ¿Ir a su puerta sin más justificación que mi amor?
—Encontraremos una justificación, solo espera.

Emily pensó en la cabra; es decir, con la justificación de que iba a llevársela de vuelta, Lucrecia podría verlo. Pero justo en el momento en que iba a contarle su idea, llegó Linda, agitada y triste, para decirles que Catalina estaba enferma. Todas salieron al patio. Catalina no estaba enferma, lo que iban a ver era el curso natural de la vida en un organismo que come, procesa alimentos, se nutre y deshecha la materia inservible, o dicho sin rodeos, Catalina defecaba un líquido verde y después, el anillo que Rick le había llevado a Lucrecia.

—Querías una justificación, bueno, ahí la tienes —le dijo Emily.

***

Le abrió la puerta luciendo una máscara de King Kong que la asustó. Entre todas sus extrañezas, esa era una que tenía desde niño para asustar a los adultos y ahora tenía una colección de máscaras.

Le contó la historia de Catalina y el anillo, una historia divertida que los dos recordarían siempre.

—La suerte está de nuestro lado —dijo Rick tomándola de las manos— que este anillo con el baño especial de los jugos digestivos de Catalina nos una para siempre, cásate conmigo.

Ella no contestó sí, pero le dijo: "¡Quiero una boda como todas, quiero lo que una mujer espera en el día más grande de su vida!"

Esa visita no traspasó la puerta de la casa.

Empezaría por presentarlo formalmente a su familia; se refería a Emily y a sus hijas. Para ese día, Emily les tenía una bandeja con biscochos largos como dedos humanos que había encargado en la pastelería. Los biscochos, les dijo Emily, se llaman "dedos de novia", y el comentario les provocó risas. Acompañaron los dedos de novia con champaña y todo el día hablaron de los planes, remembranzas de todo menos de momentos tristes.

La noche antes de la boda fue a verlo a su casa para ultimar algunos asuntos. La puerta estaba abierta, y ella entró. En la pared la imagen extraña de la cabra, se detuvo a mirarla.

—Es Catalina —le dijo Rick, quien apareció de pronto.

Ambos fijaron la mirada en el mismo punto del cuadro: "por ahí salió el anillo de compromiso", le dijo él.

—Que coincidencia, también pensé lo mismo.

Le señaló las amplias escaleras que iban al segundo piso y le dijo que por ellas subían las cabras hasta el día en que la vio pasar por primera vez. "Fuiste mi redención", le dijo.

—¿Dónde andan?

—En el bosque, las escucho balar de vez en cuando.

Subieron y —en la mitad del cuarto que abarcaba todo el segundo piso— estaba el camastro con sus tendidos limpios y blancos. Ella no podía creer que hubiera vivido con las cabras ni que éstas se subieran al camastro a lamerle el sudor. Esos recuerdos eran su pasado y no sabía si eran un buen tema de conversación. Le contó todo, de la guerra, la muerte de Ronnie, su amigo Korn, pero no mencionó a Joe.

Se acostaron en el camastro, y se hicieron las promesas más extrañas; le dijo ella: "prométeme que te haré feliz" y él le dijo: "te prometo que me harás feliz".

—Prométeme que me harás ver el big bang todas las noches.

—Te prometo que te llevaré por los hoyos negros del firmamento.

—Prométeme que me harás cantar el himno nacional en esos momentos.

—¿Qué momentos?

—Tú sabes de qué estoy hablando.

—Te lo prometo.

—Esta historia —interrumpió ella —sucedió en el suburbio de Manila donde vivíamos. Mi madre y su padre, es decir mi abuelo, son los protagonistas de la historia, y mi padre en parte. Mi padre es el malo, mi abuelo el menos malo y mi madre la buena. Mi madre, decepcionada de los hombres, pensaba que mi padre era la típica representación del sexo masculino: infiel y mujeriego, aunque nunca tuve una sospecha de su infidelidad. Miraba en mi abuelo al hombre en toda su dimensión, quiero decir en todo, desde el honor pasando por la responsabilidad y fidelidad. Lo admiraba hasta el punto de que llegó a creer que era un santo varón, así como Emily pensaba de su padre. Estaba retirado de una empresa y se la pasaba jugando dominó en la calle con su amigo, todos los días a una misma hora, una rutina diaria. Mi abuela le servía el almuerzo a las doce en punto, a la una y media dormía una siesta de veinte minutos, luego una ducha y a las dos tenía a su amigo en la puerta, esperándolo para jugar dominó. Jugaban hasta la hora de la comida cuando se despedían, después de levantar las sillas. Cenaba y luego veía la televisión. Así pasó mucho tiempo, solo con la interrupción de los días festivos o algún asunto familiar que los obligaba a aplazar el juego. Un día no volvieron a jugar más y mi abuela no se dio cuenta hasta mucho tiempo después cuando lo vio salir con su ropa de calle, corbatín y sombrero, algo que jamás hacía. No le prestó atención la primera vez ni la segunda; a la tercera le preguntó y mi abuelo le dijo que se iba a casa de un amigo. Más tarde, una vecina le contó a mi abuela que su esposo desaparecía elegantemente a las dos de la tarde, y después otras vecinas tenían el mismo cuento. Ya había una sospecha colectiva, pero ellas, muy discretas, no armaron escándalo. Una de ellas —sin proponérselo— descubrió a dónde iban y qué hacían ellos. La historia es más o menos así: mi abuelo iba a ver el tren que pasaba a las tres en punto con su amigo y otros señores, todos mayores, por arriba de los 75 años. El tren pasaba por debajo de un puente que tenía sillas a los costados donde se sentaban. Cuando el tren pasaba, el estruendo era tan grande que parecía que se llevaba el puente y el ventarrón era tan fuerte que las hojas secas se elevaban como en un huracán tropical. Pero el espectáculo no era el tren, era una bella mujer que —justo en ese momento— pasaba y el viento le levantaba la falda, dejándole ver las bragas y la ropa interior. Los abuelitos, para disimular cuando la veían pasar, se ponían gafas oscuras. Ninguno se reía ni decía cosas maliciosas, ni en sus conversaciones incluían a la mujer; todo el espectáculo era solo verla. Luego de que ella pasaba el puente, cada uno se iba para su casa…

…Cuando mi abuela se enteró, no dijo nada, solo se rio a carcajadas y mi madre, sorprendida, sintió una decepción profunda que marcó el fin del poco aprecio que les tenía a los hombres. Decía que no servían para nada, solo para reproducirse. Esa es la historia y creo que tiene una moraleja si se la mira bien. La moraleja es que todo es relativo, lo que fue un problema para mi madre, fue cómico para mi abuela. Tal vez no sea una moraleja, sino una conclusión.

—¿Y tú qué crees? —Le preguntó Rick.
—Yo estoy en la mitad. A veces me importa y a veces no.
—Tal vez tu madre exageró.
—A veces le hallo la razón y creo que todos los hombres son unos putos. Viví en Colton.
—Yo no soy puto.

Guardaron silencio. Eran las dos de la mañana y se escuchaba el balar solitario de una cabra.

—¿La oyes? —Le preguntó —. Sé lo qué piensas de mí.
—No, yo sé lo que estás pensando de mí —dijo ella.
—No pienso nada malo, el pasado es el pasado.
—Tu silencio dice otra cosa.

La Otra Casa

—Anoche pasaron tantas cosas que te las podría describir una a una y nos tocaría vivir muchos años para terminar. Ayer no era nadie y esta madrugada me descubro a tu lado, qué más puedo pedirle a la vida.
—Quisiera cambiar todo mi pasado —exclamó ella.

* * *

Rayando la mañana se despertaron.
—Vámonos para California —le propuso él.
—¿San Francisco?
—San Francisco está bien.
—Siempre soñé vivir en San Francisco.
—Quiero aprender a volar helicópteros.
—¿Estás loco?
—Tal vez.

Capítulo 46

Se casaron unos días después. La ceremonia continuó con una fiesta a la que invitaron gente del vecindario, gente que ni ellos, ni Emily, ni sus hijas conocían. Venían por curiosidad, comían y se iban, otros se quedaban a ver la casa; entre éstos hubo algunos que se detenían a mirar el cuadro de Catalina, pero no lograban entenderlo.

A las doce en punto de la noche, cuando la fiesta estaba en su apogeo, llegó Joe, borracho, vestía ropa de la fábrica y casco en la cabeza. Fue directo a la mesa donde estaban los recipientes con la comida; se sirvió un plato suculento y se fue a sentar con los esposos.

Las mesas en hileras, tenían floreros altos con rosas rojas. Un tiovivo multicolor giraba dando a la noche un toque infantil. La idea del tiovivo fue de Rick, que no pudo explicar por qué quería el carrusel; muchos pensaron que se trataba de una piñata. En una tarima, situada en el centro, estaban los micrófonos y los instrumentos de música; de cuando en cuando la señorita Carter subía a su grupo de chicos y cantaban una melodía alegre y una más o menos triste después, y luego una muy triste que le hacía soltar unas lágrimas a aquellos de corazón sensible, sobre todo a Emily, que tenía que esconderse en el baño y llorar amargamente.

Esa noche Joe sintió también nostalgia. Quería fastidiar a Rick con preguntas.

—¿Cuánto?
—¿Qué estás preguntando, Joe?
—¿Cuánto fue el costo de la fiesta?
—Pregúntale a Emily.
—Zorra, incluso en los asuntos de mis amigos se mete.
—Joe, estás borracho.
—Todas son unas putas.
—Joe, tus hijas están aquí.
—¿Dónde están mis hijas?
—Fueron las damas de honor en la boda, Joe.
—Maldito tú y tu putita.

Joe subió a la tarima. Emily vio que sus intenciones eran tomar el micrófono y no le iba a permitir que saboteara la fiesta; así que desconectó los enchufes del sonido.

El disgusto de Joe fue tal, que cuando vio que nadie le prestaba atención, se fue a silenciar el tiovivo con una barra metálica que levantó de raíz y clavó en una de las poleas que lo movían. Luego vino a casarle pelea a Rick. Fue entonces cuando se encontró frente a frente con Sarah. Fue solo un instante, sin palabras, la sola mirada de su hija fue suficiente para que se disipara su borrachera y su mente quedara en blanco. Arrepentido de ver que los niños esperaban en una larga fila a que el tiovivo continuara girando, Joe retiró la barra de hierro de la polea y el carrusel volvió a moverse.

Después se acomodó el casco y se fue en silencio. Calle arriba se detuvo a mirar atrás el resplandor de la fiesta en la noche, sintió una soledad enorme, pensó que su vida no tenía sentido, "es una gran fiesta, amigo mío, que seas feliz", dijo en voz baja. Siguió en silencio caminado las cinco cuadras hasta llegar a la casa de Rose. Cuando traspasó la entrada del pequeño parque, exclamó: "esta vida es una mierda".

Once y cuarenta y ocho de la mañana

La visita de Sarah era larga. ¿Qué hablaban que les llevaba tanto tiempo?, se preguntó mirando por la ventana. Fuera lo que fuera, el centro de la conversación tenía que ser Joe, su vida entre dos casas y dos mujeres que apenas nos hemos visto, murmuró evitando que sus hijas la escucharan. Hablarían de su enfermedad y tal vez de hechos que Rose conocía y que —después de la noticia de su muerte— habría decidido contarle a Sarah. Secretos que conocía o algunas pistas de las circunstancias que llevaron a la muerte de Antonio. Llegó a creer que Camille sabía la verdad y sospechó que Lucrecia también; pero como Camille, por alguna razón, Lucrecia no se atrevió a contarle...

Capítulo 47

...Cuando Lucrecia vino a despedirse, le dijo, "escríbeme, si por algún motivo se te olvidó algún detalle, solo escríbeme, solo házmelo saber". Con la partida de Lucrecia sintió que perdía la esperanza de saber de la muerte de Antonio. Pero Lucrecia no le dijo nada solo: "te debo mi vida", y le dio un sobre blanco.

—No lo abras hasta después de dos semanas de mi partida.

Puso el sobre en el piano y se olvidó de él. Varios meses después, buscando una partitura que quería tocar en el piano, vio el sobre y lo abrió. En un papel fino y en una letra clara le hacía una recapitulación de su vida y redención junto a Rick. En las últimas líneas le decía que pasara por el banco y preguntara por Mr. McNeal y le dijera que iba de parte del matrimonio Rick y Lucrecia Carpenter.

Emily fue por la tarde al banco y una mujer la llevó a la oficina de Mr. McNeal, quien la invitó a que entrara.

—Usted debe ser la señora Fletcher.

—Sí —le respondió Emily.

El banquero le dijo que la estaba esperando desde hacía mucho tiempo y que, debido a que no venía, se había puesto en contacto con el matrimonio Carpenter, pero le habían dicho que tuviera paciencia que algún día vendría.

—¿Usted sabe de qué se trata? —Le preguntó.

—No —le dijo Emily.

—Pues me alegra darle la noticia —le dijo que los Carpenter habían abierto una cuenta a su nombre.

—¿Cuánto?
—Entérese usted misma —le dio un documento del banco con la cantidad de dinero que le habían depositado los Carpenter en su cuenta. Emily quedó sin palabras.
—Es mucho dinero.
—Ciertamente, los Carpenter le tienen mucho aprecio —le dijo el banquero.

Emily hizo algunos cálculos de lo que podía hacer con el dinero. Sarah había terminado la secundaria y le había dicho con mucho entusiasmo que quería estudiar en la universidad una carrera en educación con énfasis en preescolar. De eso hacía un año y todo ese tiempo la había visto triste y lamentarse porque no podía ir a la universidad. Le había contado a Joe, en uno de esos encuentros inesperados, y la conversación —como siempre— terminó en una discusión agria. Linda jamás le había dicho lo que iba a estudiar y ahora, que cursaba el último año, estaba segura de que también iba a pedirle dinero para sus estudios.

Era un tormento pensar que sus hijas no podían ir a la universidad, así como ella que —luego de años— seguía con la misma frustración. Pensaba que sus hijas iban a ser el reflejo de su vida. Cuando vio la suma de $500,000.00 dólares que Lucrecia y Rick le habían depositado en el banco, tuvo una sensación de triunfo y no sabía qué decirle al banquero.
—¿Es este dinero...?
—¿Legal? —La interrumpió el banquero —. ¿Está usted dudando de los principios del banco?
—Oh no, señor, eso jamás, ¿dónde tengo que firmar?

Salió del banco pensando cómo darles la noticia a sus hijas. Pero decidió que era mejor no decirles nada, guardar el secreto. Se sentó con ellas en el comedor a la hora de la comida y —como siempre desde que Sarah terminó la secundaria— el tema de la universidad era inevitable, pero esa noche, extrañamente, no se mencionó.

Sarah había ido a la oficina de registro de la universidad a averiguar sobre la solicitud de una beca que le habían prometido y le dijeron que el comité había elegido a otra aspirante, unos años mayor, y madre soltera que vivía con el sostenimiento del estado.

Antes de levantar los platos, Emily le preguntó a cada una cuál era su sueño. Tuvo tres respuestas distintas: Sarah le dijo, ir a la universidad; Linda, un auto convertible y Rosario, un viaje a Disney World. Rosario le preguntó a la madre por su sueño y ésta le respondió "tener mucho dinero para que el sueño de mis hijas se vuelva realidad, como en los cuentos infantiles". Les dijo que se irían muy pronto de vacaciones a Orlando. A Sarah le dijo que tenía el dinero para pagar la matrícula de la universidad, y a Linda que iba a pensar un poco lo del convertible

Sarah no le creyó, tomó la noticia como un insulto y, para evitar un mal momento con su madre, levantó los platos de la mesa y se fue a la cocina a lavarlos.

Emily se vio en su hija mayor. Tenían ese rasgo que las unía a pesar de que eran diferentes de temperamento. Su hija era como Joe y —en ciertas ocasiones— le daba miedo tanta similitud, que llegó a temer por su futuro. Ella nunca vio a Joe como un hombre exitoso, pues no le escuchó hablar de sus sueños. Su hija soñaba y era distinta en ese aspecto a su padre. Al verla en la cocina lavar los platos, se vio a sí misma. Ahora que podía decirle que sus sueños estaban a punto de hacerse realidad; era en cierta medida su redención, un triunfo en el que Joe no tenía nada que ver. Por eso, cuando Sarah le preguntó cómo había conseguido el dinero, no respondió. Quería que sus hijas pensaran que ella era la única capaz de hacer realidad sus sueños y nadie más.

Linda no le dio mucha importancia al hecho de que su madre hubiera tenido muy poca consideración de su sueño. ¿De dónde venía la idea del convertible? Su madre nunca le preguntó.

La idea venía de unas fotos en blanco y negro de la Reina de Reinas en una vitrina a la entrada de la escuela. La fecha era remota, pero la joven, tan bella como ella en un convertible con la mano en alto saludando a la multitud en la Broadway, era su sueño. Quería ser reina de belleza y le faltaba el convertible.

Emily, tan entusiasmada como la hija, le compró el auto. Acordó con la agencia, para darle la sorpresa a la hija, que le trajeran el auto un viernes a las doce de la noche y lo estacionaran en el patio.

La mañana de aquel sábado inolvidable fue soleada. Linda se levantó a las nueve de la mañana y abrió las cortinas, vio el convertible en el patio. Pensó que su madre tenía visita, pero un instante después, gritó de alegría. Bajó las escaleras corriendo y fue al cuarto de su madre, la abrazó, la besó y le prometió que —en retorno— iba a traerle el cetro de la reina del estado. Sus otras hermanas, que no sabían el motivo de tanta alegría, vinieron también y su madre les contó. Ese sábado fue un día muy feliz para todas.

Capítulo 48

Pasaron los meses y su hija Linda se graduó de la secundaria. Sus calificaciones finales fueron más o menos aceptables. No le gustaban las ciencias, la biología, ni las matemáticas, cuyas calificaciones fueron las más bajas. Linda no colgó el diploma en el cuarto como lo hizo Sarah ni como lo haría Rosario después. Lo dobló como se dobla un reporte de malas calificaciones y lo guardó en una de las gavetas de su armario. Le dijo no más a la academia, al diablo con todo. Actitud que tomó por sorpresa a Emily, quien había esperado pacientemente por algún tiempo.

—¿Qué piensas hacer? —Le preguntó.
—Nada —le respondió su hija.

El convertible, cuya idea en un principio fue la de estimular a Linda en su preparación para ser reina, fue —al cabo de los días— un problema. Linda se levantaba tarde y se iba en el auto con sus amigos a recorrer las calles de Little York y otros pueblos, y después se aventuró a ir más lejos, ciudades que nunca había oído nombrar.

Le gustaba el cine, las películas clásicas —entre ellas— *Rebeldes sin causa*, que veía una y otra vez. La personalidad arrogante, altiva, pretenciosa, apática, displicente y —sobre todo anarquista de James Dean— tenía tanto magnetismo que solo al pronunciar su nombre sentía un cosquilleo en el vientre e ideas locas, tan locas que un día le confesó a su hermana menor sus deseos de "torcerle el cuello a alguien".

Le pidió dinero a su madre y se fue en el convertible a una de las tiendas más sofisticadas de Saint Louis. Compró las mismas prendas que James Dean vestía en la película; se mandó a cortar el pelo y se lo peinó hacia atrás.

Fue un cambio total en su apariencia, la chaqueta roja resaltaba su talle de adolescente en flor que no le disgustó a Emily; por el contrario, se sintió orgullosa cuando la vio entrar a la casa y subir las escaleras, *you look gorgeous, sweet heart*, le dijo.

Sus amigas la admiraban y la besaban en la mejilla, le ponían sus manos en la cintura; de vez en cuando rozaban con sus dedos sus pezones y —en momentos incontrolables— le palpaban allí donde sus jeans se ajustaban a su entrepierna.

Y así pasaron algunos meses en los que nada extraordinario sucedió, excepto que se olvidó del sueño de ser reina.

Su vida estaba a punto de tomar un rumbo inesperado. Emily, temerosa de que su personalidad fuera a ser la de una joven rebelde, se obsesionó con el futuro de su hija, actitud que distó mucho de mejorar las cosas.

La mañana en que Linda cumplió 18 años, sin que nadie la viera, empacó algo de ropa en el baúl del convertible, tomó algunos dólares, se aseguró de tener la tarjeta de crédito en su billetera y se marchó.

Dos días después y —sin saber nada de su hija— Emily reportó su desaparición en la policía. Preocupada entró a su cuarto con la idea de encontrar algún indicio. Hizo una requisa exhaustiva y no encontró nada, solo unas piezas de corsetería fina en una de las gavetas del armario.

Dos policías, un hombre y una mujer, vinieron a darle alguna información. Les había comunicado la policía de Colorado Springs que Linda se había quedado en un hotel y comprado unas toallas higiénicas en el Walmart de aquella población. Su hija se dirigía hacia el oeste, seguramente a California, le dijeron. No podían detenerla y traerla de vuelta a casa porque Linda era mayor de edad. Emily no tuvo otra opción que esperar.

Pasó un mes y recibió una carta de su hija. Linda estaba en Hollywood y le decía que iba a volverse estrella de cine.

Sarah leyó la carta. Nada de lo que decía su hermana le pareció novedoso. Sabía hasta dónde podía llegar, que —en última instancia— era a ninguna parte. Esa conclusión tampoco era nueva en lo que pensaba de su hermana; sabía que Linda era inteligente y que desperdiciaba su potencial en sueños que jamás lograría. Su hermana sufría de algo extraño, pero común en los jóvenes de su generación que era inercia mental.

Rosario también leyó la carta y, por el contrario, estaba contenta de que alguien en la familia se aventurara a alcanzar las estrellas. Le llevó la carta a su padre, quien la leyó.

"Ya me lo figuraba". Tuvo la intención de romperla en pedazos y tirarlos a la basura, pero Rosario se la arrebató de las manos.

Joe no tenía gratos recuerdos de Linda. De sus tres hijas, Linda era la irreverente, la que le cuestionaba sus idas a Colton, su vida con otra mujer y lo culpaba por el terrible apodo que les tenían en la escuela cuando las llamaban "las hijas del matagatos".

Una noche, poco antes de su partida, vio el convertible estacionado en el pequeño parque. Le pareció muy extraño y fue a mirar. Su hija estaba en paños menores con un hombre. Tal vez Joe se habría enfurecido, dicho algunas palabras y nada más, pero descubrió —en la oscuridad— que el hombre era mucho mayor que ella. La obligó a bajarse del auto, "eres una puta", le dijo al oído, casi como un susurro y le dijo al hombre "si lo vuelvo a ver con mi hija, lo mato". El hombre se bajó del auto y se fue sin decir nada. Linda le respondió de la misma manera, en voz baja y con mucha rabia "eres el padre más despreciable del mundo".

Esa noche perdió a su hija. Ese suceso le llegó directo al corazón y hubiera preferido una catástrofe antes de haber visto a su hija poseída por un hombre mayor que —según él— era el más despreciable de todos los actos.

Rosario le traía noticias de Linda. Mi hermana está feliz en Hollywood, le decía. Él sabía que todo era una ilusión y que un día Linda iba a regresar sin pena ni gloria, con una carga de problemas en los que no quería pensar.

Capítulo 49

Joe, preocupado porque Shane no sabía amarrarse los zapatos, pensó contratar a una pedagoga.

Sus hermanas le habían enseñado actividades tales como leer, dibujar, y —en parte— el aseo personal. Enseñarle el sentido de independencia fue difícil, pero al cabo del tiempo, Shane logró un nivel de entendimiento como cualquier muchacho de su edad. Se aseaba todos los días, se ponía los pantalones sin amarrarse el cinturón, parte de la camisa por fuera, el cabello en desorden y los zapatos con los cordones sueltos. Era increíble que Shane podía sin esfuerzo resolver los rompecabezas más complejos que le traían sus hermanas y —al mismo tiempo— era incapaz de amarrarse los zapatos o llevar a cabo las funciones más simples o normales en todo individuo. Confundía las llaves del portón de la casa con las del auto, oficios tan simples como usar la aspiradora para limpiar el piso, lo ponían nervioso, pero la desarmaba y la armaba poniendo cada pieza en su lugar sin dudarlo un instante.

De un momento a otro, Joe empezó a ver al revés el aviso que había colgado en la puerta de la biblioteca. Joe lo ponía al derecho todas las mañanas al salir para su trabajo y, al regresar en la tarde, lo encontraba patas arriba. También lo había visto leyendo los libros al revés y —ese comportamiento— le preocupó mucho. Decidió entonces contratar a un especialista en problemas de lectura.

Puso un aviso en el periódico local que decía, "se busca una pedagoga especial, seria, culta y paciente". Respondió al anuncio una mujer joven de nombre Tatum McGee. Tenía una hoja de vida muy sucinta y un diploma de la escuela de psicopedagogía de la Universidad de Michigan. Joe la llevó a la biblioteca donde estaba Shane, que fue una manera de decirle que estaba contratada. Tatum McGee vivía en la casa del costado oriental que colindaba con el parque, es decir, era su vecina.

Tatum había enviudado joven cuando apenas cumplía treinta años; su esposo murió en la guerra del Golfo y vestía de negro. Vivía dedicada a su profesión, en la que había tenido —en pocos años— alguna experiencia con niños que padecían de retraso mental, jóvenes autistas y otros padecimientos. Tatum veía a sus pacientes —o mejor a sus alumnos— como si fueran sus hijos. Era una manera de compensar la ausencia de los hijos que no tuvo.

Cuando lo vio frente a frente, se dio cuenta de que Shane, a pesar de que a simple vista era difícil identificar su autismo, era un muchacho muy especial. Jovial, simpático, atento, su mirada era la de un niño grande de casi seis pies de estatura.

Empezó ese mismo día de la entrevista. Primero organizó los libros de la biblioteca por temas, con la ayuda de Shane; los de ciencias naturales en el estante más alto. Luego subieron los de ciencias sociales, historia, geografía y humanidades, y —por último— los libros de literatura, que ocuparon los tres estantes más bajos. Todos eran libros que Joe encontró en las ventas de garaje que, a sabiendas de que nunca los iba a leer, los compraba para su hijo.

Un libro grande de letras doradas le llamó la atención a Tatum: *El Ingenioso Hidalgo Don Quijote de la Mancha*, en versión de lujo y en inglés. Lo había leído varias veces y había llegado a la conclusión de que todo ser humano debía leerlo al menos tres veces, la primera en la adolescencia, la segunda en la juventud y la última en la vejez.

Tatum se dio cuenta de que iba a costarle mucho trabajo modificar algunos hábitos y enseñarle otros a su alumno. Empezó por mostrarle cómo atarse los zapatos. Intentó diferentes métodos sin obtener resultados. Primero se los ató, despacio, paso a paso y —luego de la demostración— le dijo que se los atara. Shane terminaba formando un nudo difícil de deshacer. Luego de ver la falta de resultados, ella se los puso y le mostró la primera vuelta, la distancia en que debía empezar a armar la segunda y el nudo final; pero —de nuevo— Shane armaba el mismo nudo, incipiente y pequeñito, en el que Tatum se quebraba las uñas deshaciéndolo. Después le trajo una guía para niños. Shane aprendió a atárselos, pero —a la mañana siguiente— lo primero que veía Tatum era los zapatos sueltos, se le había olvidado. Desde entonces, Shane aprendía cada día a atárselos, pero se le olvidaba a la mañana siguiente.

Joe veía la puerta de la biblioteca abierta cuando regresaba de su trabajo, no se asomaba para no interrumpir las sesiones de Tatum. Se iba a tomar la siesta a su cuarto, desde donde escuchaba voces distantes, la risa suave de Tatum. A veces se la encontraba en las mañanas al salir para la fábrica y le preguntaba por su hijo, "es muy receptivo", le decía ella.

En una venta de garaje encontró los poemas de Walt Whitman en presentación de lujo; pagó por el libro $1.50 y —al llegar a casa— escribió una nota de agradecimiento y se lo dejó en la entrada de la biblioteca.

En una ocasión regresaba del trabajo y encontró la puerta de la biblioteca cerrada. Joe no intentó abrirla, pero acercó su oído y no escuchó nada.

***

En la mesa de noche de su cuarto encontró un sobre que le había enviado la fábrica. Por fin, le respondían con un número exacto los días que le faltaban para jubilarse; eran ciento veinte días. Tenía 60 años y estaba joven. La guerra de Vietnam no lo había enloquecido como a sus amigos, pero tenía pesadillas y no eran pesadillas comunes y corrientes, era ansiedad.

En los cuatro meses que le faltaban tenía que prepararse para otra vida, tal vez sin preocupaciones, pero estaba preocupado.

Descolgó el almanaque de la pared del año 1998 y —sin pensarlo— marcó círculos alrededor de los días del mes de septiembre, fecha que marcaría el inicio de su jubilación. Escribió junto a cada día en letra muy pequeña: lunes, día de levantarse tarde; martes, lo mismo; miércoles, lo mismo... Domingo, desparecer todo el día. El viernes, como es sabido, Joe escribió, "hacerle la vida amarga a Emily", sin darse cuenta de que escribía el nombre de su esposa y no el de Rose.

El almanaque le causó curiosidad a Sarah un día que vino a visitar a Shane y se lo llevó para la casa con la idea de mostrárselo a su madre. Pero algo la distrajo y el almanaque terminó en la gaveta de un armario hasta cuando sus hermanas lo descubrieron el día de su muerte.

Once y cuarenta y nueve de la mañana

Tenía sus problemas como todo ser humano, le dijo a Rosario sin apartar los ojos de la ventana. Pero sus problemas eran muy graves, uno tiene derecho a tener sus locuras, siempre y cuando no afecten a los demás. Pero las de Joe nos afectó a todas, a ustedes y a mí. Para la prueba, un botón, dijo señalando lo que había escrito en el almanaque que Rosario tenía en sus manos...

Capítulo 50

...La noche previa a su último día en la fábrica, Joe se sentó a ver el partido de béisbol entre los Red Soxs y los Yanquis, pero su mente estaba en otros asuntos. A sus 60 años tenia los achaques propios de esa edad, pero Joe templaba sus músculos y se veía como cuando tenía treinta; y lo más importante era que su libido estaba en el punto más alto. Pero como todo en la vida, le faltaba algo. Desde un comienzo, Rose lo había sometido a un régimen de abstinencia y se lamentaba de vivir en un pueblo donde eran nulas las opciones de encontrar una amante. Cómo extrañaba Colton, a donde habría ido en esas noches de privación.

Cuando el partido de béisbol llegó a la mitad, eran las once de la noche y Joe apenas se había enterado del marcador: los Yanquis de Nueva York perdían por primera vez en su propio estadio. Esa noche, extrañamente en los partidos de béisbol —y por primera vez en la historia de este deporte—, aparecieron bellas mujeres vestidas de porristas para animar al público y Joe miró el show. Cuando las porristas terminaron su presentación, Joe apagó el televisor y se dirigió a su cuarto. Mientras pasaba por el *hall*, sintió que su sexo estaba erecto y —en vez dirigirse a su cuarto— entró al de Rose.

¿Cuánto tiempo había pasado desde la última vez?, seis años para ser exactos y recordaba muy bien lo que pasó. Esa noche (las vísperas de su retiro) tenía el ímpetu de todas las erecciones de esos años de abstinencia. Se echó a su lado, con la respiración fuerte y deseos de hacerle el amor después de seis años sin palparle su sexo sedoso que se contraía absorbiéndole hasta su sangre. La poseyó en posición 66. Quiso arrancarle un orgasmo que recordara para siempre y solo logró extraerle un suspiro silencioso, la cópula más insulsa de su vida.

Se culpó a sí mismo. ¿Qué le faltaba, era acaso que su hombría se había disminuido como se contrae el cuerpo con los años? ¿Acaso era un amante mediocre? Su erección seguía, con el ímpetu de un adolescente, con la que podía arrancarle diez orgasmos y otros más al amanecer. Pero una erección, por extraordinaria que sea, no es suficiente, pensaba. Rose le decía simplemente, con su silencio, que le faltaba mucho para ser un buen amante y estaba preocupado. Tomó la decisión esa noche de demostrárselo, y tendría todo el tiempo del mundo, ahora que era jubilado.

Se fue a su cuarto y se acostó cubriéndose con las cobijas, de pies a cabeza, sin poder dormir porque la pulsación en su sexo era tal que ameritaba una masturbada.

En la mañana se despertó sin recordar que era el último día que iba a trabajar. Preparó el café y después el desayuno. Le abrió la puerta a Tatum que esa mañana estaba muy elegante y él se lo hizo saber. Ella le agradeció con un poco de rubor en sus mejillas. Si hubiera tenido unos años menos, Tatum sería su amante, de eso estaba muy seguro. Tatum tenía una sonrisa bella y el cabello corto teñido de rojo resaltaba sus pecas; era simplemente deseable y perfecta para esas tardes de continencia.

***

Al entrar a la fábrica, lo recibió una nube espesa que cubría todo. La nube no le permitía ver las máquinas ni los obreros, aunque escuchaba gritos que iban de un lado a otro, maldiciones, llamados urgentes para evacuar la planta y el insoportable sonido de la alarma. El humo era tan espeso como esa nube que siempre le recordaba a su suegro el día que lo conoció en "el cuarto". Jamás en los 30 años que llevaba trabajando en la fábrica había sucedido algo similar. Que recordara, había ocurrido alguna vez algo parecido, pero nada que fuera tan preocupante. Los ingenieros en aquel entonces dijeron que el problema se debía a gradientes de temperatura que producían una condensación rápida del aire. Esa explicación no la había entendido, pero se imaginó las causas del problema.

Ese día no era solo la condensación lo que pudo ver; por el olor se dio cuenta de que la tubería por donde fluía el amoniaco estaba rota y la de oxígeno podía averiarse con la temperatura, lo mismo que las de hidrógeno y las de los gases nobles que, aunque no fueran un peligro potencial, eran un buen medio para reacciones en cadena que volarían la fábrica en mil pedazos. Tenía que cerrar las válvulas y apagar motores antes de que ocurriera un desastre. Así que Joe se dirigió —entre la humareda— hacia el panel donde estaba todo el control de la planta y, palpando cada botón, presionó aquellos que eran los más críticos. Luego, cerró válvulas de gases y apagó motores. Después de abrir las compuertas de la planta para evacuar el humo, se dirigió a la sala de emergencias. En la mesa de reuniones los ingenieros intentaban definir las causas del problema.

—Está resuelto —interrumpió Joe.
—¿*Who is this motherfucker*? —Preguntó uno de los ingenieros.
—Joe Romano —se les presentó.
—¿*How do you know*?
—Tengo la experiencia de 30 años que terminan hoy —les dijo.

Había visto el problema hacía mucho tiempo y también escrito informes, reportes, recomendaciones verbales. Sus informes reposaban en los archivos de varias secciones, entre ellas, las del gerente, los supervisores e ingenieros. Según los reportes, escritos a mano, era imperante cambiar las tuberías por un calibre más grande, ya que en los años previos se había incrementado el sondeo de fluidos, gases y líquidos con el concomitante aumento de presión. Eso era apenas lógico y cualquier operario lo entendía. No sabía de conceptos físicos como el de viscosidad de fluidos, constantes de dilatación de materiales ni entendía de algoritmos, pero tenía la inteligencia para ver, identificar y describir problemas en la planta. No era su responsabilidad, pero tenía toda la experiencia de los años. A sus informes, tal vez porque no había seguido el curso normal o los protocolos o posiblemente porque los había escrito un operario de bajo rango, nadie les prestó la debida atención. En uno de ellos decía que, si no se cambiaban las tuberías, las consecuencias iban a ser enormes, explosiones en cadena, incendios, válvulas sin control, escapes de fluidos, etc; en esencia, un Chernóbil a escala local, una catástrofe que —en últimas— contaminaría el aire y las pequeñas quebradas de la región.

Luego de darse cuenta de que los ingenieros no le iban a prestar atención, salió de la planta, sin mirar atrás con la satisfacción de que su última labor en la fábrica fue salvarla y con la sensación de que jamás iba a volver.

Joe se dirigió hacia el hospital donde tenía una cita con el médico. Según él, no era nada serio, solo una dolencia en la parte lumbar que se autodiagnosticó como ciática: uno de esos malestares que vienen con los años, pensó.

El médico, luego de auscultarle la espalda con el estetoscopio, no le confirmó ni le contradijo lo que creía que tenía, pero le dijo que debía eliminar otras posibilidades, ya que un diagnóstico definido solo por el dolor en la parte lumbar era un riesgo. Así que le dio otra cita una semana después para un examen más exhaustivo. Le recetó un analgésico.

Pasó por una venta de licores y compró un paquete de 12 cervezas frías y se fue a celebrar su primer día de retirado con Rupert.

Hacía algunos meses que no lo veía y quería contarle los sucesos de esa mañana en la fábrica y de su dolencia en la parte baja de la espalda.

—Nada de qué preocuparse —lo animó Rupert.

Se sentaron en el porche y cada uno destapó una cerveza. En el patio, hacia el centro estaba el tronco de lo que fue un roble que un ventarrón había inclinado hacia la casa y que Rupert había derribado para evitar que se cayera sobre el tejado. El tronco era grueso y alto. Rupert pensó esculpir una imagen en honor a su nieto muerto. Llevaba muchos días trabajando en el proyecto y no sabía hacia dónde iba. A juzgar por lo que se veía, parecía un colmillo enorme.

—Se parece a la nariz de un nativo —le dijo Joe.

—Es una buena observación —dijo Rupert.

—Puede ser uno de esos indios de North Dakota.

—Lo cierto es que no sé lo que quiero de ese tronco —le dijo—. Tal vez un indio o el colmillo de un brontosaurio, lo que sea va a ser una buena escultura y mi nieto (miró hacia el cielo) va a estar orgulloso de mí.

—¿Cuándo lo terminas, viejo?

—Antes de que me muera —le respondió.

Tenía una salud impecable. No había en su casa un botiquín con medicinas ni prescripciones médicas y comía de todo. El secreto, se lo confesó, era solo negarse a morir; solo eso, negarse a envejecer que es lo mismo que negarse a morir, "está aquí", le dijo, apuntando con el índice las sienes. Saboreaba cada sorbo de cerveza con gusto y miraba el tronco.

—Es un gran proyecto.

—Creo que me va a llevar mucho tiempo.

Rupert iba cada semana a cortar la grama alrededor del obelisco; también se la cortaba a las tumbas de los soldados y a la de su nieto.
—Aquella noche fue memorable, Rupert.
Recordaron eventos que ya habían olvidado como, por ejemplo, que borrachos, de rato en rato, se orinaban en la tumba de Doug mientras le arrancaban pedazos de cemento. No se acordaban de quién había sido la idea de quemar los restos de Doug.
—Fue tuya, Joe.
—No, no fue mia.
—Haber quemado sus huesos es como haber quemado un mal recuerdo —dijo Rupert—. Es como si no fuera yo quien lo mató, no hay una lápida que me lo recuerde.
—Yo tengo una —dijo Joe.
—¿Solo una? —Le preguntó Rupert.
Joe, evitando la pregunta, fue a destapar dos cervezas.
—¿La del alcalde? —Insistió Rupert.
—Sí.
—¿Entonces, fuiste tu?
—No exactamente, pero es como si así fuera.
—Bastardo —dijo con una risa abierta.
—Me debía dinero y unos cuantos insultos a mi familia.
—¿Y qué logró con matarlo, una viuda que sigue llevándole flores a su tumba? —La observación de Rupert cortó la conversación abruptamente por un rato—. Pero su venganza es como si fuera mía —dijo. Tengo la convicción de que mandó a matar a mi nieto; si no lo mató, lo mandó a matar; eso que dijeron en el periódico que se envenenó con la prostituta, es una historia increíble.
Joe se sentía muy a gusto hablando con Rupert, a quien veía como su versión cuando fuera más viejo, pero el último comentario le traía recuerdos.
—La viuda del alcalde —irrumpió Rupert —la veo cada vez que voy a cortar la grama con un ramillete de flores.
Le dijo que también había visto a otra mujer que, vestida de rojo, iba al cementerio con el mismo objetivo. Joe sintió un escozor en su vientre.
—Cualquiera que las vea, podría adivinar sus pensamientos— continuó—. Las veo pasar, una con un ramillete de flores y la otra con rosas rojas; la viuda de negro y la otra de rojo. La viuda visita la tumba del alcalde y la de rojo... Por su actitud, seguro que es la del amante.

¿No hay una gran diferencia en ellas, Joe? Y qué decir de la manera como caminan cuando se aproximan a las sepulturas. La viuda camina como si llevara una carga en los hombros y puedo ver "los deseos" que lleva la que va vestida de rojo, Joe.

Joe se llevó las manos a su rostro, aunque su intención era cubrirse los oídos y pedirle a Rupert que hablara de otras cosas, pero Rupert continuó.

—Ambas están tristes, pero la de rojo tiene una tristeza grande y eterna... ¿Cuáles fueron las circunstancias de la muerte de su amante?, ¿cómo saberlo? A todas éstas, a mi nieto lo mataron porque estaba averiguando la muerte de un forastero y sospecho que es el mismo de la tumba que la mujer de rojo va a visitar.

Repentinamente, Joe se puso de pie y dijo que se iba. Rupert, sorprendido, insistió en que se quedara a cenar, que tenía unas chuletas de ternera adobadas con ajos y pimienta desde la noche anterior. Pero Joe alegó que tenía que llevar a su hijo a la peluquería.

***

Estacionó su auto en la entrada del pequeño parque; eran las siete de la tarde y estaba aún de día. Escuchó el eco del piano en la casa de Emily y se dirigió a su puerta. Las notas que le arrancaba eran tristes. Percibía la tristeza eterna de la mujer de rojo que le describió Rupert. Emily le daba al piano con rabia, quizás sospechó que se aproximaba a su puerta y le decía algo o lo culpaba de algo. No era la melodía romántica de cuando vino a su casa por primera vez. La melodía le llegaba muy dentro, como un puñal. Llegó hasta el portón y dio tres toques. El piano se silenció y escuchó pasos firmes en el piso, los pasos que le describió su viejo amigo. La puerta se abrió y allí apareció ella, súbita, endiabladamente bella, vestida de rojo y con la pañoleta de flores en la cabeza, nada más le faltaba el ramillete de rosas. Pero solo tuvo que mirar hacia dentro, disimuladamente para verlo en la mesa del comedor; el ramillete era grande, rosas rojas como las que se regalan a los amantes. Un mechón de sus cabellos menguaba su furia y la blusa, con el primer botón sin abrochar, dejaba ver la hendidura de sus pechos que, como dos lunas que se negaban a menguar, celebraban su soledad y triunfo al mismo tiempo. Emily miró a la distancia y, aunque estaba allí frente a ella, cerró la puerta como si no lo hubiera visto.

Capítulo 51

El martes era su primer día de jubilado. Se despertó temprano y le llevó el café a Rose. Era quizás lo único que le permitía: acostarse a sus espaldas muy de vez en cuando. Esa mañana, ella abrió los ojos cuando le ponía la taza en la mesita de noche. Por la persiana se colaba el sol frío del otoño que daba con cierta vehemencia en la pared. En los últimos años no había tenido el placer de mirarla a esas horas de la mañana, pero ese día vio su rostro lozano y joven. Era como si a Rose, las largas horas de sueño le dieran juventud, aunque su rostro denotaba una madurez misteriosa.

—¿Eres feliz? —Le preguntó.

—Sí —le respondió ella mirando al vacío.

Recordó que no le había pagado el salario a Tatum. Escribió el cheque y se lo puso en el bolsillo de la camisa para dárselo más tarde. Se sentó a la mesa del comedor y se tomó el café despacio.

Qué iba a hacer ese día, se preguntó; tal vez iría a la peluquería o al supermercado a comprar comestibles. La sensación de no tener nada que hacer lo puso un poco nervioso. Preparó el desayuno, huevos fritos en aceite, tostadas a las que les esparció mermelada y les puso tiras muy finas de mantequilla. Luego llevó los platos con los alimentos al comedor y se sentó. "Lo primero que piensa un hombre que tiene todo el tiempo disponible es cómo sobrevivir cada momento", dijo en voz baja, "la vida, con todos sus problemas, se resume solo en eso, sobrevivir".

Tatum había colgado un aviso en la puerta que decía "no interrumpir", lo vio cuando salía para la peluquería. Curioso, Joe pegó el oído y no escuchó la risa aguda de Tatum. Pensó que ese día no había venido y abrió la puerta. Jamás olvidaría ese momento, aún por encima de su primer día de jubilación. Tatum desnuda, estaba encima de Shane, el cabello revuelto, los ojos entreabiertos y al filo de exhalar un grito profundo que trató de ahogarlo llevándose la mano a la boca. Pero el grito se le escapó, interponiéndose a la algarabía de los vencejos en el patio. Tatum se cubrió la cara con la camisa de su alumno. Joe cerró la puerta.

Después cuando salía, Joe le dio el cheque por sus servicios. No hubo una sola palabra. Ella entendió que daba por terminados sus servicios.

***

En la peluquería estaba Rupert.
—¡Feliz martes! —le dijo.
—No muy feliz —respondió Joe.
—Ya lo pensaba. Si en la vida tenemos las dos opciones: ser felices o miserables, seguro que la segunda es la que nos toca—. Rupert hablaba con sentido, esa frase era tan cierta que era difícil de aceptar. "Maldito Rupert", daba en el punto, en lo que pasaba en su vida. Aquella frase era muy cierta y le venía como anillo al dedo; lo malo versus su opuesto, una lucha eterna en la que él era el ejemplo por defecto. ¿No era acaso la entropía que Shane, el joven inocente que esa mañana había descubierto infraganti haciéndole el amor a su maestra, le explicaba alguna vez sin entender nada? La frase de Rupert y la entropía de su hijo resumían su vida. En conclusión, pensó —mientras a Rupert le cortaban el cabello— que estaba condenado a lo inefable, infalible, insondable, inasible, inescrutable y, sobre todo, a la inevitable desgracia.

Rupert le hizo señales para que mirara a la pared en la que había fotografías de bellas mujeres.

—Aquella es la más bella —dijo el peluquero señalando a Marilyn Monroe con la brocha—. Uno de mis clientes viene a cortarse el pelo todos los martes y me da la sensación de que es una excusa para verla.

Salieron de la peluquería juntos. En una floristería, Rupert compró un ramillete de rosas rojas, "no es lo que está pensando", le dijo, "no tengo esposa muerta, ni una amante a cuya tumba vaya a depositarle rosas como lo hace la mujer de rojo". Parecía que Rupert se empecinaba en recordarle a Emily.

Lo invitó a que conociera la mujer a quién le llevaba las rosas. Joe siguió a Rupert que se desviaba de la Broadaway hacia la izquierda por una calle nueva de nombre Sangre Road, extraño nombre para una calle. Unas cuantas cuadras hacia el norte, la calle empezó a hacerse una tira angosta de asfalto. Luego siguió por otro desvío que bajó a una laguna rodeada de árboles y a un lado, en una colina había una casa solitaria, allí se detuvo Rupert que se bajó del auto y le señaló a Joe donde tenía que parquear el suyo.

Les abrió la puerta una mujer entrada en sus setentas, menuda y de ojos inquietos. Pasaron a la mesa del comedor donde había dos platos con torta y dos vasos de leche. Rupert y Joe se sentaron y la mujer se fue a la cocina con el ramillete de rosas.

—Prepara la mejor torta del condado de Williamson —dijo Rupert.

En la pared de la sala, tenía colgados los premios que se había ganado en concursos a la mejor torta manzanas de la región que se celebraban cada año. Esa no era su única especialidad, pues preparaba tortas de otros sabores y texturas: de auyama, durazno y había presentado —en una sesión del concurso— su versión de torta de un recetario de la región del Caribe preparada con plátano maduro. La exhibición fue un desastre, no porque la torta careciera de buen sabor, fue la negativa de la gente a probarla. De esa mala experiencia, tenía la conclusión de que los americanos son muy poco aventureros cuando de probar comidas exóticas se trata. Esa experiencia marcó el fin de su éxito en la preparación de tortas.

Rupert sacó del bolsillo de la camisa una libreta y miró; "hoy nos toca torta de plátano". Cada vez que iba visitarla, le preparaba una diferente; los lunes de manzana; los martes, de piña... Y los viernes era de plátano. La torta estaba recién salida del horno y se veía muy provocativa. El queso brotaba en la superficie y ascendía un vapor que olía a plátano maduro y mantequilla.

Unos segundos más tarde la mujer apareció con otro plato y un vaso con leche para Joe.

Rupert la conoció el día que exhibía la torta de plátano. Fue el único que la probó y le gustó tanto que, luego de unas cuantas alabanzas, le pidió la receta. Ella, en vez de dársela, lo invitó a su casa. Tenían entonces, ella 66 y él 75. Ese día no sucedió nada que recordaran, ni un beso; como nada había pasado en todos esos años de amistad. Habían hablado de temas íntimos nada más, y ella para darle un poco de chispa a sus encuentros, le preguntaba en la puerta si había traído condones, solo con esa intención. Diez años habían pasado y continuaban igual que el primer día. Nada que a una pareja, sin importar la edad, se le hubiese ocurrido, como una mutua auscultación de sus partes íntimas. Nada, ni siquiera el deseo de dormir juntos la siesta. De vez en cuando, una provocación súbita de parte de ella lo mantenía al borde del abismo, con la promesa de que algún día sería. Pasó el tiempo y Rupert seguía esperando a sus 87 años.

Se preguntaba Rupert porqué, incapaz de abordarla con la pregunta, no sospechó las razones por las que ella no cedía y solo eran insinuaciones. Esa noche, con su amigo presente, escuchó de su propia voz la respuesta a su pregunta.

Lo amaba y esa noche se lo confesó. En todos esos años había sido más feliz que cuando vivía con su esposo muerto. Sin ningún pudor, delante de Joe, le dijo que una vez tuvo un orgasmo solo al verlo llegar a su puerta. Aquel orgasmo fue el más intenso de su vida. Sucedió así, sin coito, sin contacto físico, era inexplicable y Rupert no atinaba a creerle, pero le creyó. Les contó que se había sentido como la esposa insatisfecha que lee novelas románticas y ve por las rendijas al vecino a quien desea y con quien sueña haciendo el amor. Así fue como sucedió, en esos primeros días después de conocerlo, percibió la aproximación de su auto, miró por la rendija de la puerta y, mientras Rupert se aproximaba, sintió una contracción en su vientre, solo con verlo, dijo. Era uno de esos recuerdos que no se quieren comparar ni revivir, mucho menos consumar por el temor a olvidarlo y —más aún— por temor a una decepción. Por eso no se había ido a la cama con él y prefería vivir recordando aquel momento.

Sintió que se había desnudado delante de ellos con la confesión y se fue a la cocina por más torta.

Eran casi las doce de la noche. Rupert le dijo en voz baja a Joe que esa noche se sentía el hombre más feliz del mundo. "Le di un orgasmo sin tocarla, qué más puedo desear".

Capítulo 52

Era una noche clara de luna llena. Joe lamentó que Colton ya no existiera, habría sido el lugar perfecto para terminar la noche, sentarse al lado de una prostituta bella, así fuera solo para admirarla de pies a cabeza y desearla, así como Rupert había deseado a su mujer. Nada más que eso era suficiente a esas horas en que la luna misteriosamente empuja hacia el otro sexo con un magnetismo irresistible. Algunas veces pensaba que la muerte de Crompton Tercero era un gran alivio para el pueblo; una de las consecuencias fue la eliminación del burdel y eso era lamentable para él. En Colton, así se pensara que era el lugar más odiado del pueblo, se desbarataban utopías, se olvidaban amores irreconciliables, se resolvían contradicciones, se maquinaban equilibrios; pero por encima de todo, allí iban aquellos que, como él, se daban a la lujuria.

Eran las dos de la mañana cuando Joe llegó a su casa. El dolor lumbar calaba muy dentro. Fue a su cuarto y buscó en la gaveta de la mesa junto a la cama el frasco de analgésicos y se tomó dos pastillas. Nada, ni el dolor mismo ni las pastillas le recordaron que el médico fue enfático en darle otra cita y que era, no se lo imaginaba, de vida o muerte.

Apagó la luz y no pudo dormir.

A la mañana siguiente se sentó a tomarse el café. Su hijo había dejado un ejemplar de la *National Geographic* en la mesa del comedor. Abrió la revista justo donde Shane había doblado una página, tal vez una marca para no olvidar hasta dónde había leído. Joe leyó el título que presumiblemente su hijo estaba leyendo, *on the evolution of the human species*. Se acomodó en la silla dispuesto a leerlo. Un párrafo introductorio, que le dio una idea de lo que trataba el artículo, lo enganchó a una lectura profunda que demandó toda su concentración, aunque no entendía nada y el dolor seguía allí. Lo que logró entender era que unos paleontólogos del MIT habían desenterrado un fósil en un depósito del Pleistoceno en África Central. Una fotografía en blanco y negro de un fragmento del maxilar derecho daba una idea de qué tan grande era. Las piezas dentales estaban incompletas, pero se podían distinguir: un incisivo, dos premolares y un molar. Las piezas dentales tenían cúspides desgastadas que evidenciaban una dieta netamente vegetariana (tal vez nueces) de aquel humano o antropoide, o semihumano, o *taransitional human* como lo llamaban los científicos más adelante.

El artículo le llamó la atención por el contenido y porque en la medida que avanzaba en la lectura entendía menos y más admiraba a su hijo. Shane tenía la habilidad de entender el significado de las palabras que él no entendía, conceptos que requerían cierta abstracción mental, reservada para gente inteligente. Leyó todo el artículo y —lo único que pudo resumir— fue que no había entendido nada. Puso la revista en la mesa y se sirvió otra taza de café.

Le pareció que su hijo lo llamaba desde la biblioteca, una voz que no parecía la suya; era de tristeza, había algo más que eso, amargura, quizás nostalgia. Se asomó a la puerta de la biblioteca, Shane sentado junto a la ventana miraba hacia la casa donde vivía Tatum, al otro lado del parque.

Vio los cambios que ella había logrado en su hijo. Cuando vino por primera vez, Shane era el muchacho que transitaba hacia la adolescencia. Había pasado un año y los cambios eran sorprendentes, cambios no solo en su comportamiento, sino también en su físico: Tatum lo había hecho hombre. Es imposible creer que ciertas personas puedan alterar nuestra fisonomía, pero sucede a través de su actitud, o acciones, entre ellas, los coitos. Así es, los coitos moldean nuestro fenotipo, aunque sea increíble, y su hijo era un ejemplo de ese proceso.

Había aprendido —además— a bañarse y afeitarse, a amarrarse los zapatos, a cepillarse los dientes y vestirse impecablemente; en otras palabras, su hijo era otro. Pero toda la admiración que sintió en ese momento fue eclipsada por la tristeza de Shane. Era como si la estuviera esperando. Y esa espera no era la de un alumno por su maestra, sino la de un muchacho enamorado. Joe se puso un traje de calle y fue a ver a Tatum.

Ella abrió la puerta y solo mostró su cara con las huellas de una noche a medio dormir.

—Vengo a proponerle un trato —Joe fue al asunto—. Mi hijo la necesita y le propongo que vuelva a ser su instructora, tanto usted como yo sabemos que su método es efectivo, solo basta ver los cambios.

Joe no quería despertar suspicacias por parte de Tatum y ahí estaba ella con la mirada que parecía adivinarle sus pensamientos. No pudo evitarlo. Debió haber pensado como hacerle la propuesta, debió haber escogido las palabras sin darle un solo motivo que le recordara lo sucedido.

—No entiendo —le dijo ella.
—Usted sabe a lo que me refiero —. Fue otra salida en falso.
—Señor Romano —le dijo—. ¿Se refiere a lo de ayer?
—No precisamente, aunque los resultados...
—Lo que sucedió entre su hijo y yo, solo pasa una vez en la vida —lo interrumpió.
—Solo, vuelva. Se lo pido como un padre desesperado.
—No —le dijo ella—, y lamento mucho lo que pasó.
—Nada de lamentos. Solo regrese y deje que las cosas sigan su curso.
—Señor Romano, es imposible.

Joe le ofreció tres veces el salario que le pagaba, además de hacerle a la casa las reparaciones (ahora que tenía todo el tiempo del mundo) que necesitaba para hacerla más habitable, pero Tatum le dijo que no.

—Piénselo —le dijo—. Vuelvo mañana.
—Espere, le tengo algo —le dijo ella.

El viento abrió la puerta un poco y alcanzó a verla de espaldas hasta que desapareció detrás de una división de tela azul que separaba su cuarto de lo que era tal vez la cocina y el comedor. Aquella imagen de Tatum, luciendo una levantadora en satín púrpura que se apretaba a su cuerpo, le hizo olvidar el dolor lumbar. Pensó en su hijo. No podía definir lo que sentía en la puerta de la mujer que le había dado todo a su hijo. No sabía si estaba feliz o preocupado, pero al verla caminar con sus pies descalzos en las tablas frías del piso, sentía un poco de envidia.

Quería traérsela a su hijo, costara lo que costara, pensaba mientras la esperaba. La división de tela con siluetas indefinidas dejaba ver que Tatum iba de un lado a otro, y —por último— se detenía para cambiarse de ropa: la sensual levantadora de satín purpura por un vestido que le iba a cubrir su cuerpo. Vio también que se detenía a pensar; tal vez pensaba aceptar su oferta. "¡Ojalá!", se dijo, le haría mucho bien a mi Shaney.

Luego salió, vestida de una sola pieza, un vestido negro que le llegaba más abajo de las rodillas y que la hacía ver tan atractiva como antes. Traía un folder grande, de tapas gruesas y lomo de argollas que aseguraban un número grande de hojas de papel. Tatum abrió el folder.

—Este es el reporte de los avances de Shane —le dijo.

Cada hoja de papel, sistemáticamente elaborada, contenía información de las actividades, día tras día, los cambios en su aprendizaje, una actitud remplazada por otra, un comportamiento que el día anterior no había logrado modificar o revertir o que llevaba mucho tiempo en el proceso de transformarlo, por ejemplo, atarse los zapatos, todo estaba registrado. También incluía los logros en el aprendizaje de conceptos, simples y complejos, muchos de los cuales eran abstractos. Había escrito casi doscientas páginas por ambos lados, una descripción clara y concisa de su aporte a la evolución de Shane. *"Llámelo la historia natural de mi hijo Shane* o llámelo como quiera", le dijo. Las últimas páginas estaban escritas (unas 15 o más) en un tono concluyente, en las que daba recomendaciones y sugerencias como la de matricularlo en una universidad y proveía una lista de las que podían aceptarlo, con programas especiales para estudiantes especiales, una de las cuales tenía un estudiante autista con las mismas características de Shane. En los días anteriores había pedido información a aquella universidad y mandado una solicitud de examen y entrevista, cuya respuesta, le dijo, estaba por llegar.

—Me pasé la noche escribiendo las últimas páginas —le dijo soltando algunas lágrimas. Cerró el informe y se lo dio.

Joe volvió a insistirle y ella le dijo que Shane ya no la necesitaba.

* * *

Dejó el informe en la mesa del comedor con la idea de leerlo más tarde. Se sirvió una taza de café frío y sin azúcar. Se tomó el primer sorbo. El café que compraba en la tienda últimamente era el mejor, tal parecía que el dueño había cambiado de proveedor. Aquel café tenía un sabor diferente, robusto y negro, y venía bien con un poco de azúcar morena y una mantecada que compraba en la misma tienda. El panadero era su amigo también, solo que era joven y divertido contando sus historias. Historias que repetía a veces y que le daban la impresión de que eran ciertas. Joe también le contaba sus historias cuando paraba por una taza de café. Ahora, que estaba jubilado, vendría a visitarlo con más frecuencia. No sabía su nombre ni el panadero el suyo.

El recipiente estaba casi vacío y tenía que comprar café. Salió hacia la tienda.

—Lo estaba esperando —le dijo el panadero al verlo entrar. Fue a la cafetera y le sirvió un café—. Me llegó ayer y es considerado el mejor del mundo.

—Éste sí que es café —le dijo Joe luego de probarlo—. ¿De dónde viene?

—Es de un país que no recuerdo el nombre, de la parte norte de Sudamérica.

—Deme dos libras —dijo Joe— creo que voy a necesitar mucho café en estos días.

—¿Tiene visita?

—¡*Nash!*, es mi hijo.

El café era para no dormirse cuando estudiara el informe de Tatum y lo de su hijo fue un lapsus; así que terminó contándole todo, lo que había sucedido el martes y la negativa de la maestra.

—Esa sí que es una aventura —le dijo el panadero—. Yo estaría orgulloso.

—No sé si estoy orgulloso de saber que ya no es un niño.

—Pues vaya coincidencia, yo tengo otra historia, diferente, pero se parecen —le dijo cambiando de semblante, de alegría a tristeza y luego disgusto—. Mi hija, mi princesa, quien es todo para mí y por quien trabajo y sostengo este negocio (miró alrededor) olvidó su pequeña cartera antes de subirse al bus escolar esta mañana y yo, curioso la abrí, ¿y qué encontré?

—Un pintalabios? —Le dijo Joe.

—Ojalá hubiera sido eso. Tenía una caja de condones. —Se secó los ojos con el gorro de panadero, sacó la cartera de su hija del bolsillo del delantal; diminuta y roja, una rosa estampada que denotaba el trajín—. Pero la historia no termina ahí. El pasado fin de semana cuando fui a Chicago de negocios, mi hija le dijo a su madre que quería dormir con el novio. Y se las arregló para convencerla, y sin oponerse, se la llevó al novio, a su casa. ¡Qué desastre! Y ahora siento celos, siento algo que no sé qué es.

—Ni celos ni frustración —le dijo Joe—y no está solo amigo, pues su hija se parece a mi hija Linda —y le contó la historia también.

Eran dos situaciones, la de su hija e hijo, tan distintas y parecidas; y su reacción era muy contradictoria. Sentía —al mismo tiempo— odio y amor, rechazo y aceptación; porque a la hija no la perdonó y al hijo le daba toda la admiración, hasta el punto de haberse humillado tratando de convencer a Tatum de que volviera a ser su instructora.

Capítulo 53

Al abrir la puerta cuando llegaba del trabajo, la golpeaba la soledad, un aire cálido en verano y frío en invierno. Pero no era el aire que acumula el polvo en los muebles, el pasamanos de la escalera y el piano: era la soledad. El bullicio de sus hijas se fue disipando con los años. Primero fue Sarah, luego Linda y, por último, Rosario que había terminado la escuela secundaria y estaba en una universidad en Chicago.

Sarah trabajaba en otro condado hacia el noreste del estado, en un pueblito a las orillas del río Ohio.

Linda le había escrito una larga carta, de casi veinte páginas en las que le contaba en detalle sus aventuras en Hollywood. La carta no era normal por la manera como se la había enviado, en un sobre de manila, que parecía un reporte cualquiera. Era, además, extraño que Linda hubiera sido tan detallada en la carta. La conocía muy bien, su hija no estaba para tanta sutileza. Pero esa era su hija, a veces impredecible en asuntos de familia. Leyó las veinte páginas, y las releyó varias veces.

De sus tres hijas, Linda tenía todo, belleza e inteligencia, dos rasgos que, en un ser humano joven como ella con toda la vida por delante, pueden delinear el camino al éxito o al desastre. Y en esa carta, previó lo segundo. Ninguna como ella, y eso la incluía también, tenía tanta habilidad para todo; y eso era un peligro, pues su hija era voluble, con tendencia a la depresión.

En unas líneas le resumía su apreciación de Hollywood: "Hollywood es una mujer de sonrisa sensual, pero triste, me deprime", una observación que la dejó perpleja. Leyó la carta con ojos de madre y —como se dijo antes— previó algo, un nubarrón que se posaba en sus espaldas como aquellas nubes oscuras cuando se presenta la mala suerte.

Linda vivía sola en un apartamento pequeño en el centro de Hollywood, un cuarto más o menos grande donde todo estaba junto: cocina, comedor, dormitorio, sin paredes de por medio a excepción del baño. No le gustaba, pero era lo único que encontró y era suficiente para dormir y pasar las horas libres después de un día de trabajo agotador. El precio no era tan alto a pesar de que estaba en pleno centro. El apartamento tenía ciertas ventajas, además del precio; por ejemplo, estaba cerca de las tiendas de lujo y podía ver las estrellas de Hollywood todos los días, algunas veces desde la ventana si usaba los binóculos que había comprado con aquel propósito. "Es fascinante verlos", le decía. "Es como si la vida, la naturaleza, algo intrínseco les diera el privilegio que nos falta a todos: el de atraer miradas por sus maneras, su caminar o vestir y la forma de asociarse con el mundo, y ser admirados sin importar que tan malos actores sean", le explicaba. "Están hechos para ser deseados, eso es todo". Sin embargo, cuando vio a Hollywood por primera vez, sintió una decepción mayor.

Trabajaba todo el tiempo en diferentes oficios, mesera en un restaurante alejado del centro, cajera en un teatro, niñera para una joven pareja, transcriptora de manuscritos en computador para un hombre mayor que llevaba cuarenta años escribiendo una novela, y otros trabajos que medio le daban para pagar la renta, llenar el tanque del convertible, alimentarse, y —de vez en cuando— comprarse una prenda, de esas que usan las estrellas.

"No me respondas", le decía en la posdata de la carta. No era la negativa de recibir su carta de respuesta ni era que evitaba ser testigo de la pena de una madre por la hija ausente que tal vez le compungía el corazón; era simple y llanamente que no estaba para nada ni quería saber nada; quería romper con todos los lazos que le recordaran su pasado; se había hecho la promesa de nunca volver, pasara lo que pasara, así fuera la mala noticia de la muerte de su madre o de una de sus hermanas.

Esa era Linda, su hija, que le escribía esas duras frases que clausuraban la extensa carta y —debajo de la postdata— le pedía dinero. Linda llevaba muy bien el nombre, por todas las características menos las de ser compasiva, reverente, humilde, agradecida, respetuosa, bondadosa y todas las demás sinonimias aplicables a la lista; lista que su padre habría completado con todos los antónimos, punto final. Emily puso las veinte hojas de papel dentro del sobre y se percató de que tuviera una dirección, tal vez con la idea de que, a pesar de la negativa de su hija, le escribiría, solo porque tenía la necesidad de hacerlo.

Y esa fue la única vez que le escribió a su madre. Se había reservado otras historias que, de habérselas contado, estaba segura de que habría hecho lo imposible por sustraerla de aquel mundo. Nada en la carta le daba entrever que las cosas no le iban muy bien en Hollywood, pero subestimaba a su madre, quien lo sospechaba.

***

Un atardecer, Linda fue a una estación de gasolina a llenar el tanque del convertible. Introdujo la tarjeta de crédito en la máquina, digitó su identidad y la pantalla iluminó el mensaje, *no funds*. Tal vez con la idea de que fuera un error, intentó otra vez y el mensaje fue el mismo. Intentó varias veces, solo con la esperanza de que sucediera un milagro y así llenar el tanque para ir al trabajo. Se recostó contra el auto, pensativa y a punto de llorar, cuando se le apareció alguien, como caído del cielo, un hombre de bigote espeso, vestido de vaquero, sombrero grande y sonrisa amable.

—Las estaciones de gasolina en Oklahoma City tienen televisión —le dijo él. Ella, que no tenía la mente en este mundo, apenas le prestó atención—. Vi los últimos minutos del partido de los Warriors contra los Jazz de Salt Lake, mientras llenaba el tanque de gasolina —continuó el Hombre. Y acto seguido, como si hubiera adivinado su angustia—. ¿Algún problema, señorita? —Le preguntó.

—No tengo para llenar el tanque —le dijo ella.

El hombre sacó de su bolsillo un billete de 100 dólares.

—Tome —le dijo.

—Solo necesito 20.

—Son suyos, tómelos.

—Entonces deme su dirección para devolvérselos.

El hombre se subió a su auto, una Hammer roja último modelo.

—Ya nos veremos —le dijo cerrando el vidrio de la ventana.

Cuando recibió el salario reservó un billete de 100 dólares para pagárselos si era que lo veía alguna vez.

Pocos días después se lo encontró en una calle muy concurrida. Hablaron por un instante y cuando ella sacó el billete de la cartera, él se negó a recibirlo, le dijo que, a cambio del dinero, estaría más que retribuido si le aceptaba una invitación a tomar una copa. Fueron a un bar medianamente elegante, de esos que abundan en Hollywood, de los que se llenan de turistas todas las noches, bares que presentan un *show* de mala muerte, con artistas que, por múltiples razones, incluida la mala suerte, no pudieron alcanzar la cumbre.

El hombre, algo elegante en sus maneras, no tenía carrera, ni educación universiaria, pero tenía poder de convicción. Había sido gigoló en sus años de juventud, vagabundo en las calles de Nueva York y Los Ángeles. Se le veía acompañado siempre de mujeres bellas y una que otra actriz de mediano calibre. Se dedicaba a los negocios con un tal Harry. Los negocios eran de toda índole, todos ilegales;

principalmente, les distribuía cocaína 100% pura a las mujeres que lo acompañaban, negocio que le representaba muy buenas entradas. Parte de los negocios incluía el tráfico de mujeres bellas, de esa parte se encargaba Harry, con el engaño de convertirlas en estrellas de Hollywood. De todo ese lastre que llevaba a cuestas este hombre, Linda apenas tuvo una sospecha menor, a la que no le dio importancia.

De vez en cuando tenía la idea de volverse pastor de una iglesia sin denominación. Tenía los medios, además de algún dinero y poder de convicción, y un repertorio de historias, anécdotas que deslumbraron a la pobre Linda. Por momentos le soltaba una promesa que le calentaba los oídos y le ponía el cerebro en ebullición.

Hay que recordar que Linda no era ambiciosa, pero las promesas de aquel hombre la elevaron muy alto. Entre ellas, la de un próspero horizonte: un rol menor en una película —en la que él era el productor— que le abriría las puertas de Hollywood; más dinero y un lujoso apartamento; en otras palabras, la consumación de los sueños de cualquier joven mujer con una dosis mínima de ambición y mucha suerte. En fin, después de unas cuantas palabras y unos sorbos de un licor dulce que le supo a gloria y le daba —en cierta medida— el sabor de Hollywood, como si la manera de entrar en aquel universo estuviera restringida para todos sus sentidos excepto para su paladar, terminaron en un motel. Y ahí empezó la historia. Le dijo que era productor de cine, escritor de guiones, promotor de jóvenes talentosas, además de agente de nuevas estrellas en Hollywood, una sarta de mentiras que ella se creyó sin dudarlo un instante.

Después de la primera noche en el motel, se volvieron amantes, dos veces por semana, sexo y licor en abundancia, una que otra dosis de cocaína, una conversación insulsa, una historia que le repetía muchas veces y nada de las promesas iniciales. Todo esto pudo despertar sospechas en otra mujer con algo de malicia. Pero Linda era —tal vez— diáfana o más bien le importaba poco lo que le ofrecía Hollywood.

El tiempo pasó y un día, sin que se lo preguntara, le dijo que le tenía una sorpresa: un rol en un cortometraje. No le dijo más ni ella tuvo curiosidad de saber de qué se trataba.

—Solo tienes que presentarte en esta dirección.
—Así de simple —le dijo ella.
—Sí, muy simple, dile al director que vas de parte mía.
—Cómo se llama?
—¿Quién?

—El director.
—Harry y yo me llamo Reuben.
—Me llamo Linda.

Hay que recordar, que ya llevaban mucho tiempo de conocidos, y no sabían sus nombres, algo inverosímil en una relación cualquiera.

Buscar la dirección que le dio Reuben le llevó casi medio día. Se imaginaba un lugar céntrico, un edificio algo moderno, con un letrero llamativo, así como *Harry's Productions* o *Contemporary Acting & Co*; en fin, una firma que, si bien no fuera famosa, estuviera en camino de serlo. Pero no fue así; se encontró con una fachada alta, sin ningún aviso que denotara una escuela de actuación, con cámaras, luces y voces; nada de eso, solo una placa oxidada con la dirección que le dio Reuben. Y lo que más le llamó la atención era que el lugar estaba muy apartado de Hollywood en un área casi rural. Había algunos autos y dudó por —un instante— en bajarse e ir a la entrada. Un timbre, casi invisible y sucio del uso, se camuflaba entre las uniones de los ladrillos junto a la puerta.

Le abrió un hombre corto de estatura, quien sin saludarla, le miró la hendidura de sus pechos.

—Maldito Reuben, se acuesta con todas y luego me las manda, —dijo.

Era ancho de hombros, de nuca rolliza que sostenía una cabeza grande, desproporcionada para su estatura. Era un esperpento de pies a cabeza, de esos individuos a los que ni las moscas se les acercan a olisquear. "Entre", le mandó de mala gana.

Sujetaba un trapeador de pisos del que se sostuvo mientras la veía entrar al recinto que, si no era más extraño y terrible, era porque tenía un escenario en el que estaban un hombre y una mujer. Estos eran jóvenes y bien parecidos. Había que mirar bien para hacerse una idea de lo que era y de lo que contenía aquel lugar: cuartos sin puertas y objetos amontonados por todas partes que en los rincones alcanzaban a tocar el techo. Los objetos eran raros y enormes, tal vez un depósito de armas del mercado negro.

Los jóvenes en el escenario se quedaron con las manos en un gesto o expresión sin concluir y los ojos fijos en la distancia. Quizás su intrusión interrumpió la escena y ambos estaban a la espera de una orden, la voz de mando común en Hollywood: "luces, cámara, acción", pero, "¿quién daba esa orden?", se preguntó Linda al ver la escena.

—¿Quién diablos les mandó que se detuvieran? —Les gritó el hombre a los jóvenes.

—Las luces —le respondió el joven desde el escenario.

El hombre alzó el trapeador al hombro y corrió a donde había una lámpara grande que parpadeaba. Le dio un golpe fuerte con el trapero y la lámpara dejó de parpadear. Luego ascendió por unas escaleras angostas y, con el trapero, encendió la otra lámpara del techo. El escenario se iluminó de una luz rojiza. Los jóvenes revivieron la escena.

—Te amo —continuó el joven.
—Tienes otra —dijo la joven a punto de llorar.
—Son mentiras.
—No me mientas, John.
—No te miento, Pam.
—Lo veo en tus ojos.
—Créeme.
—No te creo.
—Corten —gritó una voz que no era del hombre.
—¿Quiere ser artista? —le preguntó éste.
—No —dijo Linda.
—¿No es eso acaso a lo que viene?
—¿Dónde está Harry?

Los jóvenes del escenario desaparecieron y se escuchó un auto alejarse.

—Harry —gritó el hombre haciendo eco con las manos como si Harry estuviera lejos —ese maldito animal no viene.

El hombre también desapareció y luego, unos segundos más tarde, "venga señorita, aquí en el último cuarto esta Harry", le gritaba. Debió en ese instante salir al parqueadero, subirse a su auto y desaparecer también. Pero se dirigió al cuarto de donde venía la voz del hombre.

Sentado en un sillón, desnudo y con su órgano erecto, la esperaba sonriendo. Tenía los brazos en alto, en una mano algo que parecía un libreto y en la otra sus calzoncillos.

—¿Quiere ser estrella de Hollywood?

Linda corrió hacia la puerta principal y salió al parqueadero. Cuando puso el auto en marcha, el hombre salía desnudo, con el trapeador en lo alto. Ella aceleró el convertible y —llevándose al hombre por delante— lo elevó unos cuantos metros en el aire. Vio por el retrovisor que el hombre estaba muerto.

Llegó nerviosa a su apartamento. Empacó lo que pudo en su maleta y, cuando iba a salir, Reuben llegaba.

—¿Que pasó? —Le preguntó.
—Está muerto.
—¿Qué?
—Lo maté.
—Estamos en problemas.

Esa frase la tranquilizó un poco. Se dio cuenta de que Reuben estaba de su parte. La ayudó a bajar la maleta hasta el convertible. El auto tenía abolladuras en el parachoques y en el techo; el parabrisas presentaba una fractura enorme.

***

Huyeron a Utah, a un pueblo remoto donde se establecieron por algunos años.

En un otoño frío en que el viento silbaba en los pinos y tumbaba las hojas de los robles en el patio, Linda regresó a su casa. Su madre recogía las hojas y las amontonaba apresurada en una esquina del patio.

Once y cincuenta de la mañana

Escuchó que Linda lloraba, un llanto muy quedo y triste. Salía del cuarto de su padre y subía las escaleras. Rosario subió detrás y luego desaparecieron en el segundo piso. El llanto de Linda no era por su padre, era muy triste, como el de alguien que lo ha perdido todo. Ella, al igual que su hija, lloraba en silencio. ¿Cómo podía un amor ser tan duradero y al mismo tiempo un tormento? ¿Cómo pudo coexistir por tantos años con quien en últimas fue la causa de su dolor? Dio una mirada al cuarto, sus hijas habían dejado la puerta entreabierta y —por algún motivo— le habían cubierto el rostro con un pañuelo. Era inevitable aquella visión y la sensación de que todo estaba consumado, la convicción de que tenía que convivir con la duda el resto de sus días, sin saber si Joe era el tercer hombre en el crimen de Antonio.

Linda bajó las escaleras mientras en el segundo piso se quedaba Rosario.

—Madre —dijo—, tengo que confesarte algo, asuntos que sucedieron después de mi regreso de Hollywood.

En ese momento vieron que Sarah salía de la otra casa y dirigieron su atención hacia el parque donde ella se detuvo. Detrás salió Shane que tomó a su hermana de la mano y luego se sentaron en uno de los bancos del pequeño parque...

Capítulo 54

...Emily, había escuchado que le hablaban y pensó que el viento le estaba jugando una broma porque silbaba en los aleros de la casa y parecía la voz de una mujer. El ruido de las hojas secas que recogía presurosa para que el viento no las empujara hasta la entrada le había impedido oír. La voz volvió a hablar, entonces levantó la vista, una mujer estaba junto al roble. La falda ancha tocaba la grama y los flecos largos, como los de un cometa, se alzaban en el aire. Le pareció tan extraña aquella mujer, que pensó por un instante que era una de sus tías que regresaba; pero no podía ser, pues de ellas nunca llegó a saber nada y, para entonces, ya las tenía por muertas. Emily le miró su rostro con más detenimiento y fue cuando reconoció la sonrisa inconfundible de su hija. Tenía el pequeño levantamiento del labio superior que en su adolescencia, cuando quería ser reina de belleza, pensó corregirle. Y esa imperfección seguía intacta a pesar del tiempo, solo que ahora, tenía otros rasgos que la hacían irreconocible. La bella adolescente que se fue era otra, había sufrido una metamorfosis total. El cuello largo y esbelto era solo una sombra. Sintió un poco de tristeza. "¡Pobre hija mía!", se dijo a sí misma, mirando al suelo, porque no quería que descubriera su decepción. Esperó —durante su ausencia— volverla a ver con los mismos rasgos de su adolescencia, rehechos por el tiempo, firmes y más definidos, pero había pasado lo contrario. El tiempo había sido cruel con su hija.

Luego de un largo abrazo y unas cuantas lágrimas, pudieron hablar. Le preguntó por qué no le había escrito y le respondió que no quería contarle en cartas lo que vivió en Hollywood.

Le presentó a Reuben de quien le dijo que era su salvador. Le contó cómo lo conoció y su vida en Utah. Era más importante para ella reivindicarse con su madre, darle a saber que había madurado y que tenía humildad (si era que sabía el significado de esa palabra), era mejor decirlo así; tenía la necesidad de reconocer su falta y —más que eso— hacer un acto de contrición. Mientras Reuben inspeccionaba el piano y miraba las fotografías en la pared, madre e hija fueron a la cocina con el pretexto de preparar café y allí fue donde dio rienda suelta a su llanto y a su confesión. Empezó por arrepentirse de haberse ido sin despedirse, de no haber ido a la universidad como sus hermanas. Habían sido diez años perdidos en los que no hizo nada.

Le dijo que tenía nobles intenciones, que quería rehacer su vida dedicándosela toda al servicio de una noble causa, que era —se lo dijo escuetamente— construir una iglesia. Emily, que aún seguía sorprendida con la transformación de su hija, no pudo esconder su frustración.

—¿Qué?, ¿una iglesia?, ¿cómo? —Le preguntó.
—Con tu ayuda lo lograremos —le dijo.
—¿De qué ayuda hablas?
—Necesitamos recursos.
—¿Dinero?
—Sí —le confirmó.
—Sería lo último en mi vida, darte dinero para construir una iglesia, eso jamás.
—Te lo pido en calidad de préstamo.
—¿Cómo vas a pagármelo?
—Dios proveerá —le dijo su hija.

Fue el fin de la visita. Se le notaba que tenía afán de empezar un nuevo episodio en su vida.

No volvió a verla por mucho tiempo, se preguntó dónde estaba, en qué casa vivía, qué estaba haciendo, cómo iba a construir la iglesia y si su padre sabía de su regreso. Emily no dejaba de pensar que su hija estaba loca. Le achacaba la idea de la iglesia a su acompañante, de quien pensaba que era un vividor. Lo había observado durante los minutos que estuvo en la sala y estaba segura de que le doblaba la edad a su hija. Linda le recordaba a su tía Lisa a quien le había oído decir que cuando las mujeres se enamoran de hombres mayores es porque no tienen un padre. Tal vez su hija veía en Reuben, no al hombre, si no a la figura paterna. Esa idea le disgustaba.

Con el regreso de Linda, volvían las preocupaciones, como aquellos meses en que andaba por las calles, sin rumbo en el convertible.

Tuvo algunas conversaciones con Joe. A pesar de su preocupación, jamás le contó del retorno de Linda. Joe le preguntó en algún momento por la mujer gorda junto al roble; ella le mintió diciéndole que era una amiga de Sarah.

—Tengo la corazonada de que va a regresar y nada bueno traerá entre manos —le dijo él.

Aquella frase no solo la sorprendió, pues se sintió más preocupada que antes.

***

Emily recibió una carta del banco informándole que el balance de su cuenta estaba en cero. Nunca llegó a sospechar que su hija fuera capaz de llegar hasta el punto de robarle lo que le quedaba del dinero que le regalaron Rick y Lucrecia. Como ya se sabe con esos recursos, Sarah pudo ir a la universidad y ahora Rosario estaba por terminar su Maestría en Psicología en la Universidad de Chicago. "¿Cómo logró Linda engañar al banco?" Era un misterio, pero sospechaba que detrás del desfalco estaba Reuben.

Tenía el temor de que desapareciera como sucedió la primera vez que se fue para Hollywood, pero al cabo de algún tiempo vino sola, sin su acompañante. Vestía un traje nuevo, zapatos lujosos y un corte de cabello a lo Halle Berry. Entró a la sala y se sentó cruzando las piernas con mucha delicadeza y elegancia. Linda tenía el poder de transformarse de la noche a la mañana sin mucho esfuerzo, a pesar de su gordura. Podía aparentar una rudeza extrema y —un instante después— ser la mujer más dulce del mundo; podía ser maleducada, y luego la mujer más pulcra y culta. Venía a decirle —o mejor a informarle— que se iba a hacer un *bypass* en el estómago para reducir peso.

Así, Linda empezaba a mejorar su figura. Según le dijo, ese paso era muy importante para atraer a los feligreses de la iglesia. Antes de salir le contó que ya había elegido el lugar donde levantaría la iglesia, que era una casa vieja en la Oak Street. Linda no le dio más información. La despedida en la puerta le pareció a Emily, como la de un consejero espiritual, seria y puesta en sus cabales.

Capítulo 55

Una mañana, muy temprano lo despertó un ruido insoportable, voces, máquinas, golpes de maza y martillo. Joe miró por la ventana de la biblioteca. Al otro lado del parque, varios obreros estaban derribando la casa de Tatum.

Aún entonces, Joe no sabía que su hija Linda había vuelto. Se puso el abrigo, se calzó las sandalias y salió al parque, más curioso por saber de la vida de Tatum que por el ruido que hacían los obreros. Se le acercó a quien pensó que era el capataz, un hombre algo elegante, de sombrero grande y vestido de vaquero. Sin embargo, el hombre no era el que daba las órdenes, escuchó la voz de una mujer, fuerte como la de una matrona, detrás de la casa de Tatum.

—Lamento el ruido —le dijo el hombre.

—¿A dónde se fue ella? —Preguntó Joe.

—¿Quién?

—La dueña de la casa.

—Mi esposa le puede dar información —le dijo el hombre arreglándose el sombrero —. Venga a visitarnos cuando la iglesia esté construida.

—¿Iglesia? —Preguntó Joe.

—Sí —le respondió— hace falta una por estos lados.

—¿Cómo se llama la iglesia?

—No sabemos todavía cómo la vamos a llamar.

—¡Difícil labor, eh!

—Mi mujer es buena con eso de los nombres, estoy seguro de que encontrará uno que, sin mayor esfuerzo, atraiga fieles y los mantenga contentos —le respondió el hombre luego de una pausa.

—Por estos lados no hay muchos fieles.

—Ya veremos —el hombre tenía mucha confianza en lo que decía.

Joe se asomaba a ver los avances en la construcción de la iglesia. Habían derribado la casa y levantado los escombros. Entonces cortaron la grama y los arbustos, derribaron un roble que estaba en el patio frontal, y todo el espacio quedó limpio. Luego levantaron doce columnas de hormigón, el piso de cemento y las paredes. La que daba hacia el parque tenía ventanas más grandes que las otras paredes. Iba a ser una iglesia de tamaño mediano que pretendía ser grande, como esas que ya llevaban muchos años en el pueblo. Habían instalado detrás un cobertizo y —al otro lado— levantaban lo que podía ser la residencia del hombre y la mujer.

Joe vio toda la construcción sin saber aún que todo aquel proyecto era idea de su hija. La había visto varias veces desde la ventana, pero Joe no la reconocía.

Y Linda miraba hacia la casa de su padre. La curiosidad era recíproca; la de ella por saber si su padre simplemente la ignoraba, y la de él por saber quién era esa mujer que daba órdenes como si estuviera al frente de un pelotón del ejército, órdenes que iban acompañadas de palabras soeces.

Él salía a reparar el carrusel del parque, solo para escucharla. Escuchaba rumores de los obreros que tal vez, sorprendidos por las palabrotas de la mujer, no osaban en protestar a sus órdenes. Se asomaba a las ventanas de la iglesia que daban a su parque cuando el bullicio desaparecía y veía los cambios fuera y dentro del edificio. Habían construido un altar y detrás había una cruz grande que aún les faltaba por subir hasta encajarla en una cripta en la pared. En la entrada tenían montones de sillas que faltaban por poner en la sala mayor, tantas que no cabían en la iglesia. El interior tenía abundante luz que entraba por las ventanas y claraboyas en el techo. La iglesia no tenía cúpula, pero habían construido una plataforma donde iba a ser puesta.

El día en que llegó la cúpula hubo mucho ruido. Venía en un camión grande que le llevó al conductor algún tiempo estacionarlo para —luego— subirla hasta la plataforma.

La edificación ahora parecía una iglesia, como esas que se ven a la distancia en lugares remotos de los Estados Unidos. Con su instalación, se acabó el trajín y el bullicio, la iglesia estaba lista para abrir sus puertas, y Joe sintió un poco de nostalgia. La casa de Tatum McGee había desaparecido; esa casa, que a veces parecía colapsar con el menor ventarrón, había sido la residencia de la mujer que transformó a su hijo.

***

El dolor lumbar era intenso y apenas pudo preparar la comida, perniles de pollo cocidos y luego dorados en aceite caliente con papas y perejil; una comida muy sencilla, fácil de preparar, porque el dolor no le permitía seguir de pie por tanto tiempo. No pudo sentarse a la mesa con su hijo. Se tomó varias pastillas de calmantes y se acostó bocarriba. Hizo una cuenta mental de cuánto tiempo había pasado desde que el doctor lo citó a su consultorio; más de cuatro años.

Lo llamaron muchas veces; la asistente del médico le pedía que se acercara al consultorio. A veces le dejaban mensajes de voz en el teléfono, advertencias de las consecuencias si no se hacía las pruebas. El último mensaje fue del médico mismo que le explicó las razones por las que sospechaba que su dolor era algo para tomar en serio. Joe le prometió que iría al día siguiente, pero no lo hizo, y esa fue la última llamada del consultorio.

Habían pasado más de cuatro años y seguía pensando que era un dolor muscular sin ninguna importancia; en todo ese tiempo pensó que el doctor exageraba. Y también en todo ese tiempo confió en su propio diagnóstico y se automedicó analgésicos para calmar el dolor. Pero últimamente las pastillas no le servían y por fin sintió preocupación. Parecía como un parásito que se abría paso en la región lumbar produciéndole un dolor agudo y punzante, como si aquel bicho horrendo se lo estuviera comiendo lentamente.

Por la mañana, al rayar el día, sin haber podido dormir, se levantó. El dolor seguía igual y, sin pensar, se tomó un puñado de pastillas, las mismas de la noche anterior; con agua de la fuente. Se sentó en el filo de la cama y pensó que, si claudicaba al dolor, éste iba a dominarlo. Lo mejor era ponerse de pie y empezar el día como siempre. Luego de prepararle el desayuno a su hijo y a Rose, se tomó una ducha caliente, se vistió y se fue en su *Cadillac* sin saber adónde iba, solo quería tener su mente apartada del dolor. Llegó a la Broadway, a lo lejos el aviso del café de su amigo, tal vez una conversación podía apartarlo del dolor.

Su amigo se dio cuenta de que estaba enfermo porque le preguntó.

Se sentaron en una mesa en la esquina más apartada de la cafetería, junto a la ventana. El panadero fue a uno de los costales que tenía en exhibición y tomó un puñado de hojas aromáticas que puso en cocción en un recipiente con agua. Cuando la infusión empezó a desprender un aroma que invadió toda la cafetería, sirvió dos tazas con un poco de limón.

El panadero puso las tazas en la mesa y se sentó frente a Joe de modo que podía ver quien entrara a la panadería. El costal de donde tomó las hojas tenía una mezcla de muchas hierbas, toronjil, verbena, tomillo, yerbabuena y otras cuyos nombres se le habían olvidado.

—Con esto le curo el lumbago a Ligoria —le dijo.

Joe se tomó el agua a sorbos largos y el panadero le puso otra taza. La conversación pasó de un tema a otro, y —en unos minutos— no tenían nada de que hablar. Guardaron silencio por un momento, ambos mirando a la calle lento transitar de los autos por la Broadway, a la gente que pasaba. Joe hacía un esfuerzo grande para no sucumbir al dolor y el panadero buscaba algo que decir.

—Ligoria me pidió el divorcio —irrumpió.

Joe se acomodó en la silla buscando una posición que le atenuara el dolor.

—Siento escuchar esa noticia —dijo Joe.

—Los mismos motivos de siempre.

—¿Cuáles?

—Siendo honesto, ninguno —dijo el panadero—. Dice que se cansó; le pregunto por los motivos y me responde que está cansada. Estoy ahorrando para llevarla al Caribe, unas vacaciones largas. Tal vez se le quite esa idea del divorcio.

—No quiero desanimarlo, pero es de cuidado cuando una mujer pide el divorcio sin un motivo —dijo Joe. El panadero abrió los ojos.

—Desde hace un tiempo, mi mujer hablaba con otra, una dama corpulenta, pero de medidas muy bien proporcionadas, más bien voluptuosa... Ojalá tuviera unos años menos.

—Ese es el motivo —lo interrumpió Joe—. Su mujer sospecha que a usted le gusta esa mujer.

—No —dijo el panadero—. Es pastora y está construyendo una iglesia.

—¿Qué?

—Así es. El primer día que vino me pidió dinero para su proyecto.

—¿Y se lo dio?

—No, pero Ligoria sí.

La pastora y la esposa del panadero hablaban en voz muy baja para que él no las escuchara. Ligoria llamaba a esas conversaciones "sesiones de consejería" y el panadero sospechaba que la pastora había transformado a su mujer, tanto que ahora quería divorciarse de él. Ligoria hablaba de ella como si fuera su "ángel salvador", con una admiración que él había empezado a tener celos.

—Cuide su cuenta bancaria —le recomendó Joe

—Últimamente habla del club que la pastora quiere fundar luego de que construya la iglesia —continuó.

—¿Club?

—No sé qué clase de club, pero mi mujer está muy entusiasmada. Aunque me da mala fe la idea, no me he opuesto a sus visitas, porque esa mujer se me atraviesa hasta en mis sueños, ¡ay, Dios!, —el panadero soltó una risita maliciosa.

Justo en ese momento en que los dos hablaban de la pastora, escucharon unos pasos que venían por la acera.

—Es ella —dijo el panadero—, siempre a la misma hora; entrará y a grito entero llamará a Ligoria; y cuando salga mi mujer, se darán un beso en los labios como dos viejas amigas que han compartido todo. Luego mi mujer le dará dinero, se mirarán a los ojos intensamente, la pastora le pondrá la mano en la cabeza y la tonta de mi mujer temblará como si recibiera una descarga eléctrica.

Y así, como lo describió el panadero, sucedió. La pastora entró y fue directo al estante sin darse cuenta de que ellos estaban presentes.

Capítulo 56

Los dueños habían puesto una placa de mármol al lado de la puerta principal de la iglesia con una inscripción en letras doradas, ni tan grandes que se pudieran ver desde los autos ni tan pequeñas que no llamaran la atención. La inscripción tenía el objetivo de atraer a la gente. A Joe le costó trabajo entender la leyenda que parecía la descripción de una corriente filosófica.

Con los días el movimiento en la Oak Street iba en aumento. Viejos, jóvenes y niños; mujeres y hombres, se bajaban de los autos a leer la inscripción en la puerta. Los niños, que no les interesaba el letrero, iban al pequeño parque a jugar a pesar del abandono en que estaba. Toda esa revolución era, además, acompañada por la curiosidad que despertaba la pastora que se vestía elegantemente, le daba a la gente panfletos y la invitaba a entrar a la iglesia.

Tal parecía que todo estaba listo, pero pasaban los días y no se anunciaba la fecha de su inauguración o del primer servicio religioso. La demora tenía una intención muy clara y era que, cuanto más se demoraran en abrirla, más despertaba la curiosidad y el entusiasmo de la gente. Se notaba que la mujer y el hombre tenían la intención de que se supiera en todo el condado de Williamson que en Little York había una iglesia nueva.

Joe también esperaba ese día. Pero su curiosidad no era la misma de la gente; él, un hombre que jamás había ido a la iglesia y que si alguien le hubiera preguntado del estado de su fe, no habría tenido mucho que decir.

Había leído accidentalmente en un libro que compró en un mercado de las pulgas que "no fue Dios quien creó al hombre, sino el hombre quien creó a Dios a su imagen y semejanza". Recordaba esa expresión, no por la expresión misma, sino porque el individuo que se lo vendió, también un pastor, lo tenía en la lista de los libros que debían prohibirse en los Estados Unidos. No recordaba el título, pero el pastor, le dijo que le causaba ansiedad, ira incontrolable y ganas de escupirle la cara al autor, un profesor de biología en Cambridge. La expresión del pastor era una indicación de qué tan lejos pueden llegar los humanos en sus creencias. Joe solo quería ver cómo la gente podía llegar al colmo de creer todas las mentiras que la pastora les tenía reservadas.

La presencia de la iglesia al otro lado de su patio era peor que la de un mal vecino. No dejaba de augurar desastres, un tornado, un incendio que la destruyera o que la gente, por algún motivo, dejara de asistir a los servicios. Cualquier evento que no les permitiera a la mujer y al hombre abrir las puertas de la iglesia era bienvenido.

Le decía a su hijo que también se asomaba a ver la revolución en la calle: "abrirán las puertas y la gente vendrá a escuchar un sermón barato que todos apreciarán como si fuera el pan de cada día".

Pero pasaba el tiempo y tal parecía que Joe jamás iba a saber que la dueña de la iglesia era su hija. Emily, que les contó a sus otras hijas del regreso de su hermana y sus planes, le decía mentiras, como por ejemplo, que Linda seguía viviendo en Hollywood y que jamás regresaría al pueblo. Él, como siempre, cuando Linda se les cruzaba en sus conversaciones, le decía lo mismo, una predicción absolutamente cierta cuando Emily veía cada día por la ventana la iglesia al otro lado de la calle. Pero a pesar de que sabía todo, que su hija había engañado a mucha gente en el pueblo y que —como él— pensó en un final terrible, jamás le contaría la verdad.

Ni su hija Sarah tuvo la valentía de contarle. Aunque los motivos de guardar el secreto eran diferentes a los de su madre. Para Sarah contarle a su padre requería valentía y ella, que era la hija predilecta, no estaba en posición de asumir esa responsabilidad, porque era tan difícil como confesarle a alguien la muerte de un ser querido. Rosario estaba muy lejos y la distancia justificaba el silencio en torno al regreso de su hermana.

Y Linda, la hija despreciada, la que habría recibido una maldición del padre de no haber sido porque aquel no creía en maldiciones, jamás iría a su puerta a identificarse como la hija pródiga que llega arrepentida. Linda pensaba mucho menos en su padre, y no sospechaba que aún era totalmente ignorante de su regreso y de que ella era la pastora de la iglesia. Lo veía asomarse a las ventanas, algo que le disgustaba, porque no podía tener un solo momento íntimo con Reuben por temor a que los viera. Ni siquiera en esos instantes en que sus miradas se cruzaron, tuvo la remota intención de contarle; era como esos negativos de una foto en los que nada se ve o nada se revela. Para Linda, su padre estaba muerto, así como ella lo estaba para él.

En la barbería Joe escuchó que una de las razones por las cuales la iglesia tardaba en abrir al público era que carecía de aire acondicionado y que sus dueños esperaban a que las temperaturas bajaran un poco. Otro rumor era que había desavenencias en la pareja, desacuerdos en cómo se iban a repartir los recaudos, en otras palabras, la limosna. También escuchó que los conflictos estaban relacionados con la intimidad de la pareja, pues se decía que no dormían juntos desde hacía mucho y que la mujer le era infiel al hombre con un joven que vivía muy cerca de la iglesia. Todo eso escuchaba Joe. Pero había un rumor que nunca llegó a saber, se decía que la pastora era la hija de un hombre al que antaño llamaban "el matagatos". Ése jamás fue comentado en la barbería.

Pasaron los días y la Oak Street continuaba igual de turbulenta, había tanta expectativa que ya corría otro rumor. Se decía que la gente estaba cansada de tanto esperar y que el entusiasmo iba disminuyendo con el paso de los días. Fue tal vez ese rumor el que los obligó a abrir la iglesia lo más pronto posible. Iba a ser el primer domingo de la estación de otoño.

Capítulo 57

El sábado por la noche, en vísperas de la gran inauguración, Joe se fue a su cuarto cansado, pues había hecho algunas reparaciones en el parque y había limpiado las canales del tejado. Sentía el dolor lumbar con la misma intensidad, "el parásito" subía lentamente hasta estacionarse en su espalda. Por primera vez pensó prepararse para lo peor, pues presentía que tenía sus días contados y pensaba en su hijo y Rose. Abrió la gaveta de la mesa de noche y extrajo una carpeta. Hacía mucho tiempo que, previendo esos días, había comprado un seguro para su hijo y su mujer. Según sus cálculos, el seguro les proveería un futuro sin sobresaltos. Solo tenía que dejar los documentos en manos de un abogado serio. Se tomó las pastillas de siempre; esta vez fue una dosis tres veces más grande de lo normal y, con la esperanza de tener algún alivio, se cubrió de pies a cabeza con las cobijas y cerró los ojos.

Durmió con sobresaltos toda la noche porque lo despertaban las voces y golpes de martillo en la iglesia casi hasta la madrugada. A eso de las siete de la mañana escuchó un piano, un violín desafinado, palmoteo de manos y voces que cantaban salmos. La iglesia había abierto sus puertas y celebraba su primer servicio.

Joe se puso la levantadora y se asomó a la ventana. Su hijo miraba también a la gente que entraba, tanta que no cabía en la iglesia. Los que se quedaron por fuera se situaron en la calle y en el prado de su parque.

—Lo único que va a acabar con la patria no son los terroristas, ni una guerra con otras potencias, es el fanatismo —le dijo a su hijo.

Shane tomó una calculadora y empezó a entrar fórmulas y números. Su hijo calculaba las probabilidades de los Estados Unidos de salir vencedor en cualquier situación, así fuera una guerra o simplemente el paso del tiempo. Las variables de la ecuación eran: un sistema que va al caos, la falta de liderazgo, la degradación natural del sistema social y político y —por último— la tendencia de los jugadores, en ese caso los americanos, con su fanatismo, poco trabajo, pereza, además de una juventud carente de sueños, e incluyó una constante: la religión que su hijo llamaba "religión involuta". Todas estas variables manipuladas con algoritmos, modelos matemáticos y coeficientes que solo su hijo sabía, le daban un resultado negativo: los Estados Unidos estaban condenados al desastre. Joe no entendía nada de probabilidades, pero le agradeció que estuviera de acuerdo con él.

***

Desde entonces, una multitud de gente, que era más grande cada domingo, venía a la iglesia. Muchos de los asistentes invadían el pequeño parque y algunos se sentaban en los peldaños de la entrada de su casa. En otros tiempos, habría armado el gran alboroto, con pistola en mano, pero no tenía energías para protestar.

Después de muchos domingos, se dio cuenta de que las mismas personas se sentaban en la entrada de su casa: tres hombres y dos mujeres que —muy atentos— escuchaban el sermón. Era como si los peldaños estuvieran reservados para los tres hombres y las dos mujeres. Joe podía decir, después de escuchar sus conversaciones, que venían a la iglesia porque tal vez no tenían nada que hacer los domingos por la mañana. Los hombres hablaban mientras las dos mujeres escuchaban a veces o en otras, cuando la conversación se tornaba un poco desagradable y no aceptable para los oídos de una dama decente, leían *La Biblia*. Los hombres eran más amigables y Joe hablaba con ellos. Deddie era negro y los otros, blancos: Mike y Ben. Mike era de corta estatura y Ben alto, éste tenía una *Biblia*. Parecía que los tres hombres vivían juntos porque se referían al hogar como nuestro hogar, nuestro auto, nuestra cocina, como si fueran propiedades compartidas por los tres. Se podía —además concluir— que Deddie cuidaba a los otros dos, quienes decían que eran hermanos de adopción. Ni ellos ni las mujeres tenían la menor idea del nombre de la iglesia y Joe curioso les preguntó.

—"Los Hijos de Dios" —le respondió con mucha seguridad Ben.

—No, se llama "Los Niños de Dios" —corrigió Mike que se había quitado la gorra y muy atento escuchaba el piano que entonaba una pieza religiosa.

—Es lo mismo —replicó Ben.

—No es lo mismo.

—Ni lo uno ni lo otro —corrigió Deddie —se llama "Los Siervos de Dios" —y los otros asintieron con la cabeza.

—¿Han oído lo del *Club*? —Preguntó Mike.

—¿El *Club Holístico*?

—Así lo llaman, *Holístico*, aunque no sé qué diablos significa eso.

—Ese *Club* me recuerda a Colton —dijo Mike.

—Oh no, ojalá no sea cierto eso del *Club*, aunque he oído cosas que espero que no sean ciertas —Ben se echó la bendición y los otros sonrieron con malicia.

—¿Qué cosas has escuchado? —Preguntó Deddie.

—He oído cosas que no se pueden contar así no más —dijo Ben.

—¿Te refieres a lo que vimos la otra noche? —Preguntó Mike.

—Tú no viste nada esa noche.

—¡Ah! Sí, vi algo.

—Estabas borracho.

—Y tu habías comido galletas de esas, de las que tienen marihuana.

—¿Qué? —Exclamó Deddie disgustado —no vale prohibirles que anden por ahí buscándome problemas.

—¿Bueno, quieren saber lo que vi?

—Cuente —intervino Joe.

—Bueno, pero primero tengo que recordar lo que vi.

—No le des largas al cuento y cuenta —mandó Deddie.

—Fue esa noche cuando Deddie trajo a su mujercita. ¿Te acuerdas, Ben? —Dijo Mike.

—¿Quién va a contar la historia, tú o yo?

—Tú.

—Ah, bueno, entonces la cuento yo y tú te callas. Yo sé en detalle lo que está pasando.

—Bueno, empieza.

—¡Cállate!

—Diablos, ¿qué les pasa a estos tontos?, pareciera que todo lo que les enseño es pura basura —dijo Deddie enfadado.

—He oído que es una zorra —empezó Ben, en voz baja y con cierta aprehensión—. Eso dicen que es, que la han visto haciendo cosas. —Las mujeres se levantaron y se fueron a sentar lejos—. Esa noche, cuando trajiste a la mujercita, Mike y yo nos escapamos por la ventana y nos fuimos a comprar licor.

—No tienes que contar eso —interrumpió Mike.

—¡Déjalo que hable... Majadero!

—Palabras más, palabras menos, luego de comprar whiskey, subimos por la Pine y luego volteamos para coger la Oak. No sé por qué, pero subimos por la Oak.

—Tú dijiste que había fiestas en la iglesia.

—¿Eso dije?

—Sí, eso dijiste, orgías.
—¡Ah!, sí, eso dije, ahora me acuerdo.
—¿Por qué no empieza el servicio?, así estos idiotas se callan.

Deddie, enfadado, fue a sentarse en el último peldaño y se recargó contra la puerta como si fuera el dueño de la casa.

—No te olvides de contar lo que hiciste después de ver por la ventana —dijo Mike.
—¿Qué hice?
—¿No te acuerdas? Ahí mismo te masturbaste.
—¡Mike!
—De una vez por todas, cierren el pico —les mandó Deddie.

Esta vez estaba decidido a darles unos coscorrones, pero Mike continuó:

—Muéstrale *La Biblia* a Deddie —dijo en tono malicioso.

Deddie le arrebató *La Biblia* a Ben. Tenía apariencia de libro, pero al abrirlo era una caja con fotografías de mujeres desnudas.

En ese instante empezó el servicio en la iglesia y los tres se sentaron en silencio y muy atentos a lo que se escuchaba en los altavoces fuera de la iglesia.

Capítulo 58

Y así pasaron muchos domingos más, y una mañana lo despertó un ruido que venía de la iglesia. No era el piano ni el palmoteo de manos ni el violín desafinado; eran los dueños que discutían. Joe se asomó a la ventana. La calle estaba solitaria, no vio la multitud en la Oak Street, su parque estaba vacío y nadie sentado en las barras de los columpios, los tres hombres y las dos mujeres que se sentaban en los peldaños de su casa no habían venido. Joe salió a recoger el periódico. Vio a la pastora que —desesperada— salía a la calle y al hombre que trataba de calmarla. La mujer escandalizaba el vecindario, palmoteaba y discutía con el hombre; entraban a la iglesia y los gritos se perdían y reaparecían, golpes de puertas, subir y bajar de escaleras, maldiciones y amenazas. De un momento a otro, la mujer salió a la calle y lanzó unos panfletos que el viento esparció por la Oak Street y el vecindario.

La vida había sorprendido a Joe tantas veces, pero le tenía reservada la mayor sorpresa para ese día. Un panfleto aterrizó en su puerta y lo recogió. El volante tenía el anuncio del sermón de ese domingo escrito en cursiva:

El pastor Reuben Williams y su asistente Linda Romano hablarán de los Salmos de Salomón hoy Domingo 13 de agosto de 2000.

Miró el panfleto varias veces sin creerlo. Tomó los binóculos y miró a través de la ventana para estar seguro de que era su hija. La reconoció por el levantamiento del labio superior. Aún después de tener la certeza de que la Linda Romano del panfleto era su hija, fue a ver a Emily. Le preguntó las razones por las cuales no le contó que Linda había regresado. Ella le respondió que la idea de guardar en secreto su presencia en el pueblo no había sido suya, sino de su hija.

—¿Entonces sabes de los rumores de la gente?
—¿De que rumores hablas?
—Del *Club*... de las orgías.
—He escuchado que la gente habla —le dijo ella.

Otros hechos ocurrieron ese domingo, además de enterarse de que la pastora era su hija. Casi al mediodía otro escándalo en la calle le llamó la atención. Una mujer gritaba frente a la iglesia exigiéndole a la pastora que mostrara la cara, al mismo tiempo la llamaba "loba", "roba esposos y rompe hogares". Cuando Joe se asomó a ver por la ventana, ya había tres mujeres más que se habían unido a la protesta. Y luego aparecieron otras mujeres que portaban avisos en los que llamaban a la iglesia, "la iglesia del demonio", "el club de las orgías" y "Colton dos".

Ese domingo parecía que no iba a terminar jamás, porque después de que las mujeres se fueron, alguien pasó en un auto disparando al aire.

Y en la noche hubo un ventarrón terrible que derribó árboles y desprendió cables de los postes. Joe, como siempre, sin poder conciliar el sueño, escuchó golpes, como los de un látigo. El dolor no le permitió levantarse, apenas pudo abrir la cortina de su cuarto; los golpes venían de uno de los cables eléctricos que el viento hacía saltar en el patio. En cada latigazo, el cable encendía fuego en la grama; las llamas se extendían hacia la puerta de su garaje y avanzaban hacia la iglesia. Abrió el garaje y —con una pala— apaciguó las llamas que amenazaban con alcanzar la casa. Miró hacia la iglesia, éstas ascendían por las paredes y empezaban a subir por el tejado. Joe regresó a su cuarto y tomó el teléfono para llamar a los bomberos. Cuando escuchó que al otro lado de la línea alguien le respondía, colgó la bocina, abrió la cortina bien abierta y miró el incendio.

Once y cincuenta y cinco de la mañana

Había pensado en su muerte desde el mismo instante que lo trajo a su casa como se lo prometió a sus hijas. Y era que cuanto más lo pensaba, más avanzaba el deterioro de su cuerpo. Ese día, cuando al fin pudo hacer una recapitulación de todo ese año que duró su agonía, el sentido de culpa no podía ser más claro. Mientras que —a su lado— Linda miraba a través de la ventana que Sarah consolaba a Shane, soltó algunas lágrimas.

Dio un vistazo a la sala como si así pudiera evocar algún instante o evento que la apartara de aquel remordimiento. Todas las cosas, el reloj de péndulo, el viejo sofá donde se sentó Joe a pedir su mano en matrimonio, las fotografías familiares, entre las que no había una que fuera testigo de aquel casamiento, las mismas puertas con sus umbrales silenciosos por los que pasaron tantos y tantos rostros; todo como antaño, nada que pudiera alejarla de aquel sufrimiento, solo el lienzo donde Antonio la retrató y que Rosario dejó abandonado en la mesa del comedor. Su vida y muerte, lo que hizo y no hizo, las muertes que se llevaba a la tumba, así como el secreto del asesinato de Antonio: Joe no la iba abandonar aún después de muerto. Se iba a la tumba con la respuesta a la pregunta que por todos esos años se había hecho.

Al otro lado de la calle, la casa abandonada, con su patio que llevaba un año sin el cuidado que Joe solía darle, y los restos de la iglesia que parecían el esqueleto de un elefante, le daban un cierto color gris al día.

—Además, debo confesarte algo —Linda le interrumpió sus pensamientos—. Él fue quien causó el incendio.

—¿Cómo te atreves a decir eso?

—El reporte de los bomberos dice que el incendio se inició en su patio.

—Increíble que pienses eso de tu padre.

—Me odiaba.

—Nos odiaba a todas...

Capítulo 59

...Joe se durmió esa noche con el trepidar del incendio. Durmió como hacía mucho tiempo no dormía, sin el dolor lumbar ni las preocupaciones que tenía. Durmió hasta bien entrado el día y, cuando se despertó, vio al otro lado de su patio el armazón negro de la iglesia, aún en pie. La parte más alta de la cúpula se había venido abajo y aún humeaba. Recogió el periódico y se sentó a leerlo con una taza de café. En primera página los titulares decían que el año 2000, a pesar de tantos eventos trágicos, era uno de los años más normales de la historia; la economía mundial mostraba un ligero cambio, positivo según un economista nominado para el premio Nobel. Otros titulares que medio leyó y uno muy diminuto, fácil de pasar inadvertido sobre un estudio de la evolución social en la especie humana. Joe leyó la información. El estudio explicaba que la tendencia a la infidelidad tenía base genética. Decía que la infidelidad en los hombres era más regular que en las mujeres, aunque aquellos con testículos más grandes eran los más infieles. De las mujeres, decía el estudio que había una correlación directa entre el carácter dominante y la afición por el sexo, entre el tamaño del clítoris y la promiscuidad sexual; es decir, explicaba el estudio, que aquellas mujeres con clítoris conspicuos tenían proclividad a tener muchos compañeros sexuales. Cuando Joe leyó estas líneas, pensó en Linda.

En la última página del periódico estaba la noticia del incendio. El título, "Muere pastor en incendio de su iglesia", apenas informaba que el muerto era un hombre de Los Ángeles y que su compañera había sufrido quemaduras de alguna consideración. También informaba que la policía había capturado a dos hombres a quienes los acusaban del incendio. Joe los reconoció en las fotografías, eran Ben y Mike.

Fue a la policía y dio una declaración de cómo comenzó el incendio y les aseguró, a quienes lo interrogaron, que los dos hombres eran inocentes. Pensó que podía dar la información y regresar a su rutina, pero lo sometieron a un interrogatorio exhaustivo y agotador.

Después de dos horas le preguntaron —por último— si había llamado a los bomberos, y él respondió que no. También le preguntaron si había intentado, como buen ciudadano, salvar a los ocupantes del edificio, dijo que no; otra vez insistieron en preguntarle por qué, y él les dijo que tenía que apagar las llamas que avanzaban hacia su casa y que, cuando lo había logrado, ya era muy tarde.

***

Jamás Joe se había sentido tan tranquilo y relajado, a pesar de los acontecimientos y de que los policías no estuvieran muy convencidos de sus repuestas.

"Qué extraña es la vida: en medio de la tragedia había un resquicio de luz, como aquel dicho de antaño: *No hay mal que por bien no venga*". El dolor lumbar había desaparecido de pronto, se sintió tan saludable que encendió la cortacésped y salió al patio a cortar la grama. Pensó reparar el parque, pero era un proyecto descomunal, y entonces desistió. Recogió fragmentos de árboles, rocas y bloques de cemento del patio, restos del incendio que amontonó en una esquina. Vio la pequeña escalera en la ventana, la misma que los muchachos habían puesto contra la pared para ver a Rose en las tardes. Se subió a la escalera y miró por la ventana. Rose estaba desnuda y dormía como siempre. La puerta de su cuarto estaba entreabierta. Dio la vuelta a la casa, entró a su cuarto y le hizo el amor. Como si quisiera recuperar el tiempo perdido, regresó a la media noche y le hizo el amor otra vez hasta la madrugada. "Te espero esta tarde", le dijo ella cuando se levantó a preparar el café.

Como un enamorado que quiere complacer a su amada, empezó a traerle un detalle diferente todos los días: una tarjeta postal, un perfume, un vestido elegante, guantes negros, botines, y otros regalos; algunos de los cuales sabía que nunca los luciría, pero no le importaba. Y luego, como nunca lo hizo con Emily ni con ella misma en aquellos años en que era más joven, le compró piezas de lencería de diferentes estilos, colores y texturas.

Rose no pudo ser menos imaginativa. Le siguió el juego, miraba el reloj cuando se aproximaban las tres, salía para el baño, se daba una ducha y se embellecía para él.

Y él salía al patio a la misma hora con la máquina para podar la grama, con tarros de pintura para pintar las atracciones del parque. Dejaba inconclusa la actividad, que apenas había iniciado, subía las escaleras y ahí estaba, tan bella como ayer. Daba la vuelta, entraba a la casa con la urgencia de acostarse a su lado, penetrarla lentamente y sostener esa cópula por mucho tiempo, como en sus mejores años.

Fueron días en los que se olvidó de todos los problemas de la vida. Tenía todo el tiempo del mundo para ser feliz. Si la felicidad le era esquiva, no importaba, pues había entendido que también se aprende a ser feliz. La vida volvía a sonreírle.

***

Una mañana, Joe escuchó golpes en la puerta. Uno de los policías que lo interrogó vino con un aviso de comparecencia del juzgado. Joe sintió una profunda puñalada cuando leyó que lo acusaban de incendio premeditado, y quien lo acusaba era su hija.

—Hija de puta —exclamó —mi hija está loca.

Debía comparecer en el juzgado ese mismo día a las tres de la tarde para responder por las acusaciones.

—Solo haga lo que le manda la orden —le recomendó el policía.

—¿Ve eso? —Joe señaló el cable suelto en el poste— Ese hijo de puta lo arruinó todo. Esa noche hubo tanto viento que el cable esparció llamas en el todo el patio.

El policía fue a revisarlo y miró hacia arriba del poste.

—Yo, en su lugar, buscaría a un abogado —le aconsejó el policía antes de irse.

Quiso en ese instante que su hija se hubiera muerto en el incendio. Lo que más le molestaba era que sabía la verdad, pero parecía que no le creían.

Al mediodía, se sentó a la mesa a almorzar con Rose.

—¿Quién llamó a la puerta esta mañana? —Preguntó Ella.

—Un policía haciendo preguntas sobre el incendio —le mintió.

Rose tenía un brillo en su rostro que la hacía aún más hermosa.

—¿Tres en punto? —Le preguntó ella.

La misma pregunta todas las tardes, pregunta que no necesitaba una respuesta, solo la certeza de que se presentara en su cuarto a las tres y le hiciera el amor.

Joe, como siempre, no pensaba en nada distinto, se olvidó de todo, de la acusación de su hija y de la cita: "a las tres", le respondió. Y como siempre, antes de las tres, tuvo su siesta; luego se duchó, una afeitada perfecta después, loción masculina y demás asuntos antes de aparecer en su cuarto.

Eran las tres y media cuando escucharon los golpes en la puerta.

—¡Hijos de puta! —gritó Joe—. ¿No pudieron venir a otra hora?

Tres policías traían una orden de arresto por no presentarse en el juzgado. Le leyeron sus derechos y procedieron a ponerle las esposas, pero Joe se opuso. Lo sacaron de la casa a la fuerza y tuvo con ellos en el patio una lucha, cuerpo a cuerpo. Pudo haberlos vencido de no haber sido porque uno de los agentes le propinó un puñetazo en el abdomen que lo derribó al suelo. Los agentes lo esposaron y volvieron a comunicarle sus derechos. Cuando fueron a levantarlo, se dieron cuenta de que estaba inconsciente. Pero eso no era lo único que le había pasado a Joe, un hilo de agua viscosa le salía por las fosas nasales y su respiración era muy débil. Los agentes lo llevaron al hospital.

Una hora más tarde, el médico les dijo, "este hombre se está muriendo y hay que hospitalizarlo".

***

Después de algunos días en el hospital, varios exámenes y pruebas, el médico dio el diagnóstico: Joe tenía mesotelioma, un cáncer en los pulmones, sin cura ni tratamiento que —al menos— redujera los síntomas y prolongara su vida.

La ciencia era aún incipiente en ese entonces y los tratamientos de quimioterapia, en vez de aliviar la enfermedad, la agravaban; y por eso, los médicos determinaron no aplicarlos. La enfermedad estaba tan avanzada que había hecho metástasis en órganos y tejidos adyacentes como el esófago y laringe. Habían tenido que conectarle una sonda en cada pulmón para evacuar el fluido de los senos alveolares, explicó el médico. No dijo cuánto tiempo tenía de vida, quizás meses, uno o dos años. Fue enfático con sus recomendaciones, nada de ejercicio físico, le recetó calmantes y pastillas para dormir. El médico le iba a asignar una enfermera que iría a su casa una vez por semana para evacuar la linfa que se le acumulara en los pulmones.

Una ambulancia lo llevó a su casa. El olor a medicina en todo su cuerpo le causó náuseas. Se quitó la bata de enfermo y se dio un baño largo con agua caliente, con estropajo y jabón se restregó la piel como si tratara de eliminar el olor. Luego fue acostarse junto a Rose.

—No sé cuántos días tengo de vida —le dijo.

La escuchó que lloraba. "La vida es ingrata", dijo y se durmió.

Se despertó a medianoche y se fue a su cuarto.

Le escribió a Rose una extensa carta en la que le contaba de la enfermedad, cómo y cuándo había empezado a sentir el dolor lumbar. Se notaba que estaba arrepentido por no haber ido al médico cuando le había dado la cita. Luego pasó a otros asuntos. En algunos segmentos justificaba sus actos o se arrepentía en otros. Se preguntaba si la vida habría sido menos dura para ella si no lo hubiera conocido. Tal vez, le decía, habrías vuelto a Ucrania y no tendrías tanta soledad, pero el destino es a veces inherente a nuestros actos. Si apenas vislumbráramos el futuro, cambiaríamos aquellos eventos que hacen nuestro destino menos llevadero. Le decía que, durante todos esos años juntos, ella en su cuarto apartada de la realidad y él sin comprender su silencio, tal vez por orgullo, arrogancia o ceguera, jamás la había dejado de amar. "Recuerdo como si hubiera sucedido ayer el grito desgarrador de aquella noche, como si alguien hubiese entrado a matarte. Sin pensarlo dos veces tomé el revólver y salí dispuesto a morir si hubiera sido necesario con tal de salvarte. Recuerdo que el terror que tenías no era por el horrendo animal que colgaba de los parales del tocador. Ahora que no sé cuánto me queda de vida, logro vislumbrar los eventos de esa noche: empezó entonces tu silencio y la causa, quién iba a ser si no yo. Jamás llegué a pensar que yo era la fuente y promotor de tu miedo. Y tenías razón: disparos en el patio cuando mataba gatos, gritos en la noche en mis pesadillas, mi juego favorito, la ruleta rusa, confesiones de muertes en mis sueños, venganzas, tribulaciones y tantas otras acciones que habrían doblegado a la mujer más fuerte del mundo hasta el silencio y tal vez locura".

Le llegaron las cinco de la mañana escribiendo la carta. Le pedía perdón por lo que hizo o no hizo, por lo que no pudo corregir a sabiendas de que se precipitaba al abismo y —de paso— se la llevaba a ella también. Le escribió al final que no lo vería agonizar porque sería un dolor más fuerte que los otros, "recuérdame con el mejor recuerdo que tienes de mí, como aquellos días en Colton, como esas noches cuando apenas te imaginabas lo que te deparaba la vida".

Le puso la carta en la mesa de noche y luego llamó a su hija Sarah para decirle que había decidido pasar sus últimos días en una "casa de reposo".

No se despidió de su hijo. Pensó que, confesarle que se estaba muriendo, era más terrible que partir sin despedirse, y pensó —además— que a veces es mejor apartarse de los seres que más se aman sin explicar las causas de la separación ni prometer un retorno que jamás será; y no infligir un dolor que puede ser más desbastador que la misma despedida.

Cuando fue a salir sintió frío a pesar de que el sol era ardiente. Se puso un abrigo, un sombrero, y salió. En el patio los vencejos armaban un griterío ensordecedor que lo obligó a cubrirse los oídos con el sombrero.

Recordó que aún tenía una responsabilidad que cumplir antes de ir a la "casa de reposo". Se subió a su viejo *Cadillac* y condujo por la Oak Street. Empujó con fuerza el acelerador para darle más gasolina al motor, pero sus músculos no respondían. Se aseguró de que fuera el momento adecuado para presentarse en la oficina del tribunal y someterse a lo que los jueces hubiesen decidido sobre su acusación.

Le tomó mucho tiempo caminar desde el estacionamiento hasta el Palacio de Justicia. Se detuvo antes de subir los escalones para llegar a la entrada del edificio. Sosteniéndose del pasamanos, comenzó a subir cuando un policía que bajaba se le acercó.

—¿Adónde va, señor?

—Voy a un interrogatorio.

—Así no puede presentarse a un interrogatorio, señor.

—Mi hija me acusa de incendiar su iglesia.

—Oh, ¿la iglesia? —Dijo el policía.

—¡Sí, la iglesia! Soy inocente.

—La acusación fue retirada.

Joe siguió subiendo y el policía le dijo:

—No necesita hacer nada. Yo atendí personalmente a su hija que vino hace un par de días a retirar la acusación.

—Bueno, en ese caso tráigame el documento a la "casa de reposo".

—Así lo haré, señor.

Capítulo 60

Sarah llamó a su madre y tuvieron una larga conversación. Luego de algunas discusiones y acuerdos, en los que también estuvo involucrada Rosario, decidieron llevar a su papá a la casa de Emily.

Habían pasado algunos días después de la conversación y, a pesar de que todavía tenía sus dudas, Emily accedió a cuidar a Joe. Pero ella tenía motivos personales para llevarlo a su casa; así que fue a la "casa de reposo".

—¿Por qué? —Preguntó.

—Porque tus hijas quieren que mueras en mi casa —le dijo.

—¿Por qué? —Insistió.

Emily entendió que le preguntaba por los verdaderos motivos de llevarlo a su casa. Ella guardó un largo silencio y luego le dijo.

—Te estás muriendo, Joe. ¿No crees que es el momento de confesar la verdad? Solo quiero asegurarme de que estoy equivocada.

—Tienes una sospecha, ¿qué más quieres de mí?

—Sólo la verdad.

—Tú y tu maldita sospecha y tu maldito interrogatorio. Acabo de salir de uno y estás pensando... ¿Quién sabe qué? Si voy a morir en tu casa, me someterás a otro interrogatorio. ¿Voy a morir en paz? —Gritó.

—Te llevaré, pase lo que pase.

Emily empujó la silla de ruedas hacia su auto y detrás venía la enfermera para ayudarla.

Mientras se alejaban de la "casa de reposo", Joe pensó en aquella tarde lejana en que murió Benjamin Crompton Tercero. Quizás entonces, el alcalde presentía su muerte, así como él tenía en esos momentos certeza de la suya.

***

Lo primero que hizo Joe, fue revisar sus finanzas. En los cortos instantes que el dolor y la obnubilación se lo permitían, le escribió una carta a su abogado dándole el poder sobre su jubilación, seguro y ahorros; le explicaba, como ya lo había hecho en otras ocasiones en cartas y verbalmente, cómo debían estos recursos distribuirse para el sostenimiento diario y bienestar de su hijo y Rose. "Hágase como lo he determinado... Para siempre", concluyó la carta. La firmó, la metió en un sobre y él mismo se la dio al cartero. Ese fue el único día, en todo ese año, que Joe salió de casa y quizás la única actividad consciente, porque no hablaba ni se quejaba. Fue cuando optó por comunicase con Emily a través de golpes en la pared.

***

Y así pasó un año. Por la mañana fue a su cuarto y se dio cuenta de que era el último día. Pasaron las horas y no escuchó un solo golpe en la pared ni siquiera el que usaba para pedirle que viniera a hacerle compañía; tampoco los tres para que lo llevara al baño. Se sentó a tocar el piano y —sin pensarlo— interpretó el movimiento de un concierto de Beethoven: una melodía lenta y triste que, unos minutos más tarde, fue interrumpida por la enfermera que venía a evacuarle el fluido de los pulmones. Vino más temprano que de costumbre y, como siempre, siguió el procedimiento regular: le tomó la temperatura y las pulsaciones del corazón. Le tocó la frente, "está frío", exclamó y le pidió que le pusiera otra cobija. Luego abrió los dos tubos conectados a los pulmones y el fluido empezó a caer en el recipiente. Sin más palabras, la enfermera guardó el termómetro y estetoscopio y se dispuso a salir.

Emily quería que le diera el veredicto de la situación, pero la enfermera desvió la conversación hacia los últimos avances en las investigaciones sobre el cáncer que padecía Joe. Había muchas fundaciones para reunir dinero y apoyar un centenar de investigaciones que prometían muy buenos resultados en el entendimiento de las causas y cura de la enfermedad. Se preveía que, en menos de dos años, se tuviera un tratamiento que, si no lo curaba, al menos prolongaría la vida de los pacientes de mesotelioma, dándoles esperanza hasta que se desarrollara la cura definitiva. Había investigaciones en proceso en el Johns Hopkins y en el Massachusetts Institute of Technology, entre otros, sin contar otras instituciones de Europa y Asia. Le dijo que había escuchado toda esa información de los médicos en reuniones. "El futuro es prometedor", dijo y se lamentó porque la enfermedad de Joe fue a destiempo.

—Si le hubiera sucedido dos años más tarde, lo habríamos salvado.

Por la noche, antes irse a la cama, fue por última vez a su cuarto. A diferencia de todas las noches, el cuarto estaba frío. Miró el termostato y lo ajustó a los 75 grados, como el médico le había recomendado. Dejó la puerta abierta para estar alerta de cualquier ruido que proviniera de su cuarto. Leyó hasta bien entrada la noche, siempre pendiente, pero no escuchó nada. Le cogió el sueño con la luz encendida y el libro en su pecho. Fue un sueño intranquilo, con sobresaltos en los que se despertaba con la sensación de que Joe le hablaba. Era como si quisiera confesarle algo; pero luego de percibir el silencio profundo solo interrumpido por el paso de las horas en el reloj de péndulo, volvía a dormirse. A las 5 de la mañana escuchó los tres golpes en la pared. Fue el último sobresalto de su vida.

Doce del día

El reloj dio las doce con sus doce golpes, doce segundos que proyectaron el día hacia otra dimensión. Escucharon una sirena lejana y pensaron que venían de la funeraria para llevarse el cuerpo de Joe. Vieron por la ventana que Shane entraba a su casa y Sarah pasaba la calle.
—Rose quiere verte —le dijo a su madre cuando entró.
Hubo un silencio largo. Emily no salía de la sorpresa. En la mañana se había opuesto a que le dieran la noticia de su muerte y ahora su hija le decía que la otra mujer quería verla.
—Eso jamás —dijo Emily.
—Es urgente.
—Nunca, nunca, eso nunca —dijo sentándose en la silla en donde permaneció toda esa mañana.
—Es de vida o muerte —le insistió Sarah muy seria —ella sabe cosas que te interesan.
Luego de pensarlo por un largo momento, Emily desapareció en su cuarto. Se puso su mejor vestido, se maquilló el rostro como lo hacía para ir a ver a Antonio, con los tacones altos y las medias de encaje. Cuando salió, sorprendió a sus hijas.

Capítulo 61

La casa estaba penumbras y Emily alzó la mano para orientarse en la oscuridad. Era diferente a la que conoció, cuando siendo adolescente, venía a ver a Joe. Escuchó la voz de Shane en algún lugar y —al fondo— vio un resplandor tenue de luz. Ella se dirigió hacia allá, empujó la puerta. El cuarto estaba casi a oscuras. Emily debió esperar un momento y luego la imagen de Rose apareció, sentada en la cama con las manos en sus rodillas. La miraba, pero esa mirada no era de odio.
Jamás la había visto frente a frente y le pareció tan joven como aquella tarde en que la vio bajarse elegantemente vestida de la limosina.
Vestida de negro y con el cabello recogido en la parte de atrás de su cabeza, la estaba esperando.
Emily se sentó en un banco junto a la pared.

—Allí se sentaba él —le dijo con su voz suave, estaba triste—. No soy su enemiga —el sol entraba por la pequeña ventana—, jamás lo fui.

Sentada frente a ella, mientras la escuchaba, tuvo deseos de tomarle las manos y de decirle que ella tampoco era su enemiga. Rose tenía el mismo remordimiento y ambas el mismo dolor; estaban unidas por el mismo hombre, el hacedor de sus tristezas.

De pronto escucharon unos golpes pausados que venían de la biblioteca. Los golpes no eran violentos, pero era como si nunca fueran a terminar.

—Es la manera de mostrar su tristeza —dijo Rose—. Le perdoné todo, menos que lo hubiera olvidado.

—Estaba enfermo —le dijo Emily—. No podía caminar.

—Era su hijo.

—Pudo llevarlo a mi casa para que lo viera.

Rose guardó silencio. Se puso de pie, encendió la lámpara de la mesita de noche y luego bajó las cortinas de la ventanilla. Pudo verla de cuerpo entero, era más alta de lo que pensaba.

—Le dije a Sarah que quería verla porque tengo que contarle algunas cosas que estoy segura de que todos estos años quiso saber. Estoy segura de que siempre se preguntó si Joe estuvo involucrado en la muerte de Antonio. Usted ha de recordar que llevaba varios muertos en sus espaldas.

—Fue la guerra —interrumpió Emily.

—Fue la guerra y no olvide el alcalde.

—El alcalde se suicidó—. Emily sabía todo lo que pasó con la muerte del alcalde y trataba de defenderlo ante las acusaciones de Rose.

—No, fue un juego que pareció un suicidio, pero déjeme contarle la historia de la muerte de Antonio...

...Esa misma tarde (las vísperas de su muerte) Joe estaba en un bar al frente del edificio donde vivía Antonio. El bar estaba casi vacío, solo unas cuantas personas en las mesas que daban con las ventanas a la calle. Se escuchó un bullicio y las personas se pusieron de pie para mirar, Joe se acercó a la ventana. La calle estaba llena de gente aglomerada frente al edificio. Pudo ver que el motivo era el simulacro de una corrida de toros, en plena calle y a la luz del día. Imagínese un simulacro de algo que jamás se ha visto en toda la nación, ni mucho menos en un pueblo como éste. ¿No le parece extraño? La gente sin saber lo que acontecía, seguía saliendo del edificio y, los que pasaban por la calle, se detenían a ver. Habían formado un círculo alrededor de quien hacía de torero y del otro hombre que simulaba ser el toro. Quien hacía de toro sostenía unos cuernos de búfalo, los mismos que estaban en la entrada del edificio. El torero, un hombre moreno, le *hacía el quite* al toro con un manto rojo. Ya debe saber la historia de los cuernos, Joe también me la contó. El bullicio se escuchaba en toda la calle, vivas y hurras, uno que otro ¡oleee!, ¡oleee!, de aquellos que —tal vez— entendían de corridas de toros. Pagó la cerveza y salió con la intención de regresar a casa, pero le llamó la atención el hombre que hacía de torero. Fue intuición, sospecha, celos, llámelo como quiera. Lo miró con mucho detenimiento; entonces fue cuando le vio alrededor de su cuello, la pañoleta azul, de círculos rojos y blancos, la misma que le había visto a usted en muchas ocasiones. Me confesó que había sentido una punzada en el pecho. Para entonces, Joe sabía del vínculo que tenía el alcalde con los cuernos, pero no se dio cuenta de que éste también estaba presente mirando el simulacro. Tampoco sabía que el alcalde iba a matar al torero por deshonrar la memoria que representaban los cuernos. Era increíble la escena y lo que pasaba fuera de la misma, además de todo lo que iba a suceder esa noche. Dos elementos pusieron a Antonio en peligro, dos objetos que nada tenían de parecido, los cuernos y la pañoleta lo descubrieron ante dos hombres que, siendo enemigos, tenían algo en común: el mismo enemigo. ¡Qué extraña coincidencia! Pero falta agregar un tercer elemento; el amor que el sastre tenía por usted, y recuerde que la sastrería estaba solo a unos pasos de donde sucedía el simulacro de la corrida. También llegué a saber que el sastre tenía celos de Antonio. ¡Qué extraña coincidencia!, me pregunto si el sastre también vio el simulacro por la ventana de la sastrería.

    Joe llegó a casa esa tarde, y después salió hacia Colton casi a las once de la noche. Le había besado la frente antes de salir, fue extraño porque cuando se iba siempre la besaba en los labios. Regresó bien entrada la madrugada, impregnado de un olor fuerte a pólvora y la franela que tenía envuelta en la mano donde escondía el arma.

—Recuerdo que Joe lloraba sin consuelo, sentado en ese mismo banco.

    Ella misma puso el arma envuelta en la franela en la gaveta de la mesita y había vigilado desde esa noche que no la fuera a abrir.

—Éste es el revólver que mató el amor de las dos; el que mató a Antonio y mató el amor que le tenía a Joe —le dijo—. Una mujer puede amar a un asesino, pero jamás a quien mata al amor de otra, así esa mujer sea su enemiga.

La franela —a pesar del tiempo— conservaba el olor a pólvora; los disparos habían dejado una mancha oscura y un agujero grande. Rose se la mostró a contraluz. Luego le alcanzó el revólver. Emily se negó a recibirlo, pero Rose insistió. Al tomarlo, sintió que le quemaba las manos.

—Joe lo mató, de eso no hay dudas —le dijo—. Él le arrebató el revólver al joven y luego le disparó al hombre que estaba en la casucha. Ese hombre era Antonio. —Era exactamente lo que le había contado Camille y ahora, que Rose se lo confirmaba, no podía creerlo.

—Si aún no lo cree, aquí está su confesión, la carta que me escribió el día en que se fue a morir a la "casa de reposo".

Emily leyó: "si no tengo el coraje de confesárselo, tú, que sabes la verdad, cuéntaselo luego de mi muerte: yo maté a Antonio".

—Me dejó esa responsabilidad, pero él jamás llegó a saber que guardar el secreto me dolía tanto que, todo mi desdén y silencio era por eso, por la muerte de un hombre inocente.

Las dos mujeres lloraron por un largo momento, y sus llantos eran interrumpidos por los golpes de Shane en la biblioteca.

—Sigue tirando libros al piso —interrumpió Rose y hubo una pausa larga antes de que Emily le hiciera la pregunta de cómo llegó Joe esa noche a saber que el muerto era Antonio. Rose pensó un instante.

—Joe estaba con Lucrecia antes de que lo matara. Se había enterado, a través de ella, que esa noche el alcalde iba a matar a un forastero (es decir a Antonio). Ella, muy triste, le pidió que salvara al forastero y él se lo prometió, aunque fue solo para consolarla, porque no habría hecho nada. Pensó en desaparecer por unas horas y regresar con la noticia de que había salvado al forastero. Pero eso era solo una treta para que ella durmiera con él esa noche. En ese momento, no sabía que el forastero era Antonio. Saliendo de Colton, Joe se encontró con un conocido que —como él— llevaba varias horas bebiendo licor. Hablaron por unos minutos mientras veían al alcalde que se subía a su auto con sus hombres y otros que los siguieron detrás. El conocido le dijo que esa noche había una cacería grande, y que "el venado" era el alcalde. Joe, en medio de su borrachera, le dijo que le habían contado que "el venado" era un forastero. El conocido le dijo que no, que la muerte del alcalde la venían planeando desde hacía mucho tiempo, y que esa era su última noche. Me contó que cuando escuchó esa noticia, tuvo una mezcla de alegría y miedo. A pesar de todo, Joe se unió a la caravana, convencido de que iban a matar al alcalde. Siguió al grupo de autos desde la distancia, pero los perdió de vista al tomar otra carretera. Al cabo de un tiempo, logró ver el esplendor de las luces y —después de dar algunas vueltas— llegó al sitio. Había muchos autos, todos con los faros encendidos, unos apuntando hacia el bosque, y otros a un lugar fijo, una casucha destartalada. Joe estacionó el auto algo apartado de los otros y bajó el vidrio de la puerta cuando escuchó voces: "dispárale", y —en medio del ruido, de la lluvia y de algunos disparos— escuchó también que gritaban "dale al alcalde, dispárale". A quien le gritaban era al joven que tenía un revólver. El muchacho miraba las luces asustado...

...Los gritos continuaron y Joe se bajó del auto, cubriéndose el rostro de la nariz para abajo para que nadie lo reconociera, caminó hacia donde estaba el joven con el arma. Se la arrebató y disparó hacia la casucha. Regresó a Colton y le dijo a Lucrecia que a quien iban a matar no era a un forastero, sino al alcalde. Se tomó unas copas con ella para celebrar su muerte. Una hora más tarde le entró la duda y fue a cerciorarse de que el muerto era en realidad el alcalde. Fue cuando se dio cuenta de que era Antonio; lo reconoció porque tenía la pañoleta en el cuello. Lloró contándome la historia. A pesar de que sabía que era su amante, estaba triste, fue cuando más odio sintió contra el alcalde y más deseo de venganza.

Emily salió de la casa de Rose; no sabía si llorar o detenerse a pensar. Los empleados de la fuenararia salían con el cadáver de Joe cubierto con sábanas. Ella se detuvo hasta que lo metieron en el auto funebre. Sus hijas estaban asomadas a la ventana. Lloraban. Emily caminó por la Oak Street, en la esquina dobló hacia la Pine y luego siguió por la misma donde estaba el edificio de Antonio. La tarde había disminuido sus golpes en el pavimento y ventilaba una brisa fresca. Todo estaba como antes, los edificios viejos eran los mismos, solo que ahora el comercio había invadido sus interiores. El edificio seguía intacto, con el portón abierto y sin los cuernos de búfalo. Empezó a subir las escaleras que estaban limpias y brillantes. De alguna parte bajaba, por las escaleras, una melodía que le recordó las tardes cuando venía a verlo.

Emily subió hasta su puerta murmurando la canción de Stevie, *yester-me...yester-you...*

La Otra Casa

Uriel Buitrago nació en Colombia y ha enseñado en diferentes universidades dentro y fuera de los Estados Unidos. Uriel ha publicado cuentos, poemas y varios artículos científicos en revistas internacionales. También es editor en el campo de las ciencias naturales para las editoriales McGraw-Hill y Pearson, y revistas nacionales e internacionales.

La Otra Casa

La Otra Casa

La Otra Casa

La Otra Casa

www.ingramcontent.com/pod-product-compliance
Lightning Source LLC
Chambersburg PA
CBHW072047110526
44590CB00018B/3074